Estratificação Socioeconômica e Consumo no Brasil

Blucher

Wagner A. Kamakura
José Afonso Mazzon

Estratificação Socioeconômica e Consumo no Brasil

Estratificação Socioeconômica e Consumo no Brasil
© 2013 Wagner A. Kamakura & José Afonso Mazzon

Editora Edgard Blücher Ltda.

Blucher

Rua Pedroso Alvarenga, 1245, 4º andar
04531-012 – São Paulo – SP – Brasil
Tel 55 11 3078-5366
contato@blucher.com.br
www.blucher.com.br

Segundo Novo Acordo Ortográfico, conforme 5. ed.
do *Vocabulário Ortográfico da Língua Portuguesa*,
Academia Brasileira de Letras, março de 2009.

É proibida a reprodução total ou parcial por quaisquer
meios, sem autorização escrita da Editora.

Todos os direitos reservados pela Editora
Edgard Blücher Ltda.

FICHA CATALOGRÁFICA

Kamakura, Wagner A.
  Estratificação socioeconômica e consumo no Brasil /
Wagner A. Kamakura, José Afonso Mazzon. – São Paulo:
Blucher, 2013.

  Bibliografia
  ISBN 978-85-212-0767-2

  1. Classes sociais – Brasil 2. Classe média - Brasil
3. Consumo – Brasil 4. Comportamento do consumidor
I. Título II. Mazzon, José Afonso

13-0624   CDD 305.50981

Índices para catálogo sistemático:
1. Classes sociais – Brasil

CONTEÚDO

INTRODUÇÃO   **9**

1 CLASSES SOCIAIS E ESTRATOS SOCIOECONÔMICOS   **25**

1.1   O conceito de classe social ao longo da história   26

1.2   Classes sociais   27

1.3   *Status* socioeconômico   28

     1.3.1   Renda corrente e renda permanente   31

1.4   Estratificação socioeconômica e o marketing   33

1.5   Estratificação socioeconômica no Brasil   37

     1.5.1   Importância da estratificação socioeconômica para a indústria brasileira   37

     1.5.2   O Critério de Classificação Econômica Brasil   39

     1.5.3   O critério SAE   41

     1.5.4   Exemplos de aplicação da estratificação socioeconômica no Brasil   41

         1.5.4.1   Planejamento de mídia   42

         1.5.4.2   Painéis de consumidores   45

         1.5.4.3   Pesquisas *ad hoc*   48

2 METODOLOGIA PARA A ESTRATIFICAÇÃO SOCIOECONÔMICA — 53

2.1 Metodologias utilizadas para definir estratos socioeconômicos	53
2.2 Discussão crítica de critérios brasileiros em termos metodológicos	58
2.3 Exemplos de mensuração do *status* socioeconômico	61
2.4 Modelo de classes latentes ordinais para a estratificação socioeconômica da sociedade brasileira	65
2.4.1 Propriedades e implicações do modelo de classes latentes ordinais	71

3 A ESTRATIFICAÇÃO SOCIOECONÔMICA DA SOCIEDADE BRASILEIRA — 75

3.1 Fontes de dados para a estratificação socioeconômica no Brasil	77
3.1.1 Contexto e histórico da Pesquisa de Orçamentos Familiares	78
3.1.1.1 Amostragem para a POF 2008-2009	79
3.1.1.2 Instrumentos de coleta de dados	80
3.1.1.3 Coleta, crítica e validação dos dados	81
3.1.1.4 A utilização dos dados da POF no presente estudo	82
3.2 Identificação de estratos socioeconômicos "naturais" na sociedade brasileira	93
3.3 Estratificação socioeconômica por vinte percentis ou vintis	95
3.4 Agregação dos vintis em estratos socioeconômicos	116
3.5 Perfil detalhado dos sete estratos socioeconômicos	132
3.6 Fatores geodemográficos que afetam o *status* socioeconômico de um domicílio no Brasil	143

4 CLASSES SOCIOECONÔMICAS E CONSUMO NO BRASIL — 151

4.1 A concentração do consumo entre os estratos socioeconômicos	152

4.2 O efeito líquido dos estratos socioeconômicos no consumo, ajustado por outros fatores que afetam o consumo   158

4.3 Diferenças nas prioridades de consumo entre os estratos socioeconômicos   165

    4.3.1   Modelo de alocação orçamentária   166

    4.3.2   Aplicação do modelo de alocação orçamentária aos dados da POF 2008-2009   170

        4.3.2.1   As prioridades de consumo dos estratos socioeconômicos   171

        4.3.2.2   O impacto do orçamento no consumo entre os estratos socioeconômicos (curvas de Engel)   177

Apêndice: qual é seu estrato socioeconômico e como você gasta seu dinheiro?   193

5 CLASSES SOCIOECONÔMICAS, ESTILO DE VIDA E EXPOSIÇÃO À MÍDIA   195

5.1 Interesses e opiniões dos consumidores e *status* socioeconômico   198

5.2 Atividades realizadas e *status* socioeconômico   204

5.3 Acesso e uso de mídias   213

5.4 Leitura de jornais   216

5.5 Leitura de revistas   219

5.6 Valores e *status* socioeconômico   222

5.7 Considerações adicionais   228

6 MODELOS DE CLASSIFICAÇÃO EM ESTRATOS SOCIOECONÔMICOS   231

6.1 Classificador por verossimilhança condicional   234

6.2 Classificador Bayesiano adaptável   236

6.3 Classificador simplicado   238

6.4 Testes de classificação   240

6.5 Conversão de renda declarada em renda comprovada   243

Apêndice 6.1 Descrição e exemplo da planilha de classificação de domicílios pelo modelo de verossimilhança condicional com dados faltantes ... 245

Apendice 6.2 Descrição técnica do módulo (*dynamic link library*) para entrevistas que venham utilizar o modelo Bayesiano para a realização de entrevista adaptável ... 252

Apêndice 6.3 Passos para a instalação do *Visual Basic for Applications* (*VBA*) ... 256

CONCLUSÕES E DIRECIONAMENTOS FUTUROS 263

REFERÊNCIAS BIBLIOGRÁFICAS 275

INTRODUÇÃO

Em 2011, o *International Journal of Research in Marketing* (IJRM) lançou um convite a autores para que submetessem manuscritos visando a edição de um número especial sobre o marketing nas economias emergentes. Em 2006, a *American Psychology Association* (APA) conclamou seus associados a dedicar maiores esforços para a realização de estudos e pesquisas relacionados ao tema *Socioeconomic Status* (Saegert, Adler, Bullock, Cauce, Liu, & Wyche, 2006). De outra parte, há décadas discute-se no Brasil a necessidade de se contar com um critério de classificação socioeconômica mais robusto e consistente, principalmente levando-se em consideração as mudanças que têm ocorrido na estrutura socioeconômica, com o crescimento da assim chamada "nova classe média brasileira" (Neri, 2010; 2011). A junção desses três fatores – o artigo no IJRM, o apelo da APA por novas pesquisas e as recentes mudanças no Brasil – motivou-nos a pesquisar esse tema extremamente relevante, tanto sob a perspectiva teórica e metodológica, como sob a perspectiva empírica e prática.

A estratificação socioeconômica da sociedade brasileira é particularmente importante para o propósito de segmentação do mercado consumidor, aspecto fundamental para a formulação de estratégias e programas de ação de marketing, assim como para a elaboração e acompanhamento de políticas públicas direcionadas para os vários estratos sociais de nossa população. Dedicamos mais de um ano de trabalho para escrever, submeter e ter aprovado o artigo *Socioeconomic Status and Consumption in an Emerging Economy*, publicado em março de 2013 no IJRM. À medida que desenvolvíamos o artigo, tivemos a oportunidade de participar de uma reunião com a Comissão sobre Estratificação Econômica da Associação Brasileira das Empresas de Pesquisa (Abep), entidade associativa que periodicamente promove a revisão do chamado Critério de Classificação Econômica Brasil, também mencionado na mídia em geral e por pesquisadores como CCEB ou Critério Brasil. Esse critério tem sido amplamente utilizado como base para a segmentação do mercado brasileiro, sendo adotado pelas empresas de pesquisa de marketing, pelas empresas anunciantes, pelos veículos de comunicação eletrônica e impressa e também pelas agências de propaganda, publicidade, promoção e de relações públicas. Esse critério tem sido utilizado não apenas no setor empresarial, como mencionado, mas também na área pública, em pesquisas sociais realizadas pelos governos, em estudos sobre a população de baixa renda, em pesquisas sobre as condições de vida da população mais pobre e economicamente vulnerável, entre outras.

Fomos, então, convidados pela Abep e aceitamos trabalhar voluntariamente como especialistas para a construção de um novo critério de classificação socioeconômica para o mercado consumidor brasileiro. O artigo publicado no IJRM considerou a estratificação socioeconômica levando em conta dados de duas edições da Pesquisa de Orçamentos Familiares (POF) do IBGE, de 2003 e 2009, porque era nosso interesse avaliar como mudou a estrutura de consumo da sociedade brasileira entre esses dois períodos. Para o trabalho voltado para a Abep, base para a elaboração deste livro, consideramos apenas os dados mais recentes, da POF 2009, de forma que a estratificação a ser feita refletisse o momento mais próximo do atual. Esses fatos e ideias constituíram, portanto, a *genesis* para a elaboração deste livro.

Apresentada a motivação inicial para escrever o livro, instigamos o leitor com uma importante questão: por que você, leitor, deveria ler este livro? Mais ainda: por que este livro deveria ser lido com atenção e interesse pelos diversos segmentos da sociedade brasileira? A resposta a essas questões é relativamente simples: porque somos afetados por políticas e estratégias que utilizam esse critério nos mais diferentes campos do conhecimento. Por isso, torna-se necessário dispor de um critério robusto e confiável para estratificar a população brasileira em termos socioeconômicos e estabelecer o perfil desses estratos em relação ao consumo de produtos, serviços e mídias existentes, assim como de valores e atividades, interesses e opiniões (AIO), que caracterizam cada segmento.

Introdução

Por que isso é relevante? Porque essa estratificação é vital às empresas e às organizações públicas que desejam conhecer melhor o mercado e a sociedade em que atuam para planejar onde e como desejam atuar no futuro, para selecionar os veículos de comunicação que melhor atingem o público-alvo de seus esforços de comercialização de produtos, serviços e ideias, para localizar pontos de venda mais próximos de seus mercados, entre outros aspectos. A necessidade de se ter um critério conceitual e operacionalmente sólido, robusto, consistente, confiável, que poderá ser utilizado como um *denominador comum* para a segmentação do mercado consumidor brasileiro pelas empresas e organismos públicos, por si só recomendaria a leitura e compreensão deste livro. Para o consumidor este livro é importante, tendo em vista que ele permite que cada um possa se classificar em um estrato socioeconômico e se comparar, em termos de seus gastos familiares, com a média de gastos em diferentes categorias de consumo e com o estrato no qual se enquadra. Saber como as pessoas de sua classe socioeconômica usam o dinheiro em uma dada região e tipo de composição familiar pode ajudá-lo a planejar melhor os próprios gastos. Para os estudantes, este livro é relevante para propiciar o domínio de conceitos, metodologias e de práticas que serão utilizados quando estiver estagiando ou trabalhando nas empresas, ou se desejar ser um empreendedor em um novo negócio. Para o pesquisador social, de marketing, de pesquisa de opinião e de mídia, este livro é importante pela possibilidade de apresentar os resultados de seus estudos para cada um dos estratos socioeconômicos de interesse. Para os executivos das empresas e para os gestores públicos, este livro é essencial para o estudo das características e potenciais de consumo de cada estrato socioeconômico, base para a implementação de estratégias diferenciadas dirigidas às necessidades específicas e segundo os perfis de cada um desses estratos.

O critério proposto, elaborado a partir dos conceitos de classe social e de renda permanente – conceito não perguntado de forma direta, mas sim avaliado de maneira indireta – possibilita medir o poder de compra de uma família não apenas em termos do poder aquisitivo oriundo de sua renda corrente, mas principalmente em decorrência das condições de conseguir manter seu atual *status* socioeconômico conquistado ao longo de décadas com base em sua escolaridade, aplicações financeiras e posse de bens e serviços. O construto denominado renda permanente, em nosso estudo, foi, portanto, calculado e estratificado de forma simultânea, levando em consideração um conjunto de variáveis – precisamente 35 – de natureza geodemográfica, cultural, de quantidade possuída de bens e serviços de conforto doméstico e do acesso a serviços públicos essenciais. Mais do que isso, entendemos que o construto renda permanente pode assumir diferentes valores em função de três variáveis fundamentais: a composição dos membros da família (número de pessoas e faixa etária), a região geográfica e o tipo de município urbano ou zona rural em que a família reside. Vale dizer, não acreditamos em uma medida única de estratificação socioeconômica para todo o Brasil, mas que essa estratificação deve necessariamente ser ajustada em função dessas duas dimensões (composição familiar e geografia) que também afetam o nível e a estrutura de prioridades de consumo de uma família.

Dentro dessa contextualização, este livro tem por propósito:

a) descrever a importância do tema estratificação socioeconômica no atual ambiente geodemográfico, sociocultural e econômico brasileiro;

b) identificar, por meios científicos adequados, os estratos socioeconômicos em que se divide a sociedade brasileira, quantificando o tamanho de cada um deles;

c) descrever e qualificar cada um desses estratos identificados em termos de seu perfil geodemográfico; por exemplo, a distribuição percentual por região e tipos de cidades, faixa etária, renda, composição familiar, bem como pelo acesso a serviços públicos essenciais, quantidade possuída de bens e uso de serviços de conforto doméstico, entre outros aspectos;

d) analisar a estrutura de consumo de cada um dos estratos socioeconômicos identificados, em termos de um conjunto de categorias de bens e serviços que compõem o orçamento familiar, permitindo um melhor entendimento das prioridades de consumo e do efeito de simulações de diferentes níveis de renda permanente sobre os gastos de um domicílio dentro de cada um desses estratos;

e) disponibilizar, ainda, para toda a sociedade brasileira, instrumentos ou mecanismos operacionais que permitirão classificar cada domicílio em uma das tipologias socioeconômicas identificadas. Por meio de diversos critérios estatísticos, o leitor poderá utilizar modelos classificadores de domicílios nos diferentes estratos socioeconômicos, desde um modelo completo e muito preciso até um mais simples, de fácil e rápida aplicação, dependendo do tipo de necessidade que cada leitor, executivo, pesquisador ou estudante terá e das condições do processo de coleta de dados de pesquisas sociais, econômicas, de mercado e de mídia e em que estiver envolvido.

Introdução

Como exemplo de utilização desses modelos ou instrumentos de classificação de um domicílio em um dos estratos socioeconômicos, em uma pesquisa, uma pessoa (pesquisador ou respondente) poderia acessar um determinado *site* e ser capaz de fazer a classificação de uma família em um dos estratos socioeconômicos utilizando o critério completo: respondendo às 35 perguntas apresentadas ou mesmo a uma parte delas (o modelo é robusto e pode ser utilizado mesmo que faltem dados, ou seja, que não se tenham respostas para todas as 35 variáveis), ele obteria rapidamente o estrato em que se classifica.

Uma segunda maneira de classificar um consumidor seria por meio da utilização de um modelo adaptativo para cada família. Um exemplo de uso desse modelo seria um pesquisador ligar para um número específico de telefone, sendo atendido por uma Unidade de Resposta Audível (URA) – uma espécie de equipamento que "conversa" com a pessoa que telefonou. Esse equipamento estaria programado para fazer sequências customizadas de perguntas para cada entrevistado, começando sempre pela composição familiar, região geográfica e tipo de cidade em que reside, tendo em vista que a classificação de um domicílio é ajustada por essas características. Dependendo das respostas do entrevistado a essas perguntas, ele ouviria pelo telefone a próxima pergunta geodemográfica, cultural, de acesso a serviços públicos ou de quantidade possuída de bens e serviços de conforto doméstico que deveria ser feita, pergunta essa que é a mais pertinente possível segundo as respostas dadas nas perguntas anteriores por esse entrevistado. Assim, a pergunta subsequente a ser feita a um entrevistado de uma família com quatro adultos e três filhos pequenos que more na área rural de um pequeno município do interior do Nordeste seria diferente da pergunta a ser feita a uma pessoa de uma família formada por um casal e um filho que reside na capital de um Estado da região Sudeste. Isso significa que cada entrevistado seria exposto a uma sequência de perguntas diferentes, dependendo das respostas dadas às perguntas anteriores.

Outra maneira de coletar os dados e classificar um domicílio em um dos estratos socioeconômicos, seja utilizando o modelo classificador completo ou o adaptativo, seria com o pesquisador utilizando um *tablet*, um coletor de dados ou ainda um simples *smartphone*, acessando um *site* via internet ou utilizando um *software* a ser instalado nesses equipamentos.

Os dois modelos anteriores necessitam de um *software* para processar as respostas às perguntas de classificação socioeconômica. Como fazer, porém, em situações em que isso não é possível? Desenvolvemos um recurso bastante simples para ser aplicado em condições muito precárias de coleta de dados: por meio de um classificador simplificado, o pesquisador registraria à mão, no questionário de pesquisa, as respostas dadas pelo entrevistado, classificando-o pela soma de um escore alcançado em função das respostas dadas.

Verificamos, desse modo, que podemos classificar um domicílio utilizando três diferentes maneiras: o modelo classificador completo, o adaptativo ou o simplificado. A existência de limitações tecnológicas para o pesquisador acessar por telefone ou *smartphone* uma central telefônica ou a impossibilidade de utilizar um coletor de dados ou de acessar um *site* via internet levariam à necessidade de usar o classificador simplificado. Assim, a escolha do classificador mais adequado para enquadrar um consumidor em um estrato socioeconômico dependerá de restrições orçamentárias (não ter recursos para adquirir *tablets*, *smartphones*, coletores de dados ou equipamento telefônico URA), de limitações tecnológicas (área com dificuldade para acessar a internet) e da precisão requerida pela pesquisa em relação à classificação do domicílio (margem de erro). Em decorrência, o pesquisador que estiver conduzindo uma pesquisa deverá escolher a maneira mais apropriada de levantar os dados para a classificação de um consumidor em um dos estratos socioeconômicos, utilizando desde um modelo estatístico operacionalmente mais simples (classificador simplificado) até modelos mais completos e precisos.

Por que você faz parte do público-alvo deste livro? Primeiro, porque acreditamos que as pessoas em geral estão interessadas em cultura, em conhecer como está estruturada a sociedade brasileira, considerando os conceitos de classe social e de renda permanente. Acreditamos, ainda, que esse interesse se manifesta em conhecer os perfis dos estratos identificados em termos geodemográficos, de anos de escolarização da população, do acesso a serviços públicos, da quantidade de bens duráveis possuídos e do montante de gastos com o consumo das principais categorias de bens e serviços. Além disso, acreditamos que estariam interessadas em saber em que estrato socioeconômico se classificam e também em comparar seu orçamento doméstico com a média de gastos dos domicílios de seu estrato socioeconômico, considerando sua região, o tipo de cidade em que vivem e a composição de sua família.

A segunda razão é a possibilidade, se você for um professor ou um pesquisador acadêmico, um estudante, estagiário ou *trainee* da área de Ciências

Sociais Aplicadas, principalmente de Administração, Economia, Contabilidade, Psicologia, Sociologia, Ciências Políticas, Comunicação, Propaganda e Jornalismo, entre outras de Humanidades, de analisar os resultados de seus estudos sob a ótica da estratificação socioeconômica utilizando um critério mais robusto, preciso e confiável em relação àqueles existentes atualmente. Se você é um professor ou pesquisador de uma área de Ciências Exatas, como Engenharia de Produção, de Transportes, Civil, Ciências da Computação, e até mesmo da área de Saúde, como Medicina, Biomédicas, Saúde Pública etc., poderia, por meio de um critério confiável, conhecer seu mercado consumidor, como o mercado para produtos farmacêuticos, serviços médico-hospitalares, odontológicos e veterinários, no caso das Ciências Biológicas. Ou utilizar o critério proposto em suas pesquisas, avaliando se determinados resultados – por exemplo peso, incidência de doenças, condição de saúde, hábitos alimentares etc. – são significativamente diferenciados entre estratos socioeconômicos. Nessa condição, entendemos que é relevante o conhecimento sobre estratificação tanto para uso acadêmico como para uso profissional.

A terceira razão motivadora para ler este livro é se você é um executivo de uma empresa ou um gestor público que necessita segmentar seu mercado, seus clientes, seu público-alvo, a população de seu município ou de seu estado, necessitando de um critério mais confiável e ajustado a suas reais necessidades. Com isso seria possível dividir cada um desses públicos em diferentes estratos socioeconômicos. Dessa forma, um executivo poderia direcionar melhor as ações de marketing para estratos específicos (por exemplo, *shampoo* para os estratos 4-5-6 ou "classes média–baixa"; joias para o estrato 1 ou "classe alta" etc.); ou então o gestor público poderia desenvolver e avaliar políticas sociais focadas em estratos socioeconômicos específicos (por exemplo, o Bolsa Família, para os estratos 6 e 7, de menor nível socioeconômico, o tíquete refeição para os estratos 4 até 7, descontos em determinados tipos de medicamentos para os estratos 5 a 7, o seguro defeso para pescadores para os estratos 6 e 7, e assim sucessivamente).

Portanto, o livro abrange desde a discussão do que é uma classe social ou estrato socioeconômico até a elaboração de diferentes classificadores de domicílios ou consumidores em um dos estratos socioeconômicos em que se divide a sociedade brasileira. Inclui ainda exemplos de potenciais usos da estratificação socioeconômica proposta, tanto em termos de estratégias empresariais e particularmente de marketing até a utilização para a formulação e avaliação de políticas públicas para autarquias, empresas de economia mista, fundações, secretarias de Estado ou Ministérios.

Tendo em mente os objetivos apresentados, estruturamos o presente livro em seis capítulos, descritos a seguir. No primeiro capítulo, denominado *Classes sociais e estratos socioeconômicos*, apresentamos brevemente como o conceito de classe social evoluiu desde a antiguidade até o presente, mostrando diferentes bases em que essa estratificação social foi estabelecida. Descrevemos as bases da estratificação utilizada em diferentes países da Europa, da América Latina e da Ásia. Em uma segunda parte nesse capítulo, mostramos como esse conceito é importante para as Ciências Sociais Aplicadas e, dentro destas, no campo da Administração de Marketing, como base para a tomada de decisões de quais produtos ou serviços deveriam ser oferecidos para cada estrato social; em que nível de preço os produtos ou serviços deveriam ser colocados no mercado; quais formas de distribuição deveriam ser utilizadas em função do perfil de cada estrato socioeconômico; que tipos de mensagens e veículos de comunicação deveriam ser utilizados para atingir de forma mais eficiente cada específico estrato socioeconômico de interesse para as empresas atuarem. A terceira parte desse capítulo 1 retrata especificamente como tem sido feita a estratificação socioeconômica no Brasil. Discutimos as características e os principais problemas relacionados com os dois principais critérios utilizados: na área privada, o Critério de Classificação Econômica Brasil, desenvolvido pela Abep, utilizado praticamente em todos os estudos feitos pelos institutos de pesquisa para as empresas industriais, comerciais, de serviços e do terceiro setor; para as agências de propaganda, para os anunciantes e para as empresas de comunicação eletrônica (televisiva, radiofônica, cinematográfica, internet etc.) e de comunicação impressa (jornais, revistas, *outdoors* etc.); e, na área governamental, o critério SAE, desenvolvido pela Secretaria de Assuntos Estratégicos da Presidência da República, que tem sido empregado principalmente para o direcionamento de políticas públicas para a classe média. Finalizamos esse capítulo mostrando alguns exemplos de aplicação desses critérios de estratificação socioeconômica no Brasil, principalmente na área de mídia, de posicionamento de marcas e de evolução da classe média brasileira na última década.

O segundo capítulo do livro trata especificamente de questões metodológicas para a definição de estratos socioeconômicos que permitam segmentar a população de um país em relação a esses estratos. Iniciamos com um resumo da literatura acerca de diferentes métodos empregados para definir classes socioeconômicas, evidenciando aspectos favoráveis e limitações relacionadas com cada um desses métodos. A partir dessas limitações, apresentamos e discutimos o método de classes latentes ordinais que empre-

Introdução

gamos para definir os estratos em que a sociedade brasileira está dividida. Mostramos que nosso método evita sérios problemas conceituais e metodológicos que estão presentes em outros modelos aplicados em diferentes países e principalmente os problemas existentes no Critério de Classificação Econômica Brasil e no da SAE, baseado na renda corrente declarada. Discutimos, em especial, a necessidade de termos disponível um novo critério de classificação socioeconômica para o Brasil que leve em conta diferenças de composição familiar, região geográfica e tipo de município em que residem os consumidores, características que nenhum critério levantado na revisão de literatura leva em consideração. Essa importante inovação torna o modelo proposto neste livro único e de grande valor para uso da indústria privada, notadamente dos anunciantes, veículos de comunicação, agências de propaganda e institutos de pesquisa, assim como de organismos governamentais e instituições do terceiro setor.

Após a descrição dos conceitos centrais a respeito de classes sociais e da relevância de considerarmos o conceito de classe social e principalmente de renda permanente, apresentamos, no terceiro capítulo, a aplicação do modelo de classes latentes ordinais para estratificar socioeconomicamente a sociedade brasileira. Depois de termos analisado diversos bancos de dados de pesquisas feitas no Brasil, concluímos que a POF/IBGE é a que apresenta dados mais adequados para a construção desse modelo. Essa pesquisa é feita com elevado rigor metodológico, desde a concepção dos questionários e do planejamento amostral até a coleta e processamento dos dados. Um aspecto de enorme importância nessa pesquisa é que os dados levantados são de natureza comprobatória (por exemplo, por meio de documentos, comprova-se a renda corrente familiar auferida) e não apenas declaratória (que é o caso da Pesquisa Nacional por Amostra de Domicílios (PNAD), em que o chefe da família apenas declara ou informa a renda corrente familiar, sem necessidade de comprová-la por meio de documentos). Os dados levantados na POF são bastante minuciosos, com questionários aplicados para o domicílio como um todo e questionários individuais para cada membro do domicílio. Há informações que são levantadas em nível semanal, mensal e anual. Os questionários abrangem dados geodemográficos, de escolarização dos membros que compõem cada domicílio amostrado, de emprego e renda, de acesso a serviços públicos, da quantidade possuída de uma gama diversificada de bens e serviços de conforto doméstico, bem como dos gastos efetuados com uma série expressiva de categorias e tipos de produtos e serviços de consumo, bem como investimentos realizados na aquisição de veículos e imóveis. Cada domicílio que compõe a amostra da POF tem um peso correspondente, o que possibilita expandir os resultados e concluir por sua representatividade da população brasileira. Selecionamos 35 variáveis para a construção do modelo de classes latentes e 21 categorias de bens e serviços que representam agregadamente o consumo da população brasileira para sua validação. Os resultados da modelagem são apresentados em "vintis"[1] – ou seja, dividimos os domicílios brasileiros em vinte grupos de 5% cada um, em que o primeiro grupo é o de nível socioeconômico ou de classe social e renda permanente mais elevado, indo sucessivamente até o vigésimo vintil, caracterizado como o de nível mais baixo. Evidentemente, é pouco operacional para uma organização trabalhar com vinte segmentos. Assim, por meio de um trabalho conjunto com representantes da Abep, foi possível analisarmos as diferenças e similaridades existentes no perfil dos vintis e agrupá-los em sete estratos socioeconômicos com significativas diferenças no perfil geodemográfico, sociocultural, de acesso a serviços públicos, quantidade possuída de bens e serviços de conforto doméstico e de montante de gastos com as categorias de consumo definidas. Descrita e amplamente documentada, por meio de tabelas e figuras, como a sociedade brasileira está estratificada, com os respectivos perfis de cada classe, pudemos avançar no capítulo quarto na análise do consumo dos estratos socioeconômicos identificados.

Assim, o capítulo quarto é dedicado a discutir concretamente diferenças nos níveis de consumo entre as diversas classes socioeconômicas. De início, mostramos o grau de concentração do consumo das 21 categorias de produtos e serviços por meio do cálculo do coeficiente de Gini, que evidenciou que as categorias de produtos mais essenciais são mais homogêneas, ao passo que categorias de produtos mais supérfluas apresentam maior concentração do consumo nos estratos de maior nível socioeconômico. Mostramos também, por meio da construção de curvas de Lorenz para cada estrato, qual é a representatividade de cada um dos estratos no consumo total de cada categoria de produto ou serviço e, por meio de um modelo de simulação, como cada estrato responde nessas 21 categorias de produtos a diferentes níveis de renda.

Esses resultados mostram que, dependendo do tipo de indústria, o foco da estratégia de marketing deveria ser o do lançamento de novas marcas visando a atingir estratos de menor nível socioeconômico, além de outras

---

1 Em Estatística utilizamos a palavra "quartil" para dividir uma população ou amostra em quatro grupos de igual tamanho, e "decil" para dividir em dez partes iguais. Esses dois termos existem na língua portuguesa. Para dividir em vinte partes, contudo, não há ainda palavra específica. Por isso, adotamos aqui a expressão "vintil", no singular, e "vintis", no plural.

estratégias abordadas. Mostramos e discutimos nesse capítulo uma questão fundamental – que a alocação do orçamento familiar depende das seguintes variáveis iniciais: da composição familiar (número de adultos e de crianças/adolescentes residentes no domicílio), da região geográfica e do tipo de cidade em que o domicílio está localizado. Esse resultado revela que, dependendo da relação entre essas variáveis, as famílias alocam diferentemente seu orçamento doméstico, bem como têm distintas prioridades de consumo. Dependendo das características de cada família e das prioridades de consumo que elas estabelecem na alocação do orçamento para as 21 categorias de produtos e serviços, mostramos que determinados estratos não consomem mais porque não desejam, ao passo que outros estratos não consomem mais porque não podem em razão da existência de restrições orçamentárias.

Em síntese, mostramos no capítulo 4 que não basta simplesmente identificar e quantificar o tamanho de cada estrato socioeconômico, mas que é fundamental que as empresas que atuam em cada setor de atividade econômica entendam claramente o perfil de consumo de cada segmento. É necessário compreender que as diferenças que existem no montante comercializado para o mercado consumidor de seus produtos ou serviços decorrem parte em função das prioridades que cada família estabelece na alocação do orçamento doméstico e parte em função de realocações devidas a restrições orçamentárias. Mostramos, assim, que esses dois aspectos variam de forma significativa de acordo com cada um dos estratos socioeconômicos. Portanto, tangibilizamos neste capítulo, para uso das empresas, a ligação que existe entre o perfil de cada estrato socioeconômico com o perfil de consumo das 21 categorias de bens e serviços analisadas, mostrando o grau de influência que cada uma das principais variáveis geodemográficas (região, tipo de município, número de pessoas adultas e não adultas residentes no domicílio, faixa etária e raça/cor do chefe da família, entre outras variáveis) exercem sobre o nível de consumo de cada categoria de produto ou serviço. As empresas poderão, assim, aferir que linhas de produto são consideradas prioritárias em cada um dos estratos, verificando qual seria a variação na participação dos gastos de cada categoria no orçamento total de cada segmento, e com isso avaliar de maneira mais precisa oportunidades para utilização de estratégias de penetração de mercado ou de desenvolvimento de mercado ou de produtos e as adequadas estratégias de distribuição e de comunicação/promoção, visando a atingir estratos socioeconômicos específicos com o propósito de aumentar o volume de vendas e a participação de mercado de seus produtos ou serviços.

No quinto capítulo procuramos mostrar algumas outras características dos estratos socioeconômicos identificados, relacionadas com valores, atividades, interesses e opiniões desses segmentos, assim como características de exposição de cada segmento em relação a diferentes tipos de mídia. Os resultados apresentados nesse capítulo são oriundos de uma pesquisa que fizemos em maio de 2013, apenas em domicílios localizados na cidade de São Paulo.

O propósito desse capítulo foi mostrar, considerando o maior mercado consumidor brasileiro, que a estratificação socioeconômica proposta, além de revelar ser mais efetiva que a demográfica, pode ser extremamente útil às empresas para efeito de segmentação psicográfica. Com isso, as empresas poderão traçar um perfil mais amplo de cada estrato em termos do consumo de bens e serviços, e também de aspectos de estilo de vida e exposição à mídia de cada segmento.

Por fim, no sexto capítulo do livro apresentamos uma questão operacional de enorme importância para as empresas e organizações governamentais e do terceiro setor: já que não está escrito "na testa" de cada pessoa a que estrato socioeconômico ela tem maior probabilidade de pertencer, esse capítulo trata exatamente de como classificar um domicílio em um dos sete estratos socioeconômicos. Isso será necessário, por exemplo, em uma pesquisa por entrevista pessoal com uso de questionário manual, ou de um questionário sendo respondido utilizando um *tablet*, um *smartphone*, um coletor de dados ou um computador portátil, ou em uma pesquisa via internet. Nesse capítulo, o leitor, o estudante, o pesquisador, o executivo, todos irão entender como classificar uma família ou os clientes de sua empresa em um dos estratos socioeconômicos. Um gestor público poderá saber quantos domicílios de cada estrato socioeconômico estão sendo beneficiados por um programa social, como o Bolsa Família, o Renda Cidadã, o Renda Mínima, o Seguro Defeso, entre outros. Uma Organização Não Governamental (ONG) poderá saber o que pensam e de que estratos socioeconômicos são seus apoiadores. Um prefeito ou governador de Estado poderá saber qual a proporção de domicílios existente em sua cidade ou Estado em cada um dos estratos socioeconômicos e levantar que expectativas cada estrato tem em relação à administração municipal ou estadual, respectivamente, ou como eles avaliam cada uma das áreas da gestão pública, como saneamento básico, segurança, transporte, educação, saúde etc.

Portanto, até o sexto capítulo do livro, o leitor terá visto desde o que é uma classe social até como fazer uma estratificação e, inclusive, como classificar a pessoa residente em um domicílio no Brasil em um dos estratos socioeconômicos. Ou seja, o leitor terá compreendido desde questões conceituais até uma maneira operacional de usar um classificador de domicílio ou consumidor nesses estratos. Assim sendo, até esse momento, em termos mais específicos, o leitor terá sido exposto e compreendido com detalhes os conceitos centrais de estratificação socioeconômica calcados na variável latente de renda permanente e classe social; a importância desse conceito para o marketing e, em especial, para a segmentação do mercado; os principais trabalhos da revisão de literatura que usam esse conceito utilizando distintas formas de modelagem e, ainda, uma síntese dos dois principais critérios de classificação socioeconômica utilizados no Brasil. Terá visto, ainda, uma breve revisão da literatura sobre métodos empregados para fazer essa estratificação, em que estão descritas as vantagens e desvantagens de cada método e também as principais características relacionadas com o método de classes latentes ordinais, situado na fronteira do conhecimento de modelagem aplicado à estratificação da sociedade de um país.

Com base nesse modelo, o leitor poderá acompanhar e entender todo o processo que percorremos para fazer a estratificação socioeconômica da população brasileira, em que utilizamos dados detalhados e confiáveis produzidos pela última POF/IBGE, em 2008/2009; terá verificado ainda detalhadamente o perfil geodemográfico e de consumo dos brasileiros segundo 21 categorias de bens e serviços; terá visto como vinte tipos de grupos familiares (vintis) são distintos em termos geodemográficos e principalmente de consumo dessas 21 categorias de bens e serviços; e, ainda, como esses vintis foram agrupados para a definição dos sete estratos socioeconômicos em que se divide a sociedade brasileira. Terá visto também o perfil de valores, estilo de vida e de exposição à mídia de consumidores residentes em São Paulo, a maior e mais diversificada cidade brasileira.

Qualquer segmentação da sociedade é feita para ser utilizada de forma eficiente, principalmente pelas empresas e pelos governos. Assim, é importante sermos capazes de traçar o perfil de consumo de cada um desses sete estratos. Portanto, depois de o leitor ter visto toda a sequência de atividades que culminou com a estratificação socioeconômica dos domicílios brasileiros, ele terá verificado, por meio de figuras contendo as curvas de Lorenz, qual o grau de concentração do consumo nas sete classes sociais em relação às 21 categorias de bens e serviços. Aqui o leitor terá compreendido a contribuição dada pelo modelo de classes latentes ordinais utilizado para a estratificação socioeconômica da sociedade brasileira: não há uma estratificação única para todo o Brasil, mas ela depende, além das variáveis que compõem o construto latente de classe social e renda permanente, de três variáveis-chave: da composição familiar, da região geográfica e do tipo de cidade em que o domicílio está situado. Por que isso foi feito? Exatamente porque o poder de compra do orçamento de uma família não é o mesmo em todas as regiões brasileiras. O que uma família com uma particular composição familiar recebe em São Paulo não tem o mesmo poder de adquirir bens e serviços comparativamente a uma família similar no interior da Bahia ou na zona rural do Rio Grande do Sul, por exemplo. Da mesma forma, uma família situada na mesma área geográfica, mas com composição familiar distinta, por exemplo, por dois adultos sem filhos e outra composta por dois adultos e três filhos, terão montantes distintos de consumo e prioridades diferentes do que consumir. Em ambos os casos, as implicações são específicas para efeito do marketing de uma empresa. Os potenciais de compra, as necessidades e preferências por bens e serviços, as possibilidades de uso de marcas variadas e de lançamento de novos produtos também são distintos; a estratégia de comunicação e a produção de peças publicitárias também deverão ser diferenciadas, e assim por diante. Entretanto, nada disso terá adiantado se não tivermos uma forma confiável de classificar uma família em um dos estratos socioeconômicos. Neste livro, o leitor irá verificar que existem diferentes instrumentos operacionais que disponibilizamos para fazer essa classificação.

Finalizando, apresentamos as principais conclusões que pudemos extrair do estudo que realizamos, notadamente em termos das diferenças conceituais entre nosso critério e o Critério de Classificação Econômica Brasil e o da SAE. Reforçamos também a relevância deste novo critério de estratificação da sociedade brasileira para os executivos das empresas – anunciantes, mídias e veículos de comunicação, institutos de pesquisa, entidades associativas etc. – e os gestores governamentais das esferas federal, estadual e municipal, assim como estudantes, pesquisadores e professores universitários para o conhecimento mais aprofundado de como está estruturada a sociedade brasileira, o que possibilitará elaborar estratégias e planos de ação – privados e públicos – mais eficientes e focados no perfil e nas características de cada estrato socioeconômico. Apresentamos, ainda, sugestões para a atualização futura desse critério, principalmente em relação ao uso das bases anuais de dados da PNAD e de bases de dados financeiros e de mídia em nível nacional.

Como autores, temos humildade suficiente para entender que demos o primeiro passo para estratificar de forma mais precisa e confiável a sociedade brasileira, principalmente em termos geodemográficos e de consumo. No entanto, temos também consciência de que este é um largo passo, de que

Introdução

a evolução incorporada no modelo proposto é significativa. Balanceando ambos os aspectos, gostaríamos que você, leitor, pudesse nos propiciar comentários, subsídios, críticas e contribuições para o aperfeiçoamento futuro do que está apresentado neste livro. Para tanto, você poderá nos escrever utilizando o *site* <www.pesquisasocioeconomica.com.br>.

Por último, sentimo-nos na obrigação de expressar vários agradecimentos. Ao CNPq e FAPESP, pelo apoio na realização deste estudo. Ao IBGE e a diversos de seus dirigentes e técnicos, que estiveram sempre à disposição para prestar esclarecimentos a respeito das bases de dados da POF e dos procedimentos metodológicos utilizados. À Abep e em particular à Comissão de Classificação Econômica Brasil, na pessoa de seu coordenador Luis Eduardo Pilli, por terem estimulado e apoiado a realização deste estudo. À Livra Panels, pela coleta dos dados da pesquisa na cidade de São Paulo. À equipe de pesquisa da FEA-USP, em particular a Fábio Meletti de Oliveira Barros, e do curso de Marketing da EACH-USP, em nome de José Mauro da Costa Hernandez e Jane Marques, por todo o inestimável apoio prestado ao longo deste trabalho.

A todos, nosso muito obrigado.

Wagner A. Kamakura   **José Afonso Mazzon**

CAPÍTULO 1

CLASSES SOCIAIS E ESTRATOS SOCIOECONÔMICOS

Este capítulo está dividido em três partes: inicialmente apresentaremos o conceito de classe social e algumas variações que esse conceito apresentou ao longo da história e em diferentes regiões geográficas ou países. Em seguida, apresentaremos o conceito de estratificação socioeconômica, seu papel dentro de uma sociedade e sua relevância para a administração das organizações e, particularmente, para o planejamento, gestão e controle da função de marketing nas empresas. Por último, discutiremos a questão da estratificação socioeconômica especificamente para nosso país, mostrando as características principais dos diferentes critérios existentes – de um lado, o Critério de Classificação Econômica Brasil (adotado pela Associação Brasileira das Empresas de Pesquisa – Abep) e, de outro, o da Secretaria de Assuntos Estratégicos (SAE) da Presidência da República –, culminando com a apresentação de exemplos práticos de como a estratificação socioeconômica é ou poderia ser utilizada pelas empresas e pelas organizações públicas e do terceiro setor.

1.1 O CONCEITO DE CLASSE SOCIAL AO LONGO DA HISTÓRIA

Desde os primórdios da humanidade, em especial quando os seres humanos começaram a abandonar o nomadismo e montaram as primeiras vilas e cidades, as sociedades começaram a se estruturar em organizações sociais, cuja característica básica era a de serem desiguais. A questão da desigualdade social sempre foi e ainda é a característica marcante e central de qualquer sociedade. Esse fenômeno ocorre inclusive no mundo animal, quando observamos o comportamento de abelhas, formigas, chipanzés e outros tipos de animais, em que cada elemento realiza uma tarefa específica dentro da organização social existente na colmeia, no formigueiro ou na floresta. Tem-se, por exemplo, a formiga-rainha, a operária e a soldado.

Pode-se dizer, de modo geral, que a origem dessa desigualdade no mundo sempre esteve ligada diretamente a relações de poder, tendo prevalecido, em especial na Antiguidade e na Idade Média, assim como em outros períodos determinados, a assim popularmente chamada "lei do mais forte". Força, habilidade, inteligência, relacionamentos e recursos físico-geográficos sempre foram meios pelos quais uma sociedade passou a exercer domínio e liderança sobre outras sociedades, estabelecendo desse modo relações de poder e, consequentemente, de desigualdades sociais. Essas desigualdades não se manifestam apenas em termos de poder e autoridade distintos, mas principalmente em relação a quantidades e qualidades de bens e serviços consumidos por essas sociedades, também distintos entre "dominadores", "proprietários" e "classe alta" relativamente a "dominados", "operários" e "classe baixa", dentre outras identificações usualmente empregadas para designar, *lato sensu*, o sentido de classes sociais.

A questão da estratificação social tem aparecido de forma constante não apenas como elemento de análise de relações sociais, mas também como de distinção em tipos e volume de bens e serviços consumidos, desde os primeiros agrupamentos humanos até as sociedades mais avançadas. Na Antiguidade, a sociedade ateniense foi estratificada em três grandes grupos: eupátridas, metecos e escravos. Esparta também teve três classes sociais: espartanos, periecos e servos (Pomeroy, Burnstein, Donlan, & Roberts, 1999). Roma antiga foi estratificada em patrícios, plebeus e escravos. Na Idade Média, quatro classes coexistiram: os senhores feudais, o clero, os guerreiros e os servos (Shelton, 1997). Mais recentemente, as sociedades têm sido estratificadas em classes que podem diferir ligeiramente na terminologia, mas geralmente se traduzem em classe alta, classe média alta, classe média, classe baixa e classe mais baixa (Beeghley, 2004; Eichar, 1989; Gilbert, 2002; Thompson & Hickey, 2005; Vanneman, 1988).

1.2 CLASSES SOCIAIS

Qualquer sociedade é estratificada de acordo com uma hierarquia social informal (em alguns casos, formal), que está associada com o prestígio social, o acesso a bens e serviços públicos, influência política, oportunidades educacionais e trajetórias de carreira. Portanto, não é mera coincidência que a identificação dessa estrutura social já tenha sido objeto de considerável pesquisa em Ciências Sociais Aplicadas, como discutimos anteriormente. As medidas de estratificação social, no entanto, variam amplamente dentro de e entre disciplinas.

Sociólogos desenvolveram o conceito e a operacionalização de classe social com base na classificação de ocupações que definem os mercados de trabalho e sistemas de produção em uma sociedade. Wright (1985) começou com a divisão clássica de Karl Marx dos meios de produção entre a burguesia e o proletariado (Marx & Engels, 1848) e acrescentou categorias intermediárias para a força de trabalho com base em suas credenciais e *status*, para identificar 12 ocupações que tipificam as classes dentro de uma sociedade, em termos de sua relação com os meios de produção. Goldthorpe (1987) combinou a perspectiva de Marx com a de Weber, agregando ocupações de acordo com as condições de mercado (taxas de salário, ascensão e estabilidade econômica) e as condições de trabalho (controle de produção, autoridade) em sete classes sociais. A classificação de indivíduos com base em ocupação é comum na Europa (Marmot, Bosma, Hemingway, Brunner, & Stansfeld, 1997; Stansfeld, Head, & Marmot, 1998; Kunst, Groenhof, & Mackenbach, 1998; Griffin, Fuhrer, Stansfeld, & Marmot, 2002; Avendaño, Kunst, van Lenthe, Bos, Costa, & Valkonen, 2005).

Embora exista um consenso geral de que a ocupação tem um papel importante no *status* social de um indivíduo e na compreensão das desigualdades sociais dentro de uma sociedade, também é amplamente reconhecido que existem disparidades significativas em termos de prestígio e retorno econômico dentro de algumas categorias profissionais nas sociedades modernas. A desigualdade social pode ser analisada sob diferentes perspectivas, de acordo com um campo específico do conhecimento, como o filosófico, o sociológico, o econômico, o político e o jurídico, entre outros.

1.3 *STATUS* SOCIOECONÔMICO

Em vez de focar nos papéis que o trabalho e o capital possuem em sistemas de produção para identificar as classes sociais, a noção de estrato socioeconômico enfatiza a conquista de *status*, usando educação e renda como causa e efeito do *status* ocupacional. O principal argumento aqui é o de que a educação prepara o indivíduo para ocupações mais qualificadas nas sociedades modernas, sendo a renda a consequência do *status* profissional. A educação é também normalmente concluída no início da idade adulta, servindo, portanto, como um indicador precoce do *status* socioeconômico, válido para a maioria dos adultos. Tentativas anteriores para classificar indivíduos em termos de *status* socioeconômico relacionaram educação e renda a seu *status* profissional, produzindo indicadores como o Índice Socioeconômico, por Duncan (1961), e o Índice Socioeconômico Internacional, por Ganzeboom, De Graaf e Traiman (1992), usados para classificar indivíduos dentro de uma sociedade (Nakao & Treas, 1994; Hauser & Warren, 1997).

O uso de níveis de escolaridade e renda como indicadores do *status* socioeconômico tem, no entanto, várias limitações. Estratificação educacional nas sociedades modernas ocorre não só no acesso a diferentes níveis de educação, mas cada vez mais no acesso à educação de qualidade em todos os graus. Além disso, a educação formal não considera treinamentos no trabalho e outros investimentos na carreira que diferenciam indivíduos com níveis similares de escolaridade formal. Essas deficiências transformam o nível de escolaridade, medido em anos de estudo, em um indicador limitado de *status* socioeconômico.

O *status* socioeconômico também tem sido um critério de segmentação frequente e importante em diversos campos de conhecimento, como em estudos sobre desenvolvimento econômico (Sumarto, Suryadarma, & Suryahadi, 2007), na educação (Filmer, 2000; Filmer & Pritchett, 2001), na saúde (Deressa, Ali, & Berhane, 2007; Gwatkin, Rustein, Johnson, & Wagstaff, 2000; Stecklov, Bommier, & Boerma, 1999; Thomas, 2007) e na psicologia (Gray-Little & Hafdahl, 2000; Jayakody, Danziger, & Kessler, 1998; Johnson, Cohen, Dohrenwend, Link, & Brook, 1999; Marmot *et al.*, 1997; Rogler, 1996), entre outros. Neste último, Ribas Jr., Moura, Soares, Gomes e Bornstein (2003) mostraram o crescente uso da expressão *status* socioeconômico nos artigos publicados nos principais periódicos de Psicologia, ao passo que as melhores práticas na conceitualização e medida de classe social na pesquisa psicológica foram descritas por Diemer,

Classes Sociais e Estratos Socioeconômicos

Mistry, Wadsworth, Lópes e Reimers (2012), que argumentam que mudanças radicais no clima econômico nos Estados Unidos nos anos recentes tornam imperativo prestar mais atenção no papel das classes sociais na vida das pessoas.

Existem muitas razões pelas quais o conceito de *status* ou nível socioeconômico desempenha um papel tão central em diversas disciplinas; em todas elas, o elemento comum é que ele está associado às oportunidades, desafios e problemas enfrentados pelos indivíduos em todos os domínios ou temas da vida (consumo, saúde, educação, alimentação, habitação, emprego, renda etc.). Por meio dele podemos ter informações sobre o grau de acesso de uma família aos recursos sociais e econômicos existentes (Duncan, Daly, McDonough, & Williams, 2002).

O *status* socioeconômico é fortemente utilizado em "pesquisa social, onde as principais diferenças entre os indivíduos são constantemente identificadas no lugar que ocupam na hierarquia social" (Alves & Soares, 2009, p. 2). Uma das áreas com alto uso de *status* socioeconômico corresponde à educação, campo no qual o nível socioeconômico pode ser considerado como "a variável contextual mais amplamente utilizada em pesquisa" (Sirin, 2005, p. 417). Pesquisas mostraram que a desigualdade na educação está fortemente associada com o *status* socioeconômico, raça e gênero (Gillborn & Mirza, 2000); Filmer e Pritchett (2001) relacionaram diferenças no efeito dessa dimensão no nível de escolaridade das crianças. Sirin (2005) fez uma revisão meta-analítica de pesquisas sobre a relação entre o *status* socioeconômico e o desempenho acadêmico. Goldthorpe (2010) mostrou a necessidade de uma reorientação da teoria e das classes de análise a partir das diferenças persistentes no nível de escolaridade.

O *status* socioeconômico também é "amplamente utilizado na pesquisa em saúde, refletindo um reconhecimento generalizado, embora muitas vezes implícito da importância de fatores socioeconômicos para os diversos resultados na área de saúde" (Braveman, Cubbin, Egerter, Chideya, Marchi, Metzler, & Posner, 2005, p. 2879). Ou, como disse Kraus e Keltner (2009, p. 99): "O *status* socioeconômico é um dos principais determinantes para vulnerabilidades de saúde e afiliações sociais". Oakes e Rossi (2003, p. 769) enfatizam que "grande parte da atenção a fatores sociais relacionados a doenças e saúde é derivada do *status* socioeconômico, uma característica central da estrutura social de todas as sociedades complexas".

Como exemplos aplicados do uso do *status* socioeconômico na área de saúde podemos destacar Mandelblatt, Andrews, Kao, Wallace e Kerner (1996), que mostraram o impacto das classes sociais na identificação e diagnóstico mais cedo ou mais tarde do câncer de mama. Miech e Hauser (2001) examinaram a relação entre essa variável e indicadores de saúde na meia-idade. Ladwig, Marten-Mittag, Erazo e Gundel (2001) identificaram diferenças na incidência de processos de psicossomatização, de acordo com os estratos sociais. Essa variável também foi associada a alterações cognitivas e efeitos socioemocionais em crianças, efeitos esses que se mantêm até sua vida adulta (Bradley & Corwyn, 2002). Bollen, Glanville e Stecklov (2006) mostraram a relação existente entre o *status* socioeconômico, a renda permanente e a fertilidade da mulher. Breckenkamp, Mielck e Razum (2007) demonstraram que a classe social é um importante preditor não só de mortalidade, mas também do risco cardiovascular e de morbidade. Poel, Hosseinpoor, Speybroeck, Ourti e Vega (2008) examinaram o impacto da desigualdade socioeconômica na desnutrição em países em desenvolvimento. Krishnan, Cozier, Rosenberg e Palmer (2010) investigaram a relação entre o *status* socioeconômico individual e do bairro com a incidência de diabetes tipo II. Sasiwongsaroj (2010) mostrou que o *status* socioeconômico definido por um conjunto de indicadores que refletem desigualdades sociais impacta a mortalidade infantil. Torio, Klassen, Curriero, Caballero e Helzlsouer (2010) examinaram o efeito modificador da classe social sobre a relação entre o índice de massa corporal e a incidência de câncer de mama.

Medidas de *status* socioeconômico têm servido, ao longo do tempo, como variável para medir desigualdades, pobreza e acesso a bens e serviços, bem como para explicar o comportamento dos consumidores e de clientes das empresas (Kolenikov & Angeles, 2009). Na área econômica, Vannoni, Spadea, Frasca; Tunino, Demaria, Sacerdote, Panico, Celentano, Palli, Saiva, Palla, Sieri, & Costa (2003) estudaram a associação entre a classe social e o consumo de alimentos. Spilerman (2000) analisou que existe uma forte relação entre a riqueza e os processos de estratificação, e mais tarde mostrou o impacto da riqueza dos pais no padrão de vida dos filhos na juventude (Spilerman, 2004). O *status* socioeconômico foi estudado também em associação com diferentes níveis de emprego em um país (Crompton, 2010). Klor e Shayo (2010) mostraram os efeitos da identidade social sobre preferências em relação à redistribuição de recursos. Di Tella, New e MacCulloch (2010) mostraram a relação, no curto prazo, entre o *status* socioeconômico e níveis de felicidade de um povo.

Apesar da evidente importância desse conceito em diversas áreas do conhecimento, Bollen *et al.* (2001, p. 153), afirmam que "um exame da literatura sociológica e de ciências sociais sugere uma falta de consenso sobre o

Classes Sociais e Estratos Socioeconômicos

significado conceitual e sobre a mensuração do *status* socioeconômico". Duncan *et al.* (2002, p. 1151) apontam que "apesar de numerosos estudos terem documentado as associações entre *status* socioeconômico e uma variedade de indicadores de resultados de saúde, indicadores abrangentes relacionados ao *status* socioeconômico não são rotineiramente coletados nos Estados Unidos".

1.3.1 Renda corrente e renda permanente

Assim como a educação – tempo e qualidade dos estudos –, a renda também é uma variável problemática para se medir em pesquisas. Enquanto os rendimentos auferidos a partir de um emprego estável são mais fáceis de lembrar e declarar, a renda produzida pelo trabalho temporário ou nos mercados de trabalho informais carrega maiores erros de informação (Hentschel & Lanjouw, 1998). Além disso, a renda produzida a partir de capital é mais propensa a ser declarada em menor valor em pesquisas. A renda corrente familiar atual pode ser um indicador fraco do padrão de vida dos aposentados, pois não reflete os recursos financeiros disponíveis, assim como desconsidera os efeitos cumulativos de uma vida de privilégios ou de privação (Duncan *et al.*, 2002). Além disso, o nível de escolaridade reflete o potencial do indivíduo para o *status* social, ao passo que a renda corrente reflete mais fielmente a condição atual do indivíduo do que seu lugar potencial ou permanente na sociedade. Friedman (1957) faz uma distinção entre renda e riqueza, considerando-a como tendo dois componentes: renda transitória e renda permanente, esta "refletindo o efeito de fatores que a unidade considera como determinantes do seu valor de capital ou riqueza" (Friedman, 1957, p. 21). Friedman argumenta que o comportamento de consumo é determinado principalmente pela renda permanente, e que o consumo geralmente se correlaciona mal com renda corrente, porque esta é uma medida fraca de renda permanente. Isso acontece, por exemplo, porque as pessoas suavizam seu consumo ao longo do tempo por meio de empréstimos ou retiradas da poupança em períodos de renda reduzida, e investindo ou poupando em tempos de renda mais elevada. Consequentemente, a riqueza pode variar drasticamente em diferentes grupos sociais com rendimentos semelhantes (Braveman *et al.*, 2005).

Os profissionais de marketing europeus normalmente baseiam a estratificação social no conceito de classe social, utilizando a ocupação como o principal indicador (Urquijo & Lobl, 2003; Ware & Dinning, 2003), e os profissionais do "novo mundo" embasam a estratificação no conceito de *status* socioeconômico (Corrales, Barberena, & Schemeichel, 2006), usando renda permanente como sua medida latente. Como o *status* socioeconômico, renda permanente também é um construto teórico que não é diretamente observável e, portanto, deve ser inferido a partir de variáveis indicadoras. Um conjunto comum de indicadores para inferir a riqueza, além da renda corrente, é a posse de bens de consumo duráveis e o emprego de trabalhadores domésticos, que fornecem informações valiosas sobre como as famílias utilizam sua riqueza (Karim, 1990; Levine, Levine, Richman, Uribe, Correa, & Miller, 1991; Cortinovis, Vella, & Ndiku, 1993; Montgomery, Gragnolati, Burke, & Paredes, 2000; Filmer & Pritchett, 2001). Essas variáveis servem como valiosos indicadores da situação econômica de longo prazo do domicílio; é pouco comum que a posse de bens se altere em resposta a choques econômicos de curto prazo, levando a medidas de *status* socioeconômico de longo prazo mais estáveis e que geralmente são aferidas com menos erros (McKenzie, 2003; Onwujekwe, Hanson, & Fox-Rushby, 2006). A posse de bens também é menos suscetível de ser afetada pela dimensão e composição do domicílio do que as necessidades e padrões de consumo. As famílias tendem a ajustar seus padrões de consumo em resposta a choques econômicos, mas são menos propensas a vender ativos ou alterar seu acesso aos serviços públicos (Filmer & Pritchett, 2001).

Outro indicador comum usado para inferir *status* socioeconômico é o acesso do indivíduo aos serviços públicos. O acesso a certos serviços públicos (estradas pavimentadas, sistemas de esgoto, água encanada) pode ser, no entanto, de oferta restrita, o que reflete a disponibilidade regional desses serviços, em vez de o acesso do indivíduo a eles. Por outro lado, no equilíbrio, essas restrições de fornecimento podem ser um reflexo da falta de influência política e, portanto, de menor *status* social, como é o caso, em geral, de áreas rurais.

Uma revisão da extensa literatura sobre a conceituação e mensuração de classe social e *status* socioeconômico em várias disciplinas, brevemente resumidas acima, mostra que a teoria prevê que o *status* socioeconômico deve ser baseado em recursos sociais, como renda corrente, educação, ocupação, acesso aos serviços públicos e bens acumulados durante a vida. A renda corrente é um indicador *necessário, mas não suficiente*. O *status* socioeconômico deve ser inferido a partir de indicadores que revelam a capacidade do indivíduo de se mover ou permanecer no estado atual, e sua capacidade para tirar proveito dos recursos da sociedade. Alguns pesquisadores (Deaton, 1992) defendem o uso dos gastos, em vez de renda como indicadores do *status* socioeconômico, argumentando que os consumidores poupam e se endividam para suavizar o consumo ao longo do tempo,

Classes Sociais e Estratos Socioeconômicos

fazendo que gastos sejam melhores indicadores de renda permanente. Os profissionais de marketing tratam, no entanto, despesas como as variáveis (dependentes) de interesse, impossibilitando assim sua utilização para medir o *status* socioeconômico.

1.4 ESTRATIFICAÇÃO SOCIOECONÔMICA E O MARKETING

Desde sua criação, a área de marketing tem usado a classe social como uma ferramenta de segmentação de mercado (Bauer, Cunningham, & Wortzel, 1965; Coleman, 1983; Sivadas, 1997) e como uma base para o estabelecimento de uma estratégia de comunicação de marketing (Bass, Pessemier, & Tigert, 1969; Beakman, 1967; Rich & Jain, 1968). O Critério de Classificação Econômica Brasil é apenas um dentre outros exemplos concretos da importância e da aplicação do nível socioeconômico como base de segmentação, principalmente em economias emergentes (Corrales *et al.*, 2006; Fioratti, 2006).

A Asociación Argentina de Marketing (AAM) operacionalizou um critério calcado em uma pontuação baseada em três variáveis: ocupação e educação do chefe da família e posse de determinados bens de consumo durável. O critério utilizado no Chile, desenvolvido pela Asociación de Empresas de Estudios de Mercado (AIM), considera sete variáveis para a definição de classes socioeconômicas: ocupação, educação e atividade exercida pelo chefe da habitação, renda familiar, local e características da residência e propriedade de automóveis. Na Venezuela, a Sociedad Venezoelana de Investigación de Mercado (Sovimo) desenvolveu um critério que considera o local e tipo de residência, a ocupação do chefe da família, o nível de escolaridade do chefe da família e do cônjuge, o número de pessoas que contribui para a geração da renda corrente familiar e o montante da renda corrente familiar, assim como a posse/utilização de 15 tipos de bens de consumo duráveis ou serviços. No Peru, o critério é baseado no perfil da família e no tipo de bairro em que reside, na educação do chefe de família, na existência de empregada doméstica e na posse de máquina de lavar e refrigerador. Critério semelhante existe no Uruguai, com base na ocupação e grau de escolaridade do chefe da família, tipo e propriedade de casa e na existência de empregada doméstica.

Países da América Central (Costa Rica, El Salvador, Guatemala, Honduras e Nicarágua) utilizam um critério baseado na renda corrente familiar, escolaridade e ocupação do chefe da família, na posse de oito categorias de bens duráveis, no tipo de residência e na utilização de empregado doméstico. Em Porto Rico, o critério se baseia na ocupação e grau de escolaridade do chefe de família e no tipo de fonte da renda da família. A Asociación de Agencias de Investigación y Opinión Pública (Amai), do México, tem um critério baseado em treze variáveis: anos de estudo do chefe da família, número de lâmpadas da residência, número de quartos, número de banheiros, tipo de piso e posse de oito tipos de bens de consumo durável.

Em diversos países europeus também se utilizam critérios de classificação socioeconômica, principalmente os desenvolvidos pela Research International World Services (Moriguchi, 2000). Em Portugal, esse critério é baseado em duas variáveis: grau de escolaridade e ocupação do chefe da família. Na Itália, a classificação é baseada na ocupação e educação do chefe da família, número de membros da família, número de pessoas que exercem atividade remunerada, montante da renda familiar e uma variável subjetiva chamada padrão de vida. No Reino Unido e na Alemanha, as classes socioeconômicas são definidas a partir da ocupação do principal provedor de renda na família. Na França, as classes sociais são definidas com base em uma hierarquia de ocupações. Na Rússia, a classificação é baseada em dezessete grupos ocupacionais; no Japão, os critérios baseiam-se em quintis com base na renda corrente familiar anual. A European Society for Opinion and Marketing Research (Esomar) definiu um critério com base no nível educacional e ocupação da pessoa que tem a maior renda na casa (Schmeichel, Corrales, & Barberena, 1999; Urquijo & Lobl, 2003).

Os exemplos citados de diferentes critérios para estabelecimento de classes sociais ou *status* socioeconômico de famílias ou de domicílios – aplicados tanto em países subdesenvolvidos, emergentes e desenvolvidos – evidenciam a importância desse conceito não apenas como base para a segmentação de mercado, mas também como um elo relevante para a integração de informações existentes nas empresas oriundas de múltiplas fontes, por exemplo, de mídias, de pesquisas de marketing, de vendas no varejo e de painéis de consumo. Mostram também que essa multiplicidade de critérios parece carecer de uma base teórica mais sólida e de um esforço maior visando ao estabelecimento de critérios mais universais que possibilitem também a integração e comparação de dados e informações pelas empresas não apenas dentro de um país, mas entre países.

Há muito tempo o conceito de classe social tem sido utilizado em marketing. Medidas de classe social e de *status* socioeconômico têm desempenhado ao longo do tempo um papel importante em marketing por refletir diferenças de valores, normas, papéis, estilos de vida e padrões de consumo. De forma geral, as pessoas se identificam e se associam com indivíduos de mesmo *status* socioeconômico. Para serem aceitos e sentir que pertencem a um determinado grupo, os consumidores adotam um comportamento visível de consumo pertinente àquele *status* socioeconômico. Dessa forma, as posses, gostos e escolhas de produtos e serviços se diferenciam de acordo com a classe social a que o indivíduo pertence (Mittal, Holbrook, Sharon, Raghubir, & Woodside, 2008). O poder que um indivíduo experimenta é um fenômeno derivado de sua classe social e essa experiência molda os conceitos do indivíduo sobre si mesmo, o que acaba por influenciar seus hábitos rotineiros de consumo (Henry, 2005). Desse modo, o consumo constitui uma arena importante para a reprodução das classes sociais (Holt, 1998), onde elas moldam os objetivos e as decisões de escolhas feitas pelos consumidores (Coleman, 1983).

Um trabalho pioneiro destacou o uso da classe social como sendo um avanço na pesquisa de marketing (Wheeler, Bader, & Frederick, 1937). Essa ideia também foi defendida há muito tempo por outros autores, que, ao classificarem as diferentes áreas da pesquisa de marketing, ressaltaram a importância do uso dessa variável para a realização de pesquisas de necessidades e expectativas dos consumidores, de produtos e serviços adquiridos, de satisfação de clientes, dentre outras, bem como da relação entre o comportamento de gastos dos consumidores e classe social (Blankenship, Crossley, Heindingsfield, Herzog, & Kornhauser, 1949; Revzan, 1953; Lorie & Bartels, 1953; Martineau, 1958). Nesse contexto, estudos foram realizados visando estabelecer diferenças de visão desse conceito entre estudiosos de sociologia e de marketing, destacando-se que os primeiros estão mais interessados no processo das relações sociais, ao passo que os segundos estão focados na questão da solução de problemas específicos de marketing, como o de identificar que tipos de produtos e serviços são mais desejados por cada estrato socioeconômico, que expectativas de preços têm cada segmento, qual é o nível de serviço desejado por cada grupo social, assim como inúmeras outras decisões que os profissionais de marketing devem tomar (Bartels, 1959). Há décadas que um dos mais importantes usos da estratificação socioeconômica em marketing corresponde à segmentação dos consumidores, mostrando que cada estrato tem preferências, hábitos, expectativas, tipos e níveis de consumo, locais de compra distintos ou mais adequados para atingir de forma mais eficiente cada segmento do mercado (Frank & Massy, 1965; Bauer *et al.*, 1965; Cunningham & Crissy, 1972). Também há muito verificamos outra importante utilização desse conceito, que ocorre em termos do processo de comunicação de empresas e marcas de produtos e serviços com seus segmentos de mercado, identificando mensagens distintas para cada segmento e selecionando mídias e veículos de comunicação que melhor atingem cada estrato socioeconômico (Beakman, 1967). Outras aplicações iniciadas em décadas passadas utilizaram a estratificação socioeconômica como preditora de comportamento de compra (Rich & Jain, 1968), para estabelecer o padrão de uso de cartão de crédito de banco comercial (Mathews & Slocum Jr., 1969), para seleção de mídia, mostrando que o uso de incentivos aumentava distintamente o retorno de pesquisas pelo correio segundo diferentes classes sociais (Bass *et al.*, 1969), para estudar a influência da classe social dos consumidores na avaliação dos critérios de compra para uma abrangente gama de produtos de consumo, em que se concluiu que a classe social é um preditor significativo no grau de importância de diferentes critérios de avaliação de compra (Williams, 2002), na investigação de experiências criativas vivenciadas por consumidores em relação a um conjunto de produtos (Dahl & Moreau, 2007), com o desejo de adquirir determinados tipos de bens (Rucker & Galinsky, 2008) e, inclusive, na análise de atitudes em relação a produtos globais e locais (Steenkamp & De Jong, 2010).

Em todos esses estudos ficou claro que classe social ou *status* socioeconômico dos consumidores são conceitos trabalhados em marketing há mais de sete décadas, abrangendo as mais diversas áreas do estudo do comportamento do consumidor e de tomada de decisão em marketing. Esses estudos são bastante abrangentes em termos de áreas de aplicação em marketing, envolvendo a avaliação de motivos de compra, de atitudes e de comportamentos do consumidor, do processo de decisão de compra, de segmentação e potencial de mercado, de avaliação e uso de produtos e novos produtos, de avaliação de serviços, preferência por marcas, sensibilidade a preço, comunicação/mídia. Também fica claro, contudo, que as publicações de pesquisas em marketing empregando esse conceito têm sido relativamente esparsas nos principais periódicos dessa área de conhecimento, e principalmente sujeitas a controvérsias conceituais e metodológicas. Apesar do fato de que classe social tem sido amplamente utilizada em marketing, a atenção dada a esse construto foi relativamente limitada. Essa escassez de pesquisas sobre a medição de classe social também é observada em outras disciplinas. Um relatório recente elaborado por uma força tarefa encomendada pela Associação Americana de Psicologia (Saegert *et al.*, 2006) recomenda que essa associação crie um comitê permanente sobre *status* socioeconômico para garantir que as questões referentes ao *status* socioeconômico recebam

Classes Sociais e Estratos Socioeconômicos

mais atenção dos membros dessa entidade, solicitando mais investigação na conceituação e na mensuração desse construto.

1.5 ESTRATIFICAÇÃO SOCIOECONÔMICA NO BRASIL

Em vários países em desenvolvimento o conceito de estratificação social tem sido predominantemente utilizado como uma forma de relacionar o *status* socioeconômico dos domicílios com os respectivos níveis de consumo, além de ser empregado nas empresas para a elaboração de estratégias diferenciadas de marketing voltadas para segmentos específicos do mercado consumidor (Corrales *et al.*, 2006). Como ressaltado na seção anterior, um exemplo amplamente aplicado do conceito de *status* socioeconômico dos consumidores é o Critério de Classificação Econômica Brasil, desenvolvido pela Abep, com o apoio da Associação Brasileira de Anunciantes (ABA). Essa classificação tem sido amplamente utilizada em pesquisas *ad hoc*, em pesquisas longitudinais, em painéis de mídia, em painéis de consumo, tanto por anunciantes quanto por agências de propaganda, promoção e de relações públicas, assim como por veículos de comunicação, para desenvolver estratégias e planos de marketing de natureza institucional e principalmente para serviços e produtos de fabricantes de bens de consumo, varejistas ou prestadores de serviços (ABEP, 2011).

1.5.1 Importância da estratificação socioeconômica para a indústria brasileira

A estratificação socioeconômica é importante para a segmentação do mercado nos países em desenvolvimento porque as sociedades desses países tendem a ser mais hierárquicas, exibindo uma maior separação entre as classes sociais, e as distinções de classe têm um papel maior do que nas sociedades mais desenvolvidas economicamente (Burgess & Steenkamp, 2006). Além disso, empresas globais historicamente têm negligenciado segmentos substanciais de mercados em países emergentes, seja porque eles não eram economicamente viáveis, seja porque o foco dessas empresas era direcionado apenas para as camadas mais abastadas da sociedade.

Especificamente para o marketing, o conceito de *status* socioeconômico define a posição de um indivíduo ou de uma família dentro de um sistema estratificado social, revelando o contexto em que ocorre o consumo de bens e serviços. Em termos econômicos ele está ganhando ainda mais importância entre as empresas por causa da ascensão e tamanho dos mercados dos países componentes do BRICS (Brasil, Rússia, Índia, China e África do Sul) e, em especial, pela emergência de uma classe média com poder de compra mais elevado, o que representa um fator significativo para o crescimento econômico dessas sociedades. Muitas empresas multinacionais estão desenvolvendo esforços visando ao lançamento de produtos e serviços especificamente concebidos para esse segmento, em contraposição a uma postura estratégica anterior de desenvolvimento de produtos e serviços direcionados fundamentalmente para as classes de maior poder aquisitivo.

Vale destacar que, no período entre 1995 e 2010, observou-se grande ascensão dos BRICS, que mais do que duplicaram sua cota no PIB global, para pouco mais de 15%; o estudo mostrou um crescimento projetado do PIB combinado desses cinco países, de US$ 9 trilhões para US$ 128 trilhões entre 2012 e 2050 (O'Neill, Wilson, Urushothaman, & Stupnytska, 2005). Uma das forças motrizes para esse crescimento é o fortalecimento dos mercados internos (Renard, 2009), com o crescimento de uma "classe média" com recursos e fome de consumo (Fioratti, 2006) e a redução dos níveis de pobreza nesses países (Chan, Gabel, Jenner, & Schindele, 2011). O fortalecimento da "classe média" é visto como um motor de crescimento econômico, porque esse grupo se esforça para ter um melhor estilo de vida e busca a adoção de produtos e serviços associados com maior *status* social (Cui & Song, 2009; Murphy, Shleifer, & Vishny, 1989), impulsionando o crescimento da demanda interna por bens e serviços (Senauer & Goetz, 2003).

Quando comparada com a trajetória das economias da China e da Índia, a taxa de crescimento observada no Brasil, na primeira década do século XXI (2,9% de crescimento anual do PIB *per capita* entre 2003 e 2009) não é tão impressionante. O aspecto mais notável desse crescimento, contudo, é que isso ocorreu sem concentração de renda. Ao contrário, na primeira década do século XXI o coeficiente de Gini no Brasil caiu de seu pico de 0,609 em 1990 para 0,545 em 2009 (Neri, 2011). Essa combinação de crescimento econômico e distribuição de renda mais equitativa levaram a uma redução de 45% da população abaixo do nível de pobreza entre 2003 e 2009 (Neri, 2011), levando ao surgimento de uma "nova classe média", que correspondia, em 2009, a 94,9 milhões de pessoas, equivalentes a 50,4% da população total, embora, quando se menciona a expressão "classe média", normalmente não esteja muito claro o que esse grupo representa exatamente.

Cabe ressaltar ainda que o crescimento desse segmento está associado a novas exigências de produtos e serviços, demandando um novo caminho que as empresas devem seguir para se destacarem perante esses consumidores. Decorre disso que as necessidades dos consumidores dessa "nova classe média" são diferentes, em que a importância relativa de variáveis do processo de decisão de compra como conveniência, praticidade, sensorialidade, prazer, saudabilidade, bem-estar e sustentabilidade, entre outras, devem ser também distintas.

Esses resultados são significativos sob diversos aspectos. Em termos teóricos são aderentes a conceitos econômicos, sociológicos e de marketing quando vistos sob a ótica de classe socioeconômica. A melhoria da condição econômica das famílias em geral abre um leque de oportunidades de marketing a serem exploradas – lançamento de novos produtos, entrada em novos canais de distribuição, uso de uma nova linguagem de comunicação e diferenciação da política de preços, entre outras. As empresas devem reavaliar sua estratégia de marketing. É possível elaborar, implementar e avaliar os resultados de estratégias e ações de marketing específicas, seja para os estratos socioeconômicos mais elevados, em que, em geral, se observa acentuado nível concorrencial, seja em termos da emergente classe média, que passou a ter um novo comportamento, consumindo novas categorias de produtos e novas marcas; ou ainda em termos das classes baixas, menos visadas pela indústria produtora de bens e serviços em geral. Em relação a políticas públicas, é possível estabelecer prioridades objetivas para cada classe, focando ações distintas para melhoria da inclusão social e de consumo dos segmentos de menor nível socioeconômico; por exemplo, famílias residentes em áreas rurais, com seis ou mais filhos, com chefe da casa acima de 50 anos, famílias chefiadas por homens solteiros, famílias negras ou indígenas, dentre outras caracterizações.

1.5.2 O Critério de Classificação Econômica Brasil

No Brasil, até o ano de 1969, cada instituto de pesquisa desenvolvia e usava critérios diferentes para a classificação socioeconômica, o que impedia comparações entre dados de fontes diferentes, pela inexistência de critérios padronizados.

Em 1970, surgiu o critério ABA, proposto pela Associação Brasileira de Anunciantes. Utilizando um sistema de pontos estabelecidos de maneira arbitrária, a partir da posse de bens (oito itens), da presença de empregada doméstica e do grau de instrução do chefe da família, esse sistema dividia as famílias em quatro classes sociais, posteriormente divididas em oito classes, no ano de 1976. Nesse mesmo ano, foi criada a Associação Brasileira de Institutos de Pesquisa de Mercado (Abipeme), resultando no desenvolvimento do primeiro critério ABA-Abipeme, uma revisão do critério anterior, que resultou na fixação de cinco classes socioeconômicas. Em 1979, um novo critério ABA-Abipeme foi publicado, também com cinco classes, que correspondeu ao primeiro critério construído com base em análises estatísticas, principalmente a de regressão.

No ano de 1991, existiam dois critérios de classificação socioeconômica no país – o critério Abipeme e o critério ABA-Anep (Associação Nacional das Empresas de Pesquisa) –, até que, em 1997, Abipeme, ABA e Anep homologaram um estudo que resultou em uma única estratificação: o Critério de Classificação Econômica Brasil. Esse critério é amplamente aplicado para a classificação dos consumidores em classes socioeconômicas em nosso país. Com base na quantidade possuída de oito tipos de bens duráveis, da existência de empregados domésticos mensalistas, assim como do grau mais elevado de educação alcançado pelo chefe de família, esse critério classifica um determinado domicílio em uma de oito possíveis classes socioeconômicas: A1, A2, B1, B2, C1, C2, D ou E.

A criação do Critério de Classificação Econômica Brasil teve como finalidade prover um sistema de pontuação padronizado que fosse um estimador da capacidade de consumo do domicílio, capaz de discriminar grandes grupos de acordo com sua capacidade de consumo de produtos e serviços acessíveis a uma parte significativa da população, utilizando informações objetivas, precisas e de fácil coleta e operacionalização. Embora contenha itens de natureza social, como grau de escolaridade, todos os itens do critério são utilizados apenas como indicadores da capacidade de consumo, não havendo pretensão de atribuir a ele qualquer caráter sociológico.

Em 2008, o Critério de Classificação Econômica Brasil utilizava a mesma metodologia empregada no critério de 1997, sendo construído por meio de análise de regressão da renda corrente familiar em função da posse de itens de conforto doméstico e de escolaridade do chefe da família. As variáveis incluíam a posse e quantidade de itens tomados como variáveis artificiais binárias (*dummies*) e a renda tomada como o logaritmo da renda corrente familiar declarada. Os itens utilizados englobaram o número de automóveis, de aparelhos de TV a cores, de rádios, de banheiros, de máquina de lavar roupa, de geladeira e *freezer*, de videocassete/DVD, de empregados domésticos, e o nível de instrução do chefe de família.

1.5.3 O critério SAE

O critério da Secretaria de Assuntos Estratégicos (SAE) foi desenvolvido com o intuito de delimitar e definir claramente o que seria a classe média brasileira. A SAE definiu, como um objetivo a ser atingido, que esse critério deveria estar calcado em algumas características, como ser um método passível de ser implantado com o tipo de informação tipicamente disponível, de maneira fidedigna, com bases conceitual e metodológica sólidas e que fosse de fácil compreensão pela população em geral.

Na elaboração desse critério, a SAE privilegiou um critério unidimensional baseado em renda corrente, por considerar que essa variável é de boa aceitação e fácil de usar. Uma vez escolhida a variável – renda corrente declarada, proveniente da Pesquisa Nacional por Amostra de Domicílios (PNAD) – para definir classe média, a SAE adotou o critério de vulnerabilidade para definir os cortes referentes aos limites superior e inferior da classe média, tendo em vista seu interesse na formulação de políticas públicas direcionadas especificamente para esse macrossegmento.

O grau de vulnerabilidade foi definido operacionalmente pela probabilidade de queda de um domicílio à condição de pobreza (renda corrente declarada *per capita* menor que R$ 140 ao mês) em algum momento dos próximos cinco anos, dada a renda corrente familiar *per capita* inicial. Para cada ponto da distribuição de renda obtém-se o grau de vulnerabilidade, verificando o percentual de pessoas que vivem em locais cuja renda corrente *per capita* caiu abaixo da linha de pobreza em algum momento desses cinco anos subsequentes. Com base no grau de vulnerabilidade, divide-se a população em três grupos, de forma a maximizar a homogeneidade dentro de cada um deles, feita por meio de um critério de polarização. Uma vez definidos os pontos de corte inferior e superior de cada classe (baixa, média e alta), foram obtidas subdivisões dentro de cada classe, não apenas para fins de "comparação" com medidas correntes (como o Critério de Classificação Econômica Brasil), mas, sobretudo, por facilitar o desenho de políticas direcionadas à classe média. Essa subdivisão resultou em três grupos para a classe baixa, três grupos para a classe média e dois grupos para a classe alta, totalizando oito estratos em que a população brasileira estaria dividida.

1.5.4 Exemplos de aplicação da estratificação socioeconômica no Brasil

Apresentaremos, em seguida, exemplos do uso da estratificação socioeconômica no Brasil. Três tipos de aplicações serão abordados: o primeiro, em relação ao planejamento de mídia efetuado pelas agências de publicidade, correspondente a campanhas de anunciantes; o segundo, referente a estudos de painéis de consumo; e o terceiro, em relação aos tipos comumente utilizados de pesquisas de marketing *ad hoc*.

1.5.4.1 Planejamento de mídia

Tomando por base os dados divulgados pelo relatório Mídia Dados Brasil 2012, elaborado pelo Grupo de Mídia SP, o investimento mundial em propaganda no ano de 2011 foi de US$ 464,3 bilhões. Desse total, a América Latina tem uma participação de 7,1% e, dentro dela, o Brasil representa 54%. Isso equivale dizer que o investimento em propaganda no Brasil corresponde a um valor em torno de US$ 17,8 bilhões, o que situa nosso país com aproximadamente 3,8% do total mundial investido. Considerando os valores em reais, em 2001 o investimento publicitário no Brasil foi de R$ 10,4 bilhões, tendo atingido R$ 31,6 bilhões em 2011 e com previsão de R$ 70,0 bilhões para o ano de 2016.

A participação dos diferentes meios de comunicação no "bolo publicitário" nacional corresponde a 63,3% para televisão aberta, vindo a seguir jornal (11,8%), revista (7,2%), internet (5,1%), TV por assinatura (4,2%) e rádio (4,0%). De outra parte, a participação dos setores econômicos que mais propaganda fazem nesses meios corresponde ao comércio varejista (21,7%), veículos e peças (9,2%), higiene pessoal e beleza (8,4%), serviços ao consumidor (8,2%), indústria financeira (7,3%), cultura, lazer, esporte e turismo (5,5%), bebidas (4,4%) e serviços públicos e sociais (4,4%).

A penetração desses meios é bastante diferenciada segundo a classe social. Por não dispormos na POF de dados referentes à mídia, utilizamos, para fins de exemplificação, a penetração de mercado dos meios tomando por base o Critério de Classificação Econômica Brasil para as classes A2 e D, respectivamente: televisão aberta (95% e 96%); televisão por assinatura (75% e 8%); rádio (81% e 71%); revista (64% e 22%); jornal (65% e 27%); cinema (43% e 4%) e internet (86% e 19%). O capítulo quinto apresenta resultados de exposição à mídia, especificamente para a cidade de São Paulo, evidenciando diferentes comportamentos dos estratos socioeconômicos propostos em nosso estudo.

Pesquisas de mídia são extremamente importantes tanto para anunciantes quanto para os veículos de comunicação. Para os veículos, a pesquisa de mídia é essencial no sentido de identificar, quantificar e qualificar quem são seus telespectadores, ouvintes ou leitores. Para os anunciantes, ela é fundamental para saber, por exemplo, quantos domicílios ou pessoas foram expostos – viram, ouviram, leram – a um determinado anúncio ou peça publicitária. Isso permite avaliar se uma campanha atingiu com eficácia e eficiência um determinado segmento-alvo do mercado consumidor.

Como sabemos, uma das variáveis mais importantes do composto de marketing corresponde à comunicação que a empresa estabelece com seus diversos públicos-alvo. Dentro da comunicação, a ferramenta da propaganda ocupa o primeiro lugar em termos de investimento. A propaganda tem sido usada principalmente para levar segmentos-alvo do mercado a considerarem, em seu processo de decisão de compra, uma particular marca, persuadindo os consumidores a escolherem-na por ocasião da compra de um produto ou serviço. As opções que uma empresa tem, contudo, para se comunicar com seus clientes e consumidores em geral são bastante amplas. Ela pode escolher entre diferentes meios, como TV aberta, TV por assinatura, jornal, revista, rádio, internet, cinema e *outdoors*, entre outros. Dentro de cada um desses meios, inúmeras são as possibilidades, como na TV aberta: em quais canais de televisão? Em que dias da semana? Em que tipos de programas/horários? Existem distintas alternativas de programação na TV aberta, por exemplo, realizar inserções de peças publicitárias em telenovelas, filmes, séries, programas musicais, jornalismo, programas infantis, esportes, variedades, entre outros tipos de programação. Se for em telenovelas, existem vários horários em que são transmitidas. Isso significa que a telenovela que é levada ao ar em um dado horário – por exemplo, às 18 horas – tem um público diferente da que é transmitida às 21 horas. Mulheres que trabalham dificilmente vão assistir à telenovela das 18 horas, mas são prováveis telespectadoras da referente ao horário das 21 horas. Um casal de aposentados pode assistir à telenovela em ambos os horários e também à reprise, que é transmitida no período da tarde.

Se pensarmos em termos de revista, de acordo com o relatório Mídia Dados Brasil 2012, existem mais de 300 títulos em circulação, abrangendo gêneros específicos como arquitetura/decoração, atualidades, casamentos/festas, celebridades, ciência/cultura, cinema/música/vídeo/som, construção, educação, eletricidade, energia, engenharia, esporte/automobilismo/motociclismo, femininas/beleza/comportamento, femininas/jovens, masculinas, esportes com saúde, foto/ótica, gastronomia/culinária, infanto/juvenil/*games*, informática/telecomunicações, marketing/propaganda, meio ambiente, moda/trabalhos manuais, negócios, puericultura, qualidade de vida/saúde, televisão, turismo e varejo, dentre outros. Dentro de um gênero é comum existirem diversos títulos e de várias editoras. Cada revista tem um perfil de leitores em relação a sexo, faixa etária, classe social, grau de instrução, região geográfica etc., e é esse perfil que definirá se a revista é ou não indicada para receber investimentos publicitários de um anunciante. Por exemplo, tomando por base informações publicadas na internet referentes ao perfil de leitores de revistas, selecionamos duas: *Minha Novela* e *Elle*. Ambas atingem fundamentalmente o público feminino (a primeira com 93% e a segunda, com 79%). Há forte diferença, no entanto, em relação à classe social que atingem, respectivamente: classe A (3% e 21%); classe B (33% e 61%); classe C (57% e 18%) e classe D (7% e 0%).

Portanto, cada programa de televisão, cada revista, cada jornal, cada rádio tem uma audiência com um dado perfil, o que possibilita classificar essa audiência – com base em um dos instrumentos classificadores apresentados no capítulo sexto deste livro – em um dos estratos socioeconômicos que identificamos em nosso estudo. Em consequência, sabendo a que estratos socioeconômicos pertencem os telespectadores de um programa televisivo, os ouvintes de uma rádio, os leitores de uma revista ou jornal, os internautas de um *site*, podemos saber de forma detalhada o perfil de consumo, o perfil geodemográfico e cultural, o perfil de posse de bens e serviços e de acesso a serviços públicos associados à audiência de cada um dos meios e veículos de comunicação. A identificação do estrato socioeconômico, juntamente com o perfil dos segmentos, possibilitará aos profissionais de mídia informações qualitativas adicionais relevantes para a seleção daquelas que irão fazer parte de uma campanha publicitária.

Em síntese, toda empresa ou agência de propaganda deve elaborar o chamado plano de mídia para cada campanha que desenvolver. Esse plano deve indicar claramente quais segmentos-alvo pretende atingir, qual a mensagem que deseja transmitir ao mercado, qual a linguagem e o contexto a serem utilizados e qual a forma de avaliar quanto esse investimento deverá propiciar de retorno ao anunciante. Para tanto, com base em diferentes tipos de pesquisa de comunicação existentes no mercado – que possibilitam conhecer o perfil básico de quem é o consumidor de um dado produto, marca, veículo, programa, revista, rádio, *site* etc. – os profissionais de mídia irão selecionar aqueles mais adequados para atingir o público visado. O que gostaríamos de ressaltar é que o perfil desse alvo pode ser ampliado consideravelmente, além das informações disponibilizadas pelas pesquisas atuais, se contemplada a identificação do estrato socioeconômico que está relacionado com um amplo perfil de variáveis, como já destacado. Esses profissionais terão assim mais conhecimento a respeito do perfil de cada audiência, podendo avaliar detalhadamente a alocação da verba publicitária da campanha, levando em consideração indicadores como os pontos por audiência bruta (GRP), os pontos por audiência visada (TRP), a frequência,

Classes Sociais e Estratos Socioeconômicos

a frequência média, a cobertura, a superposição, o custo por mil (CPM), o custo por ponto (CPP) etc., visando com isso obter o máximo de retorno possível para o anunciante, por meio de métricas específicas associadas a esses indicadores.

1.5.4.2 Painéis de consumidores

No Brasil existem organizações que realizam painéis de consumidores utilizando diferentes tecnologias de pesquisa. A característica central desses painéis é a de ser uma pesquisa contínua ao longo do tempo, com uma coleta de dados periódica, em geral semanal ou diária, junto a um conjunto de mesmos domicílios e indivíduos, com emissão também periódica, em geral mensal, de relatórios de resultados abrangendo um elevado número de possíveis indicadores de comportamento do mercado consumidor. Dadas essas características, um painel de consumidores revela a evolução temporal do mercado de consumo como um todo e de diferentes categorias de produtos e de marcas. Assim, análises de dados relativas a uma pesquisa dessa natureza possibilitam compreender o comportamento de compra dos consumidores de um dado produto ou de uma dada marca. Permitem entender mudanças observadas no comportamento do consumidor em relação às compras que o domicílio realizou ao longo de um período ou, inclusive para determinados tipos de produto em que o consumo é individual, compreender o comportamento dos moradores desses domicílios em relação às compras realizadas, tanto em relação ao ato de consumir dentro quanto fora do domicílio. Para isso, a amostra de um painel deve ser planejada de forma tal que represente uma dada população geodemográfica. Esses painéis de consumidores são extremamente importantes não apenas para fazermos uma segmentação evolutiva do mercado ao longo do tempo como também para avaliarmos o posicionamento das marcas que competem dentro de uma mesma categoria de produto.

Uma das variáveis que a literatura revela como sendo das mais relevantes para efeito da segmentação do mercado é justamente a das classes socioeconômicas, tendo em vista que elas denotam níveis e padrões de consumo bastante diferenciados entre si. Nesse sentido, uma classe socioeconômica conceitual e operacionalmente definida de forma consistente, robusta, cientificamente defensável, refletindo uma condição de renda permanente, é condição básica para podermos avaliar evolutivamente o comportamento de compra dos consumidores. Quais são os principais tipos de resultados que os painéis de consumidores propiciam a uma empresa produtora ou revendedora de produtos? De modo geral, os painéis de consumidores procuram responder a várias perguntas relativas a comportamentos efetivos de compra, mostrando indicadores ao longo de meses e anos que possibilitam, por meio de modelos adequados, fazer estimativas relativamente precisas para meses subsequentes. Os indicadores de painéis de consumidores propiciam informações que respondam a questionamentos como:

- Que produtos ou serviços os moradores compraram para si ou para o domicílio em determinados períodos?

- Em que tipos de pontos de venda os consumidores fizeram suas compras?

- Os produtos comprados foram consumidos no domicílio ou fora dele?

- Quantos domicílios compraram uma determinada categoria de produto, um dado tipo de produto ou uma específica marca ao longo de um dado período?

- Quantos domicílios recompraram uma, duas, três, quatro ou mais vezes uma determinada marca de produto ou serviço?

- Quais são os padrões de compra e de substituição de marcas dentro de uma determinada categoria de produto?

- Quais marcas são as mais competitivas no mercado dentro de uma determinada categoria de produto?

- Quais marcas mostram maior lealdade por parte dos domicílios ou indivíduos e quais são mais voláteis, principalmente em termos de ações empreendidas pelas marcas concorrentes?

- Quantos domicílios ou pessoas compraram uma específica marca antes e depois de uma campanha publicitária?

- Como evoluiu a taxa de penetração de mercado de uma categoria, produto ou marca?

- Como evoluiu a participação de mercado de uma marca dentro de uma categoria de produto?

- Qual a frequência de compras de uma determinada categoria de produto ou de uma marca?

- Qual é a relação entre volume comprado de uma dada categoria de produto ou marca e a frequência de compra?

Classes Sociais e Estratos Socioeconômicos

- Qual é o valor do tíquete médio de uma categoria de produto ou marca?

- Qual o volume comprado por domicílios ou indivíduos segundo o tipo de embalagem de uma dada categoria de produto ou marca?

- Qual é o preço médio, mínimo, máximo e o respectivo desvio-padrão de preço de uma determinada categoria de produto ou marca?

- Qual é a taxa de sobreposição de marcas de uma dada categoria de produtos por domicílio ou indivíduos?

- Qual é a taxa de sobreposição de pontos/locais de compra de categorias de produto ou de uma marca?

- Qual é a sensibilidade – taxas de compra e recompra – de domicílios ou indivíduos ao lançamento de novas marcas no mercado?

- Qual é o perfil de diferentes formas de pagamento na compra de uma categoria de produto ou marca?

- Qual é a sensibilidade dos domicílios e indivíduos segundo diferentes modalidades de crédito utilizadas por categorias de produto ou marca?

- Qual é a sensibilidade dos domicílios e indivíduos segundo tipos de mídia ou veículos de comunicação a que se encontram expostos?

Todas essas questões podem ser respondidas considerando o mercado consumidor como um todo, ou ainda em termos de variáveis específicas de segmentação, como classes socioeconômicas, região geográfica, número de pessoas no domicílio, presença de crianças no domicílio etc. Como ressaltamos anteriormente, o critério de estratificação socioeconômica que propomos leva *simultaneamente* em consideração variáveis geodemográficas, culturais, acesso a bens públicos e posse de um conjunto de bens e serviços de conforto doméstico. Com isso, quando se efetuar o cruzamento dos indicadores ou informações de um painel de consumidores, como os apresentados acima, mostrando os resultados segundo os sete diferentes estratos socioeconômicos, esses indicadores estarão revelando o comportamento de compra levando *simultaneamente* em consideração o perfil do estrato segundo: a) a região geográfica; b) o número de adultos e de menores de 18 anos existente no domicílio; c) o tipo de município em que se localiza o domicílio ou indivíduo (capital/metropolitano, interior ou rural), além das variáveis de renda familiar comprovada, escolaridade, acesso a bens públicos e posse de itens de conforto doméstico, que caracterizam o construto de renda permanente – aquela que o domicílio tem condições de manter. Qual é a vantagem de um critério metodologicamente assim definido? Assegurar estabilidade na estratificação socioeconômica para as empresas avaliarem longitudinalmente os indicadores de comportamento de compra, de forma válida e confiável segundo padrões aceitos na comunidade científica.

Outra consideração a ser feita refere-se a que, muitas vezes, um instituto de pesquisa dispõe de um painel de consumo de produtos e serviços e de um painel de mídia. Para não fazer, contudo, questionários extremamente longos e cansativos para responder, que poderiam levar a uma menor precisão dos resultados, questões de mídia não aparecem no painel de consumo, assim como questões de consumo não aparecem nos painéis de mídia. Como fazer para esses dois painéis "falarem entre si"? Atualmente existem técnicas que possibilitam "juntar" os resultados de ambos os painéis. Essas técnicas são conhecidas como de fusão de dados. Para fazer isso é necessário que um subconjunto de variáveis utilizadas para a construção da estratificação socioeconômica esteja presente em ambos os painéis. Isso possibilitará identificar a que estrato socioeconômico pertence cada um dos domicílios ou indivíduos que compõem cada um desses dois painéis – de consumo e de mídia –, possibilitando, assim, extrair conjuntamente os resultados dos indicadores de consumo e de mídia comparativamente entre os sete estratos socioeconômicos.

1.5.4.3 Pesquisas ad hoc

Esse tipo de pesquisa refere-se àquelas feitas para atender a um fim específico. São pesquisas realizadas sob encomenda de uma empresa, de um governo, de uma ONG, de um partido político, enfim, de uma organização que deseja obter respostas para problemas especificamente colocados para um pesquisador. A origem, portanto, das pesquisas *ad hoc* decorre de necessidades pontuais apresentadas por um solicitante. Em função dessa característica e considerando, por exemplo, o campo de conhecimento de marketing, essas pesquisas têm forte participação, em seu desenvolvimento, de gerentes de produto, de gerentes de marketing, de gerentes de comunicação, dentre outros profissionais. Eles participam e/ou aprovam o tipo de pesquisa que será realizada (pesquisas calcadas em técnicas qualitativas e/ou quantitativas); o instrumento de coleta de dados (questionário, roteiro de perguntas, formulário de observação etc.); o plano amostral (método amostral a ser empregado, segmentos-alvo de pessoas ou organizações a serem pesquisados, regiões e municípios onde será feita a coleta de dados, o tamanho e distribuição da amostra etc.); procedimentos de coleta dos dados (por entrevista pessoal face a face, por internet, voluntária por autopreenchimento etc.); além de discutirem e estabelecerem suas necessidades de análise dos dados, definindo o tipo de apresentação dos resultados/relatório que gostariam de receber.

Pesquisas *ad hoc* são feitas em praticamente todas as áreas de conhecimento: em marketing (por exemplo, testando o conceito de um novo produto, de uma nova embalagem, em pré e pós-teste de comerciais etc.); em recursos humanos (pesquisa sobre clima organizacional, ergonomia, satisfação com benefícios sociais dados aos empregados etc.); em educação (percepção de alunos em relação a pontos fortes e fracos associados a diferentes processos de ensino/aprendizagem), em arquitetura (percepção de moradores em relação a plantas de apartamentos); em medicina (descrição de sensações ou reações por pacientes quanto ao uso de novos medicamentos); em engenharia automotiva (avaliação feita por motoristas de estabilidade, desempenho, consumo de combustível, conforto de um automóvel); em ciência política (fatores relevantes considerados pelos eleitores na escolha de um candidato a prefeito); em sociologia (percepção em relação a questões de homofobia, preconceito racial, geracional, socioeconômico, de gênero etc.). Pesquisas *ad hoc* são aquelas mais comumente realizadas pelas empresas (anunciantes, veículos de comunicação, agências de propaganda etc.), pelo governo, por organizações do terceiro setor, por partidos políticos, por instituições religiosas e, inclusive, por pesquisadores acadêmicos e por alunos de mestrado e doutorado na elaboração de suas dissertações e teses, respectivamente.

Efetuada essa apresentação geral, focaremos nossa atenção nos tipos mais comuns de pesquisa *ad hoc* realizadas na área de marketing:

- pesquisas AIO – atividades, interesses e opiniões de consumidores em relação a uma determinada categoria de produto ou marca (por exemplo, creme dental, marcas A, B, C etc.);

- pesquisas de satisfação de clientes em relação às principais marcas de uma dada categoria de produto ou em relação a determinados prestadores de serviço;

- pesquisas de imagem percebida de marca, por exemplo, de televisão aberta, de universidades, de jornais e revistas etc.;

- pesquisas relativas à confiança depositada pelos consumidores em relação a um conjunto de marcas de uma dada categoria de produto;

- pesquisas sobre mudança efetiva ou intencionada de marca;

- pesquisas sobre intenção de compra de um novo produto ou de um produto existente lançado em um novo mercado;

- pré e pós-teste de comerciais para televisão, de *jingles* para rádios, de anúncios para publicação em jornais e revistas, avaliando a compreensão da mensagem, pontos positivos e negativos em relação a eles, aspectos que modificariam na mensagem etc.;

- pesquisas relativas a lançamento de novos produtos, avaliando aspectos como seu conceito, atributos percebidos como positivos ou negativos, sensibilidade a preço e a apelos de comunicação, análise da embalagem, percepção a locais que deveriam vender o produto, tipo de consumidor que compraria o produto, modificações sugeridas para o produto, enfim, levantar e analisar elementos que auxiliem a administração de uma empresa a reduzir riscos de insucesso competitivo quando da entrada do produto no mercado;

- pesquisas de preferência do consumidor, avaliando custos e benefícios entre atributos relevantes do produto, níveis de preço e marca, por exemplo;

- pesquisas de elasticidade de preço;

- pesquisas sobre compras ou uso de serviços realizados em lojas físicas e no comércio eletrônico;

- pesquisas de posicionamento de marcas, discriminando atributos que caracterizam e diferenciam uma marca de outras;

- pesquisas de marcas, avaliando o conhecimento, a imagem percebida, a personalidade, o consumo, de forma a configurar o valor dessa marca;

- pesquisas de identificação do perfil de potenciais consumidores de um novo produto ou serviço;

- pesquisas para avaliação do dimensionamento do mercado potencial para um novo produto ou serviço;

- teste de sabor de um novo produto, como refrigerante, cerveja, sorvete, iogurte etc.

Em função dos objetivos específicos estabelecidos para cada pesquisa *ad hoc*, da disponibilidade de recursos orçamentários, do tempo requerido para obter os resultados, do conhecimento e experiência dos pesquisadores envolvidos, definem-se o tipo e as técnicas de pesquisa a serem empregados. De modo geral, as pesquisas ditas qualitativas são realizadas por meio de grupo focal, entrevistas em profundidade, etnografia e observação. De outra parte, as pesquisas ditas quantitativas geralmente utilizam coleta de dados por meio de entrevistas presenciais, por internet ou por telefone, empregando-se para analisar os dados, dependendo de seu objetivo e de condições como o número de variáveis dependentes e tipos de escala de medida utilizados, técnicas estatísticas de dependência ou de interdependência. As principais técnicas clássicas de dependência que têm sido empregadas nas pesquisas *ad hoc* correspondem à análise de regressão por mínimos quadrados ordinários, regressão logística binária ou multinomial, análise discriminante binária ou múltipla, análise conjunta, análise de variância simples ou múltipla, análise de correlações canônicas e modelagem de equações estruturais, dentre outras. Em contraposição, como principais técnicas clássicas de interdependência empregadas em pesquisas *ad hoc*, destacam-se as seguintes: análise de componentes principais, análise fatorial, análise de conglomerados ou de agrupamentos, escalonamento multidimensional e análise de correspondência, dentre outras.

As empresas, em especial as de maior porte, costumam comprar pesquisas contínuas, como as de painel de consumidor e de mídia, assim como realizam pesquisas *ad hoc*. Estas são demandadas à luz de necessidades específicas das empresas, sendo executadas ao longo de todo o ano, muitas vezes por diferentes institutos de pesquisa. Desse modo, essas pesquisas deveriam ter um elemento comum que permitisse a comparabilidade de resultados e que poderia ser a variável estratificação socioeconômica, que possibilitaria cruzar os resultados de todas as pesquisas realizadas. É importante destacar que a classificação de respondentes nos diversos estratos socioeconômicos pode ser efetuada com base em um subconjunto de variáveis geodemográficas, culturais, de acesso a bens públicos e de posse de bens e serviços de conforto doméstico, utilizadas para a construção da estratificação socioeconômica. Isso permite que pesquisas *ad hoc* feitas por distintos institutos de pesquisa possam ser cruzadas usando-se como base a estratificação socioeconômica. Da mesma forma, pesquisas realizadas em diferentes épocas também poderão ser avaliadas longitudinalmente, se identificados os estratos socio-econômicos dos respondentes.

Tendo-se efetuado, neste capítulo, uma breve revisão de literatura a respeito de classes ou estratos socioeconômicos, sendo evidenciada a relevância teórica de fundamentar a estratificação com base no conceito ou construto de classe social e renda permanente e justificado o uso da modelagem por classes latentes ordinais, vamos apresentar e discutir, no próximo capítulo, os procedimentos metodológicos empregados para a concretização da estratificação socioeconômica proposta.

2 CAPÍTULO

METODOLOGIA PARA A ESTRATIFICAÇÃO SOCIOECONÔMICA

Feita a apresentação dos conceitos centrais relacionados com classes sociais e estratificação socioeconômica, dos principais critérios que têm sido empregados em diversos países e, particularmente, dos mais utilizados no Brasil, e do conceito fundamental de classe social e renda permanente como base dessa estratificação, apresentaremos, neste capítulo, uma descrição de diferentes técnicas que têm sido empregadas para mensurar esse construto, detalhando a de modelagem de classes latentes ordinais, utilizada em nosso estudo.

2.1 METODOLOGIAS UTILIZADAS PARA DEFINIR ESTRATOS SOCIOECONÔMICOS

Ao longo das últimas décadas várias questões importantes têm sido colocadas para efeito da mensuração do construto classe social, *status* social, estratificação social, *status* socioeconômico, conceitos que têm sido usados de forma indistinta, não obstante estarem assentados em diferentes bases teóricas (Galobardes, Shaw, Lawlor, Lynch, & Smith, 2006a, 2006b).

Quatro principais questões destacam-se na literatura a esse respeito (Howe, Hargreaves, & Huttly, 2008; Liberatos, Link, & Kelsey, 1988; Kolenikov & Angeles, 2009; Oakes & Rossi, 2003; Sirin, 2005; Sorensen, 2000; Wagstaff & Watanabe, 2003): a) qual é o objetivo da construção de uma estratificação socioeconômica? b) esse construto é unidimensional? c) a melhor medida desse construto decorre de indicadores discretos ou contínuos? d) como ajustar a medida desse construto a especificidades locais e à dinamicidade de uma sociedade contemporânea?

Em relação ao primeiro aspecto, é fundamental que se entenda o principal objetivo da construção de uma medida de classe social. Uma possibilidade, mais relacionada com o campo da sociologia e da antropologia, está centrada em estabelecer uma hierarquia social, de poder político, de *status* social e até mesmo da estrutura dominante dos meios de produção de uma sociedade. Nesse caso, os indicadores devem ser escolhidos com base na natureza dessas dimensões. Em contraposição, outra abordagem está focada em construir uma medida de estratificação socioeconômica hierárquica que retrate o potencial de consumo de bens e serviços de um particular domicílio ou, ainda, de segmentos ou estratos específicos de uma sociedade. Esse, por exemplo, é o objetivo central do Critério de Classificação Econômica Brasil, elaborado para utilização por empresas e instituições que necessitam de uma dimensão econômica que retrate a capacidade de consumo de um domicílio. Esse é também o objetivo central do modelo que construímos com base nos dados da Pesquisa de Orçamentos Familiares (POF), que privilegia a perspectiva econômica e disponibiliza também indicadores de natureza geográfica, social, educacional, de composição familiar, do uso de serviços públicos, da quantidade de bens possuídos, de serviços utilizados, de consumo dentro e fora da casa relacionados a uma série de produtos e, ainda, de investimentos realizados na aquisição de veículos e moradia. Portanto, o modelo que descrevemos em seguida contempla um diversificado conjunto de indicadores – 35 – que retrata a multidimensionalidade, assim como a adaptabilidade e a flexibilidade na aplicação do construto que denominamos *status socioeconômico* ou *estratificação socioeconômica da sociedade brasileira*.

A segunda questão é se a estratificação socioeconômica, conceitualmente, corresponderia a uma única dimensão com todos os indicadores medindo o mesmo conceito. Ou, então, se grupos de indicadores estariam medindo diferentes aspectos da estratificação, caracterizando-se esta, portanto, como tendo múltiplas facetas. No primeiro caso, os domicílios ou as pessoas seriam posicionados unidimensionalmente em um contínuo de classe social, desde um extremo superior nessa dimensão até um extremo inferior. Seria o mesmo que colocar todos os domicílios em uma "fila", havendo assim uma "distância" entre um domicílio e outro. Esse é o caso do uso da técnica de componentes principais, em que, em geral, a primeira componente é empregada para efetuar a estratificação socioeconômica (Filmer & Pritchett, 2001). Nessa situação, é usual a primeira dimensão extraída explicar uma parcela relativamente pequena da variância dos dados. O segundo caso corresponde, por exemplo, ao Critério de Classificação Econômica Brasil, que representa um escore composto (*composite index*) de diferentes medidas, que permite a classificação de um domicílio em uma das oito classes socioeconômicas estipuladas. Fica subjacente a uma ou outra conceituação de classe a necessidade de se dispor de um conjunto de indicadores. O modelo que propomos foi construído a partir da disponibilidade de dados existentes no Brasil, em que os da POF são aqueles que melhor se ajustam ao propósito da medida de classe socioeconômica como o mais similar (*proxy*) da renda permanente e *status* social do domicílio. Como ficará claro na formulação do modelo proposto, apresentada em seguida, nosso modelo não utiliza a noção de um contínuo, mas sim a de estratos socioeconômicos, por meio da classificação por probabilidade de um domicílio pertencer a um vintil de domicílios e, posteriormente, a um dos sete estratos socioeconômicos – tendo em vista que estratégias de marketing e de políticas públicas são formuladas para segmentos de domicílios e não individualmente, para cada um deles.

Um terceiro problema a ser destacado é se a melhor medida de classe social seria baseada no uso de indicadores discretos ou contínuos. Vamos considerar a variável renda corrente familiar. A primeira opção de modelagem seria tomá-la como uma variável métrica ou contínua, em que cada domicílio seria representado por um valor – por exemplo, um domicílio com R$ 1.250,00 de renda familiar e outro com R$ 3.750,00, equivalente a três vezes a renda do primeiro. A segunda opção seria discretizar essa variável, estabelecendo, por exemplo, categorias de renda corrente inferior a R$ 1.000,00; entre R$ 1.000,00 e R$ 1.999,00; entre R$ 2.000,00 e R$ 3.999,00; e assim por diante. Nesse caso, duas questões devem ser equacionadas: uma relacionada com o número de categorias de renda corrente – por exemplo, cinco, sete, dez categorias? Outra decisão refere-se aos intervalos de valores de renda de cada uma das categorias, também chamados de pontos de corte. Essas decisões são tomadas, em geral, de forma subjetiva. Essa situação corresponde ao adotado no Critério de Classificação Econômica Brasil. No caso específico do modelo que estamos propondo, não há dependência de critérios subjetivos por parte do pesquisador, além de possibilitar também o uso simultâneo de indicadores contemplando quatro diferentes tipos de métricas, como será detalhado a seguir, dependendo da natureza da variável que está sendo medida. O modelo estatístico de classes latentes ordinais permite ao pesquisador empregar simultaneamente variáveis existentes na POF que contemplam os quatro diferentes tipos de escalas (nominais, ordinais, intervalares e de razão).

Por último, a quarta questão relevante a ser colocada para discussão refere-se às especificidades e à dinamicidade de uma sociedade contemporânea, principalmente no mundo atual, em que mudanças sociais, econômicas, tecnológicas e culturais, dentre outras, têm ocorrido com maior intensidade e em periodicidade cada vez menor comparativamente a décadas passadas. Assim, pensando em diferentes tipos de ocupações das pessoas, níveis de renda familiar, graus de educação dos membros da família, posse de determinados tipos de bens e serviços no domicílio e acesso a serviços públicos, podemos verificar que algumas dessas variáveis são percebidas diferentemente pela sociedade ao longo do tempo, algumas sendo mais valorizadas hoje do que eram no passado. Essas variáveis são mais relevantes em algumas regiões geográficas do que em outras, da mesma forma que tendem a ser valorizadas diferentemente de acordo com a composição familiar de cada domicílio. É o caso que ocorre no Brasil, por exemplo, em que a disponibilidade (e custo) de mão de obra para emprego doméstico é maior (menor) no interior das regiões mais pobres do que nas regiões metropolitanas da região Sul ou Sudeste. Da mesma maneira, um aparelho de ar-condicionado tende a ser mais relevante para domicílios da região Norte, Nordeste e Centro-Oeste, que apresentam temperaturas médias mais elevadas do que as da região Sul, por exemplo. Motocicleta tende a ser um bem mais valorizado em capitais e municípios de regiões metropolitanas, diante da facilidade de locomoção decorrente de problemas de congestionamento enfrentados diariamente, se comparado à percepção de moradores de um domicílio localizado em uma pequena cidade do interior do país. Uma habitação com vários dormitórios é uma necessidade básica para famílias numerosas, ao passo que seria um desperdício para uma pessoa que more só. Essa questão, portanto, não apenas coloca a necessidade de periodicamente proceder-se a revisões na mensuração das classes sociais, mas principalmente em construir um modelo que estatisticamente possibilite incorporar variáveis moderadoras que diferenciam a estratificação socioeconômica baseada em renda permanente e *status* social, como composição familiar, região geográfica e tipo de município em que se localiza um domicílio. Esse as-

Metodologia para a Estratificação Socioeconômica

pecto, de fundamental importância, está presente no modelo que construímos de estratificação socioeconômica da sociedade brasileira, como será detalhado adiante.

Em função de todos esses problemas, os cientistas sociais mais recentemente têm proposto várias melhorias metodológicas na identificação de classes socioeconômicas e na classificação dos indivíduos nesses estratos sociais. Filmer e Pritchett (2001) aplicam a análise de componentes principais em dados codificados por meio de variáveis binárias (*dummies*) sobre características de habitação e posse de bens de consumo duráveis, construindo assim um índice unidimensional de bens (ou seja, a primeira componente principal) como uma variável aproximada da riqueza ou renda permanente. Esse índice foi então utilizado como uma medida de *status* econômico de longo prazo das famílias, para explicar o nível de escolaridade de seus filhos. Vyas e Kumaranayake (2006) discutem questões relacionadas com a escolha de ativos para a mensuração e a preparação de dados. Além disso, eles apontam que uma variância substancial (ou seja, informação) é ignorada quando se mantém apenas a primeira componente principal. Embora o uso da análise de componentes principais da propriedade de bens tenha se mostrado uma abordagem popular para a medição de *status* socioeconômico por meio de índices de riqueza (Filmer & Pritchett, 2001; Lindelow, 2006; Sahn & Stifel, 2003; McKenzie, 2003; Vyas & Kumaranayke, 2006), ela tem sido também objeto de críticas de vários estudiosos. Se por um lado os críticos não discordam da noção do uso da propriedade de bens como indicadores para a riqueza ou renda permanente, eles se opõem à aplicação da análise de componentes principais a esses dados, por razões metodológicas. Por exemplo, Howe *et al.* (2008) notam que o objetivo de medir a riqueza ao longo de uma única dimensão não é necessariamente compatível com os pressupostos subjacentes da análise de componentes principais, que normalmente produz múltiplas dimensões que são posteriormente ignoradas para que se concentre unicamente na primeira dimensão. Eles também apontam que a natureza binária dos dados de propriedade de bens não é consistente com os pressupostos da análise de componentes principais, que assume indicadores contínuos e produz o índice de riqueza como uma combinação linear dessas variáveis contínuas. Kolenikov e Angeles (2009) propõem o uso de correlações policóricas para lidar com a natureza binária da propriedade de bens e demonstram que o tratamento adequado das variáveis pode afetar a validade preditiva dos índices de riqueza resultantes. May (2006) evita esses problemas por meio da aplicação de um modelo de traço latente unidimensional (por exemplo, a teoria de resposta ao item) em que a propriedade binária de cada bem serve como um indicador binário do traço latente unidimensional contínuo, representando o índice de riqueza real. Essa abordagem é superior à análise de componentes principais no tratamento de dados binários e é robusta à falta de dados, mas carrega a mesma ressalva que o estudo de Filmer e Pritchett (2001): a de impor uma estrutura unidimensional ao indicador de riqueza. Bollen *et al.* (2007) desenvolveram um modelo de equações estruturais que postula uma variável latente medindo o construto teórico de renda permanente, utilizando propriedade de bens, educação, ocupação e renda corrente como indicadores. Esse construto latente, por sua vez, é combinado com variáveis exógenas para explicar as taxas de fertilidade nas famílias. Todas as tentativas para construir índices de riqueza como medições de renda permanente, independentemente de serem eles baseados em componentes principais, teoria de resposta ao item ou modelagem de equações estruturais, tratam o *status* socioeconômico como um contínuo unidimensional, com cada indivíduo ocupando um lugar ao longo dessa linha unidimensional.

Essa noção de um *status* socioeconômico contínuo contrasta com a concepção original de classe social como categorias discretas que definem o *status* de grandes grupos de indivíduos. Em outras palavras, o trabalho recente na mensuração do *status* socioeconômico afastou-se da conceituação geral de classe, que é geralmente ignorada pelos índices de riqueza (Bollen *et al.*, 2001). Quando se lê um relatório indicando que grandes empresas estão voltando sua atenção para a classe média nas economias emergentes, a referência é a um grupo ou classe de consumidores, em vez da posição do consumidor individual ao longo de uma linha contínua. Profissionais de marketing em economias emergentes planejam e implementam suas estratégias em termos de segmento; sentem-se, portanto, mais confortáveis trabalhando com classes do que com ordenações individuais ou medições contínuas.

2.2 DISCUSSÃO CRÍTICA DE CRITÉRIOS BRASILEIROS EM TERMOS METODOLÓGICOS

O Critério de Classificação Econômica Brasil foi desenvolvido como um previsor de renda corrente, estimando uma regressão clássica Minceriana dos rendimentos para definir os pesos para cada indicador na pontuação de renda corrente familiar e assim classificar os indivíduos em estratos com base em uma pontuação (Neri, 2010). Ao utilizar a quantidade possuída de cada um dos bens de consumo duráveis (em vez da posse simplesmente), esse critério reconhece que a posse não captura a qualidade dos bens possuídos (Falkingham & Namazie, 2002). Medindo o número de unidades possuídas, podemos capturar, de maneira indireta, informações sobre a qualidade dos bens porque as famílias são propensas a manter unidades mais antigas na compra de novas, fornecendo assim informações sobre a idade e o tempo de propriedade desses bens.

Apesar do fato de o Critério de Classificação Econômica Brasil utilizar bens de propriedade como indicadores, ainda está focado na renda corrente familiar, pois sua pontuação é feita por um modelo de regressão Minceriana da renda. Além disso, o critério fornece mais detalhes sobre a minoria nas três classes superiores (representando 14% da população dos domicílios) do que nas três classes mais baixas (que representam 66% da população), o que sugere um viés elitista para estudar a minoria no topo, mais do que a população dos estratos de nível socioeconômico mais baixos. Embora esse enfoque na minoria mais rica possa ser relevante para os profissionais de marketing de luxo, é menos útil para aqueles interessados nas massas (e em particular na classe média cada vez mais importante), como as empresas de produtos com penetração nos segmentos de menor nível socioeconômico e cientistas sociais interessados em políticas públicas para melhorar a qualidade de vida das classes média e baixa.

Algumas outras questões são também discutíveis em relação ao Critério de Classificação Econômica Brasil. Uma delas diz respeito ao fato da renda corrente familiar levantada nos domicílios amostrados ser de natureza declarada, mas não comprovada. Em pesquisa há situações em que o entrevistado declara uma renda corrente familiar inferior à real, principalmente em famílias de menor nível socioeconômico, seja em função da natureza informal do rendimento quanto de ser proveniente de muitas fontes ou origens. É o caso, por exemplo, de inúmeras ocupações, como a de trabalhadores da construção civil, de diaristas domésticas, de pessoas que realizam "bicos" como de serviços de segurança, motorista de táxi, de pintura, de hidráulica, de eletricidade, de garçom, dentre outros. Nossa proposta de estratificação socioeconômica é baseada nos dados da POF/IBGE e, portanto, utiliza dados de renda corrente comprovada. Além do mais, também oferecemos um conversor, como será visto no capítulo sexto, que permite converter a renda corrente declarada em um valor estimado de renda corrente comprovada, no caso do pesquisador ter somente acesso à informação sobre a renda corrente declarada.

Outra questão discutível sobre o Critério de Classificação Econômica Brasil refere-se à arbitrariedade na definição do número de classes socioeconômicas, assim como nos intervalos de pontos que separam uma classe de outra. Essas decisões se baseiam em critérios subjetivos. Uma terceira questão corresponde ao fato de o critério não diferenciar as classes por região geográfica (ou seja, o mesmo número de pontos define uma classe socioeconômica tanto na cidade de São Paulo como em um município no interior do Piauí); por tipo de município (por exemplo, um domicílio situado na cidade de São Paulo ou um domicílio situado na zona rural do Acre); ou por composição familiar, seja em termos do número de pessoas residentes no domicílio ou da faixa etária desses moradores. Assim, por exemplo, um domicílio localizado no interior do Piauí com um único morador com a mesma renda familiar que outro domicílio na cidade do Rio de Janeiro com quatro moradores, e o mesmo perfil em termos dos demais indicadores socioeconômicos são classificados como equivalentes em termos de classe socioeconômica ou de poder aquisitivo de bens e serviços por esse critério. É certo que o poder de compra e o consumo *per capita* entre esses dois domicílios são bastante diferentes, refletindo isso uma inadequação desse critério de classificação.

Portanto, as questões críticas na construção do Critério de Classificação Econômica Brasil – e consequentemente em seu uso pelas empresas – residem: a) na utilização do conceito de renda corrente familiar declarada e não de renda permanente calcada em indicadores comprovados; b) na definição arbitrária do número de classes e no intervalo de pontos que separam as classes; c) em um foco maior nos estratos socioeconômicos mais elevados e em uma maior agregação do mercado nas classes mais baixas de nível socioeconômico; e d) principalmente, no fato de não levar em consideração variáveis relevantes de onde o domicílio está localizado (região e tipo de cidade) e da composição familiar do domicílio (número e faixa etária dos moradores), variáveis essas associadas a níveis diferenciados de renda permanente e que tendem a refletir também necessidades e capacidade de consumo diferentes associadas a cada domicílio.

Apesar de sua importância para o governo no tocante a aprofundar o conhecimento sobre a "nova classe média brasileira", em processo de ascensão, bem como auxiliar na criação de políticas públicas voltadas para essa classe, o critério SAE apresenta algumas limitações para sua utilização por profissionais de marketing. Primeiro, esse critério é baseado unicamente na renda corrente das famílias, ignorando o impacto da poupança, do crédito e do investimento no nivelamento e suavização do orçamento domiciliar ao longo do tempo, que resultam em uma *renda permanente* distinta da *renda corrente*. Segundo, a renda corrente não reflete o padrão de vida de uma família: um aposentado pode ter um excelente padrão de vida em função de poupança e investimentos (em imóveis, bens duráveis e financeiros) feitos no passado. Um engenheiro recém-formado pode ter uma renda corrente baixa, mas um padrão de vida elevado em decorrência de facilidades de crédito e financiamento. Terceiro, vale ressaltar, o critério de renda corrente declarada da Pesquisa Nacional por Amostra de Domicílios (PNAD), em contraste com a renda da Pesquisa de Orçamentos Familiares (POF), que utiliza dados *comprovados* de todos os membros de cada domicílio amostrado. Quarto, sob uma perspectiva longitudinal, se a correção dos limites de renda corrente de cada classe socioeconômica for efetuada utilizando um índice de preços ao consumidor, haverá naturalmente um deslocamento das famílias para os estratos contíguos mais elevados, tendo em vista que os salários das diferentes categorias são corrigidos segundo um índice de preços mais um percentual relativo a um adicional de produtividade. Quinto, é fundamental ressaltar que, mesmo sendo a renda corrente um importante indicador para avaliar o *status* socioeconômico, ela *não* é o único. Como já apresentado, é consenso na comunidade acadêmica que estrato socioeconômico é um construto multidimensional; prevalece, ainda, a ideia de que, para a definição do *status* socioeconômico de um domicílio, mais relevante que a renda corrente é a renda permanente. Finalmente, como mostramos em nosso modelo, deveriam ser consideradas nessa classificação distinções existentes entre as regiões geográficas do Brasil, os tipos de cidade em que se localizam os domicílios que fazem parte da PNAD e da POF, assim como as diferentes composições familiares existentes nesses domicílios. Em um capítulo subsequente – sexto – mostraremos, por meio de um processo de fusão de dados que realizamos utilizando as pesquisas PNAD e POF, ambas relativas ao ano de 2009, que a relação entre a renda *declarada* e a renda *comprovada* mostra claramente que a primeira tende a ser subestimada em relação à segunda e, principalmente, que o grau de subestimação varia dependendo do nível da renda do domicílio.

2.3 EXEMPLOS DE MENSURAÇÃO DO *STATUS* SOCIOECONÔMICO

Como vimos, são inúmeras as maneiras pelas quais poderíamos mensurar o *status* socioeconômico de um domicílio. Podemos caracterizar essas diversas tentativas de medir *status* socioeconômico em termos de dois aspectos principais: 1) em relação à multiplicidade de indicadores empregados na mensuração (localização geográfica, composição familiar, anos de escolaridade, ocupação, renda corrente, posse ou quantidade possuída de diferentes categorias de bens e serviços, tipos de acesso a serviços públicos etc.); 2) em relação à utilização de diferentes técnicas de modelagem (regressão, componentes principais, agrupamentos, equações estruturais, teoria de resposta ao item, modelagem de classes latentes etc.).

Com o objetivo de ilustrar a diversidade de contextos em que a condição socioeconômica tem sido estudada na comunidade acadêmica, assim como a diversidade de métodos e natureza de variáveis utilizadas para realizar a mensuração de tal construto, selecionamos um conjunto de treze artigos que utilizam o conceito de *status* socioeconômico, de autores distintos provenientes de diferentes áreas de conhecimento, sem qualquer preocupação com a generalização desses resultados. Os artigos analisados englobam pesquisas que relacionam indicadores observados com o *status* socioeconômico de indivíduos, famílias ou domicílios. Esses artigos referem-se à saúde e alimentação das pessoas (Abramson, Gofin, Habib, Pridan, & Gofin, 1982; Srivastava & Mohanty, 2010; Tello, Jones, Bonizzato, Mazzi, Amaddeo, & Tansella, 2005; Torio, Klassen, Curriero, Caballero, & Helzlsouer, 2010; Vannoni *et al.*, 2003; Vu, Tran, & Le, 2011); educação (Filmer & Pritchett, 2001; May, 2006; Wagstaff & Watanabe, 2003); padrão de vida e bem-estar (Spilerman, 2004); características de relacionamento interpessoal (Kraus & Keltner, 2009) e ainda com preferências na compra e consumo de produtos e serviços (Williams, 2002), calcados em pesquisas realizadas em diversas partes do mundo, incluindo áreas urbanas e rurais, em países como Brasil, Estados Unidos, Etiópia, Índia, Indonésia, Israel, Nepal, Paquistão e Vietnã e em países da Europa Ocidental, Central e do Leste europeu, dentre outros.

Nos diversos estudos analisados, os tipos de indicadores diretamente observados que apresentaram maior incidência na composição de índices relacionados ao *status* socioeconômico foram o nível de escolaridade e a posse de bens duráveis; em seguida, observamos indicadores relativos ao acesso dos domicílios a serviços públicos básicos, como eletricidade, abastecimento de água e sistema de coleta de esgoto e ainda por variáveis relativas às características dos domicílios, como a presença e o número de cômodos e materiais utilizados na construção. Essas são as principais variáveis associadas com a dimensão de renda permanente de um domicílio, que também foi expressa pela renda corrente, pela ocupação e por gastos/

Metodologia para a Estratificação Socioeconômica

consumo dos domicílios, variáveis menos utilizadas nos estudos citados em função das dificuldades existentes para coletar os dados de uma forma padronizada e confiável.

Dentre as técnicas estatísticas empregadas para a mensuração do *status* socioeconômico, a análise de componentes principais ou análise fatorial foram as mais utilizadas, abrangendo nove dos treze artigos, em seis dos quais o construto foi representado única e tão somente pelo primeiro fator extraído, o que, como vimos, é pouco explicativo da variância total. As dimensões constantes nos demais fatores simplesmente não são consideradas, havendo ainda o problema crítico do uso extremo de variáveis binárias, da definição arbitrária do número de estratos considerados e dos pontos de corte de cada um deles. Em outros três estudos (Tello *et al.*, 2005; Torio *et al.*, 2010; Vannoni *et al.*, 2003) que utilizaram essa técnica, o índice relativo à estratificação socioeconômica foi calculado a partir da combinação dos escores fatoriais de dois ou mais dentre os fatores extraídos. Outros métodos encontrados nesses estudos foram a agregação (soma) das diversas variáveis observadas, o uso da teoria de resposta ao item para a geração do índice de *status* socioeconômico (May, 2006) e a combinação linear de variáveis observadas utilizando pesos pré-definidos (Williams, 2002).

A maior parte dos estudos analisados não detalha os critérios de corte utilizados para classificar os indivíduos, famílias ou domicílios em classes socioeconômicas, seja pelo fato de utilizarem apenas os valores ou escores contínuos obtidos diretamente para o índice de *status* socioeconômico para avaliar sua correlação com os indicadores observados, seja simplesmente por realizarem a estratificação, mas sem descrever como foram definidas as classes e os critérios de corte utilizados para classificar cada caso nos respectivos estratos. Nos cinco artigos que detalham o critério de corte utilizado, a maior parte utiliza quintis da distribuição de valores para o índice de *status* socioeconômico para obter cinco classes (Srivastava & Mohanty, 2010; Wu, Tran, & Le, 2010; Vyas & Kumaranayake, 2006), ao passo que os demais estabelecem cortes de maneira subjetiva a partir dos porcentuais da distribuição desses índices (Filmer & Pritchett, 2001; Tello *et al.*, 2005).

Nos artigos analisados que utilizaram a posse de bens como aproximação da renda permanente para a construção de um indicador de *status* socioeconômico, os itens mais comuns foram a posse de geladeira e de TV, seguidos, na ordem, por rádio, bicicleta, carro, motocicleta, telefone e máquina de costura. Além desses itens, uma variedade de bens duráveis e itens diversos foram utilizados nas pesquisas, muitos deles específicos de acordo com o país ou a região estudada, incluindo itens como imóveis, piscina, empregados domésticos, barco a motor, computador, programas de computador educacionais, calculadora, telefone celular, aparelho de telefone sem fio, aparelho de fax, câmera de vídeo, tocador de vídeo, tocador de CD, tocador de CD portátil, TV a cabo ou por satélite, ventilador, *videogame*, aparelho de som, toca-fitas, aquecimento central, aparelho de ar-condicionado, fogão, forno de micro-ondas, máquina de lavar louças, máquina de lavar roupas, secadora de roupas, relógio, amolador, aquário, animais de estimação, armário, atlas ou globo, balde, vaso, bomba de água, cadeira, cortador de grama, dicionário, enciclopédia, escrivaninha de estudo, instrumentos de laboratório, microscópio, telescópio, binóculo, instrumentos musicais, jornais e revistas, livros e mesa. Em alguns locais, até mesmo a posse de búfalos, porcos, vacas e veículos de tração animal foram considerados. Fica claro, por esses exemplos, que é fundamental considerar não apenas bens que caracterizam mais fortemente as classes socioeconômicas mais abastadas (por exemplo, número de aparelhos de ar-condicionado, veículos e barco), mas também itens que diferenciam as classes de menor poder aquisitivo (por exemplo, relógio, ventilador e tocador portátil de CD) para manter um nível adequado de discriminação para todos os níveis de renda permanente.

Entre os serviços públicos pesquisados, os mais frequentes foram existência ou não de energia elétrica e serviços de abastecimento de água. Em algumas pesquisas o tipo de infraestrutura sanitária também foi incluído para cálculo do índice de *status* social. Finalmente, em termos de características inerentes aos domicílios, as que apareceram com maior frequência nos estudos analisados foram variáveis que expressam o número de cômodos, o número de dormitórios, a relação entre pessoas residentes no domicílio e o número de cômodos ou de dormitórios, os materiais utilizados na construção do imóvel, a existência e as características de sanitários e lavatórios. Além dessas características, foram utilizadas também variáveis referentes ao tamanho da área construída ou do terreno, as características sociodemográficas da vizinhança em que o domicílio está localizado, bairro a que pertence o domicílio, tipo de energia ou combustível utilizado e até mesmo a existência ou não de jardim.

Sintetizando, os exemplos apresentados mostram claramente que existe uma multiplicidade de indicadores que no conjunto são indicativos do nível ou *status* socioeconômico de uma família ou domicílio. A seleção desses indicadores deve contemplar não apenas diferenciações no topo da pirâmide social, mas também caracterizar com precisão a base da pirâmide, principalmente em termos de variáveis como renda corrente, ocupação, grau máximo ou anos de escolaridade, posse de bens e serviços de conforto doméstico, tipo e características da moradia, acesso a serviços públicos, perfil do município e da vizinhança em que está localizado o domicílio e perfil da composição familiar, abrangendo com isso um leque maior de especificidades e de características diferenciadoras do nível de renda permanente e do *status* social de uma pessoa, família ou domicílio.

2.4 MODELO DE CLASSES LATENTES ORDINAIS PARA A ESTRATIFICAÇÃO SOCIOECONÔMICA DA SOCIEDADE BRASILEIRA

Como discutimos antes, nosso objetivo é identificar estratos socioeconômicos na população de domicílios brasileiros, combinando os conceitos teóricos de renda permanente, que representa a habilidade do domicílio em manter seu padrão de consumo no médio prazo, e de classe social, a qual define estratos em termos de acesso aos meios de produção. Baseamos nossa estratificação parcialmente no conceito teórico de classes sociais, incluindo indicadores como a renda corrente, educação e ocupação, que representam os indicadores mais comuns do acesso e domínio dos meios de produção numa sociedade moderna (Schmeichel *et al.*, 2006). Também utilizamos o conceito teórico de renda *permanente* em vez da renda *corrente* utilizada em outros métodos (por exemplo, o Critério de Classificação Econômica Brasil, baseado numa regressão Minceriana da renda corrente, e o critério SAE, baseado unicamente na renda corrente *per capita* ajustada por um indicador de vulnerabilidade do domicílio), porque queremos estratificar os domicílios brasileiros em termos de sua condição atual de manter o padrão de vida. Essa dimensão teórica representada pela condição atual de manter um padrão de vida depende não só da renda corrente, mas também do acesso ao crédito e da capacidade instalada existente em um domicílio, em termos da quantidade de bens duráveis e do acesso a serviços públicos, características estas que são representadas pelo conceito de renda *permanente*. Portanto, desenvolvemos nosso sistema de estratificação socioeconômica utilizando indicadores frequentemente associados aos conceitos de classe social e de renda permanente.

Como a classe social e a renda permanente são conceitos teóricos não diretamente observáveis, o modelo de classes latentes representa a metodologia ideal para, simultaneamente, medir esse construto latente por meio de indicadores e segmentar a população de domicílios brasileiros em ordem crescente nesse construto. Como o objetivo é a estratificação, as classes latentes deverão ser ordenadas, desde o estrato mais rico até o estrato mais pobre, requerendo um modelo de classes latentes ordinais, com restrições nas probabilidades marginais dos indicadores em cada classe latente.

O modelo de classes latentes tem duas vantagens sobre outros métodos utilizados para a estratificação socioeconômica como a análise de fatores ou componentes principais e a teoria de resposta ao item. Primeiro, a análise de classes latentes evita a premissa de unidimensionalidade, ou a especificação de dimensões, requerida pelos outros métodos. Em segundo lugar, o modelo de classes latentes permite a identificação de classes socioeconômicas que ocorrem naturalmente nos dados observados, ao passo que os outros métodos exigem que o pesquisador identifique essas classes *a posteriori*, seja com base na intuição ou fundamentado em critérios externos. Outro benefício do modelo de classes latentes para a estratificação socioeconômica ficará mais evidente no capítulo sexto, quando discutirmos a implementação do modelo como um critério para a classificação socioeconômica de um domicílio. Veremos que o modelo de classes latentes é robusto em relação a dados faltantes ou não respostas, o que permite a classificação de um domicílio nos estratos socioeconômicos mesmo que o pesquisador tenha a seu dispor um conjunto mais limitado de indicadores. Em contrapartida, os critérios baseados na regressão Minceriana ou na análise de componentes principais requerem que a matriz de dados esteja integralmente completa para todos os indicadores, havendo necessidade de substituir os dados faltantes e imputando-se, por algum critério, um determinado valor, como a média, para que a matriz fique sem nenhum dado faltante ou de não resposta por recusa ou por incapacidade do respondente dar a informação solicitada.

Por outro lado, o modelo de classes latentes ordinais tem certas desvantagens em relação a outros métodos para a estratificação socioeconômica. O modelo é conceitual e operacionalmente mais complexo e menos conhecido que a regressão linear utilizada, por exemplo, pelo Critério de Classificação Econômica Brasil, ou em relação a outras técnicas utilizadas por diversos autores, como a análise de componentes principais (Filmer &

Pritchett, 2001; McKenzie, 2003; Kolenikov & Angeles, 2009) e o modelo de teoria de resposta ao item (Alves & Soares, 2009; May, 2006). A classificação de novos domicílios nos estratos utilizando a modelagem de classes latentes requer cálculos mais complexos do que os critérios existentes, exigindo uma versão simplificada para utilização no campo, em locais desprovidos de acesso telefônico ou internet e em situações em que o pesquisador dispõe apenas de um questionário em papel. Essa classificação, porém, pode ser facilmente automatizada com nosso modelo, como será descrito depois, em razão de sua característica Bayesiana. Ou, como poderíamos dizer, "nada que um *smartphone*, um coletor de dados ou um simples *tablet* possa resolver", superada a barreira de muitos pesquisadores em relação à resistência humana para mudanças de patamares tecnológicos. Outra "desvantagem" é que a atualização da estrutura de classes socioeconômicas com dados mais recentes requererá o desenvolvimento e estimação de um novo modelo, que é mais complexo e elaborado que uma regressão ou análise de componentes principais.

Para medir o construto latente "estratificação socioeconômica", baseado nos construtos classe social e renda permanente, utilizamos os indicadores que foram coletados dentro da Pesquisa de Orçamentos Familiares (POF) de 2009, e que são facilmente observados ou medidos por meio de questionários. Os indicadores utilizados em nosso modelo de classes latentes estão listados na tabela 2.1. O número à direita de cada indicador mostra quantas categorias ele tem. Por exemplo, o indicador Dormitórios_4 significa que existem quatro categorias de medida utilizadas na modelagem: 1 = um dormitório no domicílio; 2 = dois dormitórios; 3 = três dormitórios; 4 = quatro ou mais dormitórios na residência.

Tabela 2.1 – Resumo estatístico dos indicadores que compõem o modelo de estratificação socioeconômica

Variável	Amostra projetada	Média	Desvio padrão
Adultos	57.816.604	2,18	,960
Menores_18	57.816.604	1,11	1,276
Renda mensal	57.816.604	2.770	4.068
Dormitórios_4	57.816.604	1,91	,812
Banheiros_4	57.816.604	1,30	,704
Água encanada	57.816.604	,93	,259
Rua pavimentada	57.816.604	,69	,463
Emp. doméstico_4	57.816.604	,10	,347
Ar-condicionado_4	57.478.882	,12	,456
Aspirador_2	57.480.469	,13	,338
Automóvel_4	57.480.469	,41	,646
Batedeira_3	57.480.469	,35	,494
Bicicleta_4	57.480.469	,63	,895
DVD_4	57.480.469	,71	,616
Equipamento de som_4	57.478.882	,58	,620
Ferro elétrico_4	57.480.090	,86	,538
Filtro de água_2	57.480.469	,35	,501
Fogão_3	57.480.079	1,06	,334
Freezer_3	57.480.469	,42	,615
Geladeira_3	57.474.088	,95	,350
Lava-louça_2	57.480.469	,02	,152
Lava-roupa_3	57.480.469	,46	,525
Liquidificador_3	57.478.882	,82	,476
Máquina de costura_4	57.480.469	,22	,491
Microcomputador_4	57.480.469	,33	,582
Micro-ondas_2	57.480.469	,28	,457
Motocicleta_2	57.480.469	,15	,385
Parabólica_1	57.480.469	,25	,436
Purificador de água_1	57.480.469	,04	,195
Rádio_4	57.480.469	,45	,639
Secador de cabelo_4	57.480.279	,30	,527
Secadora de roupa_1	57.480.469	,04	,192
TV em cores_4	57.480.164	1,44	,840
TV em preto e branco_2	57.480.469	,02	,152
Ventilador_4	57.478.683	1,03	1,068

Cidade	Frequência projetada	Porcentagem
Rural	9.007.615	15,6%
Cidade	27.589.031	47,7%
Capital/Metrop.	21.219.958	36,7%
Região:		
Centro-Oeste	4.377.084	7,6%
Norte-Nordeste	19.049.281	32,9%
Sul-Sudeste	34.390.239	59,5%
Anos de estudo_5:		
Até 3 anos	16.148.943	27,9%
4 a 7 anos	14.400.133	24,9%
8 a 10 anos	6.968.509	12,1%
11 a 15 anos	15.029.829	26,0%
16 ou mais	5.269.191	9,1%
Esgoto:		
Rede municipal	30.286.528	52,4%
Fossa séptica	9.739.487	16,8%
Tanque	12.865.641	22,3%
Outro	4.924.948	8,5%

Na primeira fase de identificação dos estratos socioeconômicos, utilizamos todos os indicadores de classe social e renda permanente que encontramos na POF, para identificação e caracterização precisa de cada estrato. Uma vez que esses estratos forem identificados e analisados, a classificação de novos domicílios dentro dessa estrutura socioeconômica poderá ser feita utilizando somente uma parte desses indicadores, como será demonstrado em um próximo capítulo.

Para medir a renda permanente de um domicílio de uma maneira equitativa (importante na estratificação de uma sociedade), porém, esses indicadores devem levar em conta a composição familiar e fatores geodemográficos. Por exemplo, é comum transformar a renda familiar em renda *per capita*, para levar em conta que a mesma renda garante um padrão de vida melhor a um domicílio com um único adulto do que outro com dois adultos e três crianças. A renda *per capita* ignora, entretanto, que as necessidades de um domicílio com quatro adultos são distintas das de um domicílio com um adulto e três crianças. O mesmo ocorre quando se aplica um critério único para classificar um domicílio, qualquer que seja a área em que ele está localizado. Um domicílio localizado em Brasília tem um perfil de necessidade muito distinto de um domicílio localizado em Jequié no interior da Bahia ou se estivesse localizado na zona rural do Estado de Mato Grosso. O Critério de Classificação Econômica Brasil calcado em uma regressão Minceriana, ou outro critério baseado na primeira componente principal, além de problemas inerentes à própria natureza estatística, não estão estabelecendo qualquer ajuste ou diferenciação simultânea em função da composição familiar e fator geodemográfico que caracteriza cada domicílio; o mesmo se pode afirmar em relação a outros indicadores (número de dormitórios, banheiros, televisores etc.). Por isso, nosso modelo, a ser descrito a seguir, utiliza covariáveis medindo esses dois condicionantes: a composição familiar (número de adultos e de crianças) e o ambiente geodemográfico (tipo de local: capital/região metropolitana, cidade do interior ou zona rural; e região geográfica: centro-oeste, norte/nordeste ou sul/sudeste) de cada domicílio, para *corrigir* os indicadores na medição da renda permanente como construto latente. Ou seja, a renda permanente é distinta em decorrência da composição da família e do local do domicílio.

Para uma descrição mais detalhada e formal de nosso modelo, começamos por definir o vetor de K indicadores para o domicílio i como $Y_i = \{y_{ik}, k = 1, 2, ..., K\}$. Cada um desses indicadores ($k = 1, 2, ..., K$) é mensurado por uma escala específica, como a contínua (por exemplo, renda), categórica (como tipo de esgoto no domicílio), ordinal (grau de educação) ou de contagem (número de televisores a cores no domicílio). Além desses

K indicadores, também contamos com dados de quatro covariáveis para cada domicílio i, contidas no vetor $X_i = \{x_{ij}, j = 1, 2, 3, 4\}$. Essas covariáveis correspondem à região geográfica, tipo de município, número de adultos e número de menores de 18 anos residentes em cada domicílio.

Nosso objetivo é identificar S estratos socioeconômicos em nossa amostra, que são organizados, por definição, em ordem crescente dos K indicadores. Por exemplo, se y_{ik} é um indicador contínuo (como a renda), sua média deve crescer ou decrescer monotonicamente de um estrato ao próximo. Da mesma maneira, se y_{ik} é um indicador binário (se a rua é ou não pavimentada), a proporção para esse indicador deve crescer ou decrescer monotonicamente de um estrato a outro contíguo. Isso pode ser obtido com um modelo de classes latentes ordinal (Croon, 1991; Vermunt, 2001), que tem uma função de verossimilhança para um domicílio i igual a,

$$L\{Y_i \mid \Theta, \Pi, X_i\} = \sum_{s=1}^{S} \pi_s \prod_{k=1}^{K} p(y_{ik} \mid \Theta_{ks}, X_i), \qquad (2.1)$$

Em que π_s é a proporção de domicílios na classe s dentro da amostra, e $p(y_{ik} \mid \Theta_{ks}, X_i)$ é a probabilidade associada com o indicador y_{ik}, dado que o domicílio i de características X_i pertence ao estrato socioeconômico ou classe s.

A especificação da função de probabilidade $p(y_{ik} \mid \Theta_{ks})$ depende do k-ésimo indicador ser binário, categórico, ordinal ou contínuo. Se o indicador for contínuo, então:

$$p(y_{ik} \mid \Theta_{ks}) = \frac{1}{\theta_{k2s}\sqrt{2\pi}} \exp\left\{-\frac{1}{2}\left(\frac{y_{ik} - \theta_k - \sum_{j=1}^{4} \theta_{js}x_{ij} - \theta_{k1s}}{\theta_{k2s}}\right)^2\right\}$$

Por outro lado, se o k-ésimo indicador for categórico com M categorias, então:

$$p(x_{ik} \mid \Theta_{ks}) = \frac{\exp\left(\theta_{km} + \sum_{j=1}^{4} \theta_{jms}x_{ij} + \theta_{kms}\right)}{\sum_{m'=1}^{M} \exp\left(\theta_{km'} + \sum_{j=1}^{4} \theta_{jm's}x_{ij} + \theta_{km's}\right)}.$$

Para garantir que as classes latentes são ordenadas, impomos restrições monotônicas nos parâmetros posicionais de cada classe ($\theta_{ks} \leq \theta_{ks+1}$ ou $\theta_{ks} \geq \theta_{ks+1}$; $1 \leq s \leq S - 1$). Com essa especificação e restrições, o modelo de classes latentes ordinais que maximiza a função de verossimilhança é:

$$L\{Y \mid \Theta, \Pi, X\} = \sum_{i=1}^{N}\left[\sum_{s=1}^{S} \pi_s \prod_{k=1}^{K} p(y_{ik} \mid \Theta_{ks}, X_i)\right]^{w_i}, \qquad (2.2)$$

Em que W_i é o peso para cada domicílio i que permite projetar a amostra de domicílios para a população do país. Estimativas dos parâmetros desse modelo são obtidas através da maximização da função de verossimilhança (2.2). Isso pode ser feito com *softwares* estatísticos disponíveis comercialmente (por exemplo, *Latent Gold*, Vermunt & Magidson, 2010).

2.4.1 Propriedades e implicações do modelo de classes latentes ordinais

Embora o modelo descrito acima seja basicamente um modelo de classes latentes com restrições monotônicas nos parâmetros dos indicadores entre as várias classes, ele oferece características que são propícias à estratificação socioeconômica de uma sociedade. Primeiro, as restrições monotônicas nos parâmetros de cada indicador resultam em classes latentes ordinais que são consistentes com os conceitos de classes sociais e de renda permanente. Como veremos no capítulo seguinte, em nossa aplicação desse modelo aos dados de domicílios brasileiros, essas restrições monotônicas definem patamares para cada indicador ao longo dos estratos socioeconômicos que facilitam a definição desses estratos. Segundo, a análise de classes latentes permite a identificação natural de classes socioeconômicas que melhor explicam as associações observadas nos indicadores, ligando diretamente esses indicadores às classes latentes discretas e ordenadas, *sem necessitar* do mapeamento arbitrário dos domicílios em um contínuo unidimensional e a subsequente categorização arbitrária ou intuitiva dos domicílios em estratos socioeconômicos.

Finalmente, como demonstrado por Kamakura & Wedel (1997), a análise de classes latentes é robusta a dados faltantes, o que pressupõe a necessidade de um critério flexível e adaptável para classificação de novos domicílios nas classes socioeconômicas – situação essa extremamente comum nas pesquisas de marketing –, permitindo que diferentes pesquisadores classifiquem sua amostra nas mesmas classes socioeconômicas, *mesmo* que eles utilizem diferentes subconjuntos de indicadores. Por exemplo, um gerente de produto pode segmentar o mercado de sua marca em classes socioeconômicas baseado somente em alguns dos indicadores utilizados em nosso modelo, e depois planejar a mídia para seu programa de comunicação baseando-se na classificação socioeconômica definida pelos meios de comunicação com base em outro subconjunto de indicadores. Desde que esses dois subconjuntos de indicadores tenham sido calibrados através de nosso modelo, as duas classificações, mesmo que obtidas por diferente indicadores, mantêm-se consistentes e diretamente comparáveis.

A proporção de domicílios na classe s dentro da amostra (π_s) representa a probabilidade *a priori* de que um domicílio pertença ao estrato s. Por outro lado, a probabilidade condicional (de o domicílio pertencer à classe ou estrato s) associada com o indicador y_{ik}, $p(y_{ik}|\Theta_{ks}, X_i)$, permite atualizar a probabilidade *a priori*, tão logo se obtenha informação sobre o indicador y_{ik} para o domicílio i. Uma vez que a informação sobre o indicador y_{ik} é obtida, a probabilidade *a posteriori* de o domicílio i pertencer ao estrato s é calculada por:

$$\tau_{is} = \frac{p\{y_{ik}|\Theta_{ks}, X_i\}}{\sum_{s'=1}^{S} \pi_{s'} p\{y_{ik}|\Theta_{ks'}, X_i\}} \tag{2.3}$$

Podemos notar que a probabilidade condicional $p(y_{ik}|\Theta_{ks}, X_i)$ e, portanto, a probabilidade *a posteriori*, depende das características X_i de cada domicílio i. Isso permite que a definição dos estratos socioeconômicos e a classificação de domicílios nesses estratos leve em conta a situação geográfica e composição familiar do domicílio; portanto, ajustando o *status* socioeconômico do domicílio às diferenças de custo de vida e necessidades entre regiões e tipos de família. Como discutimos antes, esse ajuste é importante, porque os custos e padrões de vida variam consideravelmente entre regiões, entre áreas urbanas e rurais, e dependem também da composição familiar, de modo que a mesma renda pode significar diferentes padrões de vida em uma capital do sudeste e no interior do Piauí, ou para uma família de dois adultos ou uma composta por um adulto com cinco crianças.

Essa característica Bayesiana do modelo de classes latentes será de grande utilidade, como será visto no capítulo sexto, em que apresentaremos vários modelos para a classificação de domicílios em estratos socioeconômicos. Um desses modelos utilizará a robustez a dados perdidos para fazer a classificação de cada domicílio com base em toda a informação disponível para ele, ignorando dados perdidos e, dessa maneira, resultando em uma maior flexibilidade ao pesquisador. Outro modelo de classificação que propomos combina a robustez a dados perdidos com a característica Bayesiana do modelo de classes latentes, produzindo um classificador adaptável, no qual após quatro questões iniciais (covariáveis), a entrevista prossegue com a seleção das perguntas sendo feita de acordo com as respostas já dadas pelo entrevistado. Assim, dependendo da resposta a cada pergunta, o classificador seleciona o indicador (pergunta) mais informativo para o entrevistado. Por exemplo, se a primeira pergunta é sobre a renda familiar, e a resposta indica uma baixa renda, a segunda pergunta será focada em um indicador que é mais informativo para os estratos socioeconômicos mais baixos. Com esse processo adaptável, é possível obter uma classificação tão precisa quanto uma entrevista padrão, mas com um menor número de indicadores. Esses classificadores serão comparados com um terceiro tipo de classificador, mais simples, no sexto capítulo deste livro.

CAPÍTULO 3

A ESTRATIFICAÇÃO SOCIOECONÔMICA DA SOCIEDADE BRASILEIRA

Este capítulo é dedicado à apresentação dos principais resultados da estratificação socioeconômica da sociedade brasileira. Não é uma tarefa simples decidir por um método para a estratificação da população, porque ele não só deve seguir os requisitos metodológicos da estatística como também atender às necessidades da comunidade de pesquisadores acadêmicos, de mercado, gerentes de marketing e gestores públicos, que serão os usuários finais da metodologia a ser desenvolvida. O primeiro passo foi identificar o que se poderia denominar estratos "naturais", ou seja, descobrir sem quaisquer restrições como os domicílios da amostra da POF se agregavam em um conceito de similaridade interna e heterogeneidade entre os grupos identificados, conceito equivalente ao de análise de conglomerados. Isso foi feito utilizando-se o modelo de classes latentes ordinais descrito no capítulo anterior, estipulando estratos ou classes latentes com propensões crescentes para vários indicadores logicamente relacionados com o conceito de renda permanente – por exemplo, a renda corrente, o número de automóveis e o número de empregados domésticos.

Uma grande vantagem do modelo de classes latentes ordinais que descrevemos no capítulo anterior é a flexibilidade em acomodar qualquer tipo de indicador. Pudemos, por exemplo, incorporar indicadores binários (como o acesso à água encanada e rua pavimentada), nominais (tipo de instalação de esgoto), ordinais (grau de educação), de contagem (número de empregados domésticos, número de automóveis) e mesmo indicadores contínuos (renda corrente familiar comprovada). O resultado do modelo sem restrições no tamanho de cada classe latente foi a identificação ótima de 14 classes socioeconômicas "naturais", com as menores apresentando tamanho de 1,2% (classe 9) e 1,5% (classe 1), ao passo que as maiores atingiram proporções de 19,3% (classe 10) e 13,2% (classe 6). Essa incongruência de tamanhos de classes, algumas sem relevância quantitativa e qualitativa para serem tratadas dentro de estratégias específicas de marketing diferenciado ou concentrado, levou-nos a tomar uma decisão mais adequada e consistente com os propósitos de segmentação da sociedade brasileira em termos de *status* socioeconômico.

A decisão consistiu em dividir a sociedade brasileira em 20 percentis (denominados vintis), cada um representando 5% da população de domicílios, ordenados de forma que o primeiro vintil tivesse nível socioeconômico superior ao segundo vintil e este, nível superior ao terceiro – e assim sucessivamente, até o último vintil, de menor nível socioeconômico da sociedade brasileira. Esse critério pareceu-nos mais apropriado tanto sob a perspectiva teórica quanto gerencial. Em termos teóricos, a divisão em 20 partes iguais e monotonicamente decrescentes evita, quando se pensa em termos longitudinais, discussões estéreis a respeito de uma particular classe socioeconômica ter aumentado, por exemplo, de 17% para 19%, outra classe ter diminuído de 14% para 11% e assim por diante, focando a atenção nas mudanças qualitativas dentro de cada vintil ao longo do tempo, em vez de na definição arbitrária das classes. A nosso ver, parece ser mais relevante verificar e compreender a evolução, ao longo do tempo, do perfil dos indicadores que melhor caracterizam cada um dos vintis socioeconômicos. O foco da discussão sai do tamanho das classes (já que temos todas elas de igual tamanho) para o da evolução dos indicadores de renda, da evolução do grau de instrução, do uso dos serviços públicos, da posse e quantidade de bens duráveis e de conforto doméstico, dentre outros aspectos relevantes para caracterizar cada um dos vintis no que a literatura bem define como renda permanente.

Não obstante termos identificado os vintis, para efeito prático ou gerencial, nenhuma empresa ou organização pública irá definir estratégias, políticas e ações focadas para cada um dos 20 estratos. É muito mais prático analisar o perfil das estatísticas relativas a cada variável considerada de forma comparativa entre os vintis e agrupá-los em estratos homogêneos, de acordo com as similaridades entre os vintis em termos de critérios externos (como o consumo em várias categorias de bens e serviços). Mas como fazer esse agrupamento? Com base em três grandes grupos de variáveis: a) características dos domicílios; b) acesso a serviços públicos, bens duráveis e de conforto doméstico; e c) consumo de 21 categorias de produtos extraídas da Pesquisa de Orçamento Familiar (POF). Pudemos, assim, elaborar estatísticas e figuras, de forma comparativa, entre os vintis, que serviram de base para análise e discussão por meio de um método interativo de consenso entre mais de uma dezena de experientes profissionais de pesquisa da Abep, resultando no agrupamento dos vintis em sete estratos socioeconômicos. Desse modo, por exemplo, o primeiro estrato socioeconômico foi definido pelo primeiro vintil, dadas as diferenciações existentes nesse estrato em relação a todos os demais, inclusive ao do perfil mais próximo, o segundo vintil. De forma similar, o sétimo estrato, de menor nível socioeconômico na sociedade brasileira, resultou do agrupamento dos últimos três vintis (18º, 19º e 20º), gerando, portanto, um estrato correspondente a aproximadamente 15% dos domicílios brasileiros, como será descrito em detalhes neste capítulo.

3.1 FONTES DE DADOS PARA A ESTRATIFICAÇÃO SOCIOECONÔMICA NO BRASIL

Quais são as variáveis ou indicadores que deveríamos utilizar para estimar a renda permanente – ou seja, o valor que assegura a capacidade de um domicílio manter um dado nível socioeconômico ao longo de um período, ainda que lhe falte renda corrente ou que ela sofra uma redução temporária? Sem dúvida, haveria necessidade de se recorrer a dados secundários disponíveis, dada a dimensão de uma pesquisa dessa natureza. No Brasil, existem duas pesquisas que poderiam ser utilizadas, ambas realizadas pelo Instituto Brasileiro de Geografia e Estatística (IBGE): a POF e a Pesquisa Nacional por Amostra de Domicílios (PNAD). A POF, realizada até o momento a cada período de cinco anos, pode ser considerada uma pesquisa primorosa sob o aspecto metodológico. Os dados coletados refletem o conceito de *comprobabilidade* (ou seja, os domicílios devem comprovar, por exemplo, a renda corrente de cada morador, a quantidade de bens duráveis existentes no domicílio etc.), conceito diferente da PNAD, realizada anualmente, em que as informações coletadas são de natureza *declarada* pelos respondentes (por exemplo, o chefe de família declara que a renda corrente bruta de todos os residentes que têm rendimento é de tal montante, sem necessidade de comprovar). Essa característica metodológica e o levantamento da quantidade possuída de bens duráveis e de conforto doméstico (em contraposição apenas à posse ou não desses bens, como declarada na PNAD) levaram-nos à decisão de utilizar a base de dados da POF para efeito de estratificação socioeconômica da sociedade brasileira. Além disso, a POF também coleta dados minuciosos sobre o orçamento familiar, informação de grande utilidade para entender o comportamento dos domicílios em termos de consumo. Nas seções seguintes são apresentadas, primeiro, uma contextualização da POF, com uma breve descrição de sua história e um detalhamento da metodologia utilizada em sua edição 2008-2009, em seguida uma descrição das informações e dados da pesquisa utilizados neste nosso estudo de estratificação socioeconômica.

3.1.1 Contexto e histórico da Pesquisa de Orçamentos Familiares

A POF é uma pesquisa domiciliar realizada, por amostragem, pelo IBGE, com o objetivo de obter informações sobre os hábitos de consumo, o perfil de gastos e rendimentos e a variação patrimonial dos domicílios brasileiros. Em última análise, a POF visa obter informações sobre o orçamento doméstico e o perfil socioeconômico da população brasileira. A POF 2008-2009 foi a quinta pesquisa sobre orçamentos familiares realizada pelo IBGE, levantamento que se iniciou na década de 1970, com o Estudo Nacional de Despesa Familiar – Endef 1974-1975. A partir da década de 1980, a concepção da POF teve como objetivo primordial atualizar as informações sobre a cesta básica de consumo e sobre a estrutura de ponderação para os índices de preços que compõem o Sistema Nacional de Índices de Preços ao Consumidor do IBGE e de outras instituições. As edições de 2002-2003 e 2008-2009 buscaram dar igual prioridade a outras aplicações relacionadas com diversos temas socioeconômicos brasileiros, ampliando as possibilidades de utilização de seus resultados, investigando diversas características dos domicílios e das famílias, como a composição de gastos em diversos estratos socioeconômicos, diferenças regionais, urbanização e endividamento familiar, além de destaque a temas relacionados às condições de vida das famílias.

A Estratificação Socioeconômica da Sociedade Brasileira

3.1.1.1 Amostragem para a POF 2008-2009

A análise do relatório da POF 2008-2009 (IBGE, 2010) permite verificar que o método empregado por seu corpo técnico na seleção dos domicílios amostrados é bastante preciso e rigoroso. A definição da amostra da POF 2008-2009 considerou uma estratificação geográfica dos domicílios em termos das cinco regiões brasileiras e como variável estatística a renda do chefe da família, originada do Censo Demográfico de 2000. Esse método, denominado conglomerado em dois estágios (estratificação geográfica e estatística) possibilita comparar os resultados da POF 2008-2009 com aqueles obtidos na POF de 2002-2003 e com outras pesquisas feitas pelo IBGE.

Nesse sentido, o IBGE dividiu o Brasil em um total de 12.800 setores censitários, que constituem uma amostra mestra. Dessa amostra, foram selecionados 4.696 setores censitários, cobrindo todas as unidades da federação. Em cada um desses setores foram selecionados aleatoriamente cerca de 12 domicílios em áreas urbanas e 16 domicílios em áreas rurais. A amostra final cobrindo todos os estados brasileiros correspondeu a um total de 55.970 domicílios. O estado com maior número de domicílios pesquisados foi o de Minas Gerais, com 5.028 e o com menos domicílios foi o de Roraima, com 644. Cada domicílio amostrado tem um peso dentro do setor censitário que ele representa, assim como cada setor censitário tem um peso dentro do estado em que está localizado, o qual tem um peso dentro de sua respectiva região geográfica, que tem um peso no Brasil. Portanto, cada domicílio pesquisado representa um determinado número de domicílios, denominando essa representação ou conceito como fator de expansão ou peso amostral. Quando multiplicamos esse peso pelo valor de uma dada variável pesquisada, como a quantia gasta pelo domicílio com alimentação, estamos expandindo o montante gasto com alimentação para o total de domicílios que essa moradia pesquisada representa. Isso significa que, tendo cada domicílio pesquisado um fator de expansão, quando consideramos a amostra total o resultado da variável pesquisada passa a representar o total de domicílios existentes no Brasil. No exemplo dado, os gastos com alimentação no domicílio obtidos nessa amostra de 55.970 moradias são expandidos para representar o universo de 57.816.604 domicílios.

Como a POF levanta dados durante um ano, os setores censitários foram distribuídos ao longo dos quatro trimestres da pesquisa, garantindo a representação, por meio dos domicílios selecionados, de todos os estratos geográficos e socioeconômicos em todos os trimestres de um ano. Desse modo, os valores obtidos em cada uma das características pesquisadas (variáveis demográficas, quantidade de itens de conforto doméstico, acesso a serviços públicos, gastos com diversas categorias de produtos e serviços etc.), ao serem ponderados pelo peso amostral atribuído a cada domicílio, permitem a obtenção de estimativas das quantidades totais representativas da população brasileira para cada uma das variáveis pesquisadas.

3.1.1.2 *Instrumentos de coleta de dados*

Para a coleta de informações nos domicílios selecionados na pesquisa, foram criados pelo IBGE sete tipos diferentes de questionários, compreendendo diferentes unidades de análise (domicílios e moradores) e distintas categorias de assuntos investigados, que resultaram em um total de mais de 300 variáveis com informações demográficas e socioeconômicas sobre os domicílios e seus moradores. Vamos destacar aqui as principais variáveis dos questionários de números 1 a 5 que utilizamos para nosso estudo:

- POF 1 – Questionário de Características do Domicílio e dos Moradores, para levantamento de informações gerais, como tipo do domicílio, número de cômodos, forma de abastecimento de água e disposição final do esgoto etc., além de informações sobre as características de todos os moradores, como idade, escolaridade, cor ou raça, dentre outras;

- POF 2 – Questionário de Aquisição Coletiva, para levantamento de informações sobre as aquisições de produtos de uso comum da família; por exemplo, aluguel, condomínio, prestação de financiamento e outras despesas do domicílio, bem como a quantidade adquirida e existente de diferentes tipos de bens duráveis em uso;

- POF 3 – Caderneta de Aquisição Coletiva, para levantamento de informações sobre aquisições de alimentos, bebidas, artigos de higiene pessoal e de limpeza e outros produtos cuja compra costuma ser frequente e, em geral, servem a todos os moradores;

- POF 4 – Questionário de Aquisição Individual, por meio do qual foram investigados os tipos de aquisições de produtos e serviços caracterizados como de uso individual, compreendendo comunicações, transportes, educação, alimentação fora de casa, fumo, assistência à saúde, vestuário e calçados, dentre outros, além de gastos individuais com serviços bancários e profissionais, joias, pensões e outros;

A Estratificação Socioeconômica da Sociedade Brasileira

- POF 5 – Questionário de Trabalho e Rendimento Individual, em que foram coletadas informações sobre todos os rendimentos monetários obtidos por meio de trabalho, incluindo informações sobre ocupações, além de transferências de renda de programas governamentais, dentre outros.

3.1.1.3 Coleta, crítica e validação dos dados

A coleta de dados em campo para a POF 2008-2009 durou um ano, para acomodar a sazonalidade no consumo. Para cada domicílio selecionado na amostra foram definidos pelo IBGE dois períodos consecutivos para início obrigatório da coleta, dentre os 52 períodos do ano em que foi dividido o levantamento de dados da pesquisa. Esse procedimento teve por objetivo assegurar a distribuição de todos os estratos geográficos e socioeconômicos durante todo o ano.

As informações da pesquisa foram obtidas diretamente nos domicílios particulares permanentes selecionados, por meio de entrevistas com seus moradores, durante um período de nove dias consecutivos. O método utilizado pelo IBGE para a obtenção das informações sobre orçamentos familiares foi a aplicação de questionários específicos sob a forma de entrevista presencial. Foram utilizadas, no entanto, diferentes abordagens para o preenchimento das informações, de acordo com o valor e a frequência com que cada aquisição é realizada. Em função do grande número de variáveis pesquisadas, de seu alto grau de detalhamento e das dificuldades crescentes de acesso aos domicílios e seus moradores, os procedimentos de crítica e validação foram agilizados e padronizados por meio da utilização de computadores portáteis no processo de coleta de dados em campo, permitindo que fossem realizados simultaneamente à coleta das informações. Essa abordagem permitiu a obtenção de ganhos significativos na qualidade dos dados, garantindo sua precisão.

As atividades de crítica e validação simultâneas feitas pelo IBGE englobaram a codificação dos produtos e serviços registrados e críticas de entrada de dados por variável e entre variáveis, procedimentos fundamentais para garantir a coerência das informações pesquisadas. Por último, destacamos que algumas variáveis do Questionário POF 1 sofreram imputação de dados pelo IBGE em virtude de inconsistências, de valores ignorados e de não resposta, tendo sido adotados procedimentos adequados. A atividade de coleta de dados em campo para a POF 2008-2009 compreendeu o período de 12 meses, adotando-se períodos que podiam ser de 7 dias, 30 dias,

90 dias e 12 meses como referência para as informações de despesas, de acordo com a frequência de aquisições dos bens e serviços pesquisados, e de 12 meses para as informações sobre rendimentos. Em razão das diversas referências temporais inerentes à POF, a agregação e a comparação das informações de valores coletados para uma unidade de consumo ou conjunto de unidades de consumo pesquisadas em datas distintas não são triviais, em função do efeito inflacionário (variação de preços) sobre os valores das despesas e rendimentos. Por esse motivo, o IBGE efetuou um ajustamento desses valores, com o objetivo de se eliminar tal efeito.

Diferentes indexadores foram utilizados pelo IBGE para o deflacionamento dos dados da pesquisa, cuja escolha foi realizada em função das características dos bens e serviços, dos diversos tipos de rendimentos e também da existência e disponibilidade de indexadores adequados. Os valores de despesas e rendimentos foram submetidos pelo IBGE a uma crítica dos dados dividida em três etapas: partição em classes de rendimento monetário mensal familiar, procedimentos de detecção de valores extremos e crítica visual. Por ocasião da rejeição dos valores, eles foram assinalados pelo IBGE para serem tratados na etapa de imputação de valores. Outro tratamento realizado foi o de erros de não resposta total ou parcial e erros de resposta. Foram criadas matrizes de similaridades formadas por variáveis consideradas altamente correlacionadas com a variável que recebeu o valor imputado, selecionando-se "doadores de dados" e "receptores de dados" por características de similaridade. Os valores orçamentários, despesas e rendimentos foram obtidos em diferentes períodos de referência ao longo da coleta de dados, de acordo com sua natureza e frequência de ocorrência nos domicílios. Com o objetivo de construir um orçamento médio anual, foi necessário unificar esses períodos e transformar todos os valores em valores anuais. Assim, os valores orçamentários com períodos de referência de 7, 30 e 90 dias foram multiplicados por seus respectivos fatores de anualização: 52, 12 e 4. As informações pesquisadas com período de referência de 12 meses receberam o valor 1 para o fator de anualização (IBGE, 2010).

3.1.1.4 A utilização dos dados da POF no presente estudo

Tomando por base as variáveis que constam da POF 2008-2009, realizamos diversas agregações de dados, de modo a gerar um banco de dados composto de três grandes blocos temáticos: a) variáveis relacionadas com características geodemográficas e culturais; b) quantidades possuídas de

A Estratificação Socioeconômica da Sociedade Brasileira

bens duráveis e de conforto doméstico existentes no domicílio; c) variáveis de consumo domiciliar, agregadas em termos de 21 categorias de produtos ou serviços. Essas variáveis são as seguintes:

Variáveis geodemográficas e culturais:

- renda corrente mensal média;

- anos de educação do chefe da família (cinco categorias, que identificam o número de faixas que consideramos para essa variável);

- ocupação do chefe da família (oito categorias: empregado em empresa privada, empregado em organização pública, autônomo, empregador, empregado temporário na área rural, outra ocupação, aposentado, desempregado);

- número de dormitórios existente no domicílio (quatro categorias);

- número de banheiros existente no domicílio (quatro categorias);

- domicílio servido com água encanada ou não;

- forma de disposição do esgoto do domicílio (quatro categorias: rede pública, fossa séptica, tanque e outro tipo);

- se o local em que se encontra o domicílio é servido por rua pavimentada ou não.

A tabela 3.1 apresenta um breve sumário estatístico descritivo das variáveis geodemográficas e culturais, a partir dos dados expandidos para toda a população brasileira, contendo a distribuição observada expandida para cada uma das variáveis categóricas.

Com base nos resultados obtidos para as estatísticas geodemográficas dos domicílios brasileiros, observa-se que a renda mensal média dos domicílios é de cerca de R$ 2.770, com um desvio padrão de mais de R$ 4.000, confirmando a noção de que o Brasil é um país com grande desigualdade de renda, refletida na variabilidade relativamente alta dessa renda entre os diversos domicílios no país. Pouco mais da metade (52,8%) dos chefes de família brasileiros possuem menos de oito anos de estudo, dos quais mais da metade, ou 28% do total, não chegam a quatro anos de estudo, sendo que menos de 10% do total estudou por no mínimo 15 anos.

O domicílio típico brasileiro não possui mais do que dois dormitórios (77,6% possuem 1 ou 2 dormitórios), sendo que mais de um terço deles apresenta apenas 1 dormitório. Ainda que seja baixa a incidência de domicílios que não possuem banheiro, essa situação existe em alguns domicílios no Brasil (3,6% do total), ao passo que não mais que um quarto dos domicílios apresenta mais de um banheiro.

Em termos de infraestrutura, quase um terço (31,1%) dos domicílios do país não se localiza em rua pavimentada; se, por um lado, apenas 7,2% do total não têm acesso à água encanada, a rede pública de esgoto só chega a pouco mais da metade das moradias brasileiras. Entre os que não são servidos pela rede pública de esgoto, quase metade (22,3% do total de domicílios) se utiliza de tanques, 16,8% utilizam fossas sépticas e quase 10% tratam seu esgoto de maneira alternativa ou simplesmente não possuem alternativas de tratamento.

Tabela 3.1 – Dados geodemográficos e culturais dos domicílios brasileiros segundo informações da POF 2009

Indicadores	Categorias	Número de domicílios	% do total
Anos de estudo do chefe da família	0 a 3 anos	16.148.942	27,9
	4 a 7 anos	14.400.133	24,9
	8 a 10 anos	6.968.509	12,1
	11 a 14 anos	15.029.829	26,0
	15 ou mais anos	5.269.191	9,1
Número de dormitórios	1 dormitório	19.824.359	34,3
	2 dormitórios	25.015.176	43,3
	3 dormitórios	11.060.023	19,1
	4 ou mais dormitórios	1.917.046	3,3
Número de banheiros	Não possui banheiro	2.054.726	3,6
	1 banheiro	41.511.566	71,8
	2 banheiros	10.325.565	17,9
	3 banheiros	2.771.570	4,8
	4 ou mais banheiros	1.153.177	2,0
Água encanada	Não existe	4.166.105	7,2
	Existe	53.650.499	92,8
Tipo de esgotamento sanitário	Rede pública	30.286.528	52,4
	Fossa séptica	9.739.487	16,8
	Tanque	12.865.641	22,3
	Outro ou não tem	4.924.948	8,5
Pavimentação da rua	Não pavimentada	17.959.403	31,1
	Pavimentada	39.857.201	68,9
Total		**57.816.604**	**100,0**

A Estratificação Socioeconômica da Sociedade Brasileira

Variáveis referentes à quantidade existente no domicílio dos seguintes bens ou serviços:

Antena parabólica (1)

Aparelho de DVD (4)

Aparelho de som estereofônico (4)

Aparelho de ar-condicionado (4)

Aspirador de pó (2)

Automóvel (4)

Batedeira (3)

Bicicleta (4)

Computador (4)

Empregado doméstico (4)

Ferro de passar roupa (4)

Filtro de água (2)

Fogão (3)

Freezer (3)

Geladeira (3)

Lava-louça (2)

Liquidificador (3)

Máquina de costura (4)

Máquina de lavar roupa (3)

Micro-ondas (2)

Motocicleta (2)

Purificador de água (1)

Rádio (4)

Secador de cabelo (4)

Secadora de roupa (1)

Televisão em preto e branco (2)

Televisão em cores (4)

Ventilador (4)

O número entre parênteses representa o número de categorias que utilizamos para expressar a quantidade existente, no domicílio, de cada um desses itens de conforto doméstico.

A Tabela 3.2 apresenta o sumário estatístico descritivo das variáveis que representam a posse de bens duráveis, a partir dos dados expandidos para toda a população brasileira. Os resultados revelam que o bem durável mais presente nas casas brasileiras é o fogão, existente em pelo menos 97,8% dos domicílios. A geladeira e a TV em cores também são artigos presentes na quase totalidade dos domicílios, alcançando, respectivamente, 91,7% e 93,8%. A TV em cores é um caso particular, pois não somente está presente em quase todos os domicílios como é o bem durável pesquisado com o maior número médio de unidades por domicílio dentre todos aqueles analisados. Enquanto menos de 8% da população de domicílios possui mais de um fogão e menos de 4% possui mais de uma geladeira, quase 36% das casas brasileiras têm mais de uma TV em cores. Além desses três itens, também são relativamente comuns nas moradias brasileiras o ferro elétrico (78,7%), o liquidificador (78,2%), o aparelho de DVD (64,0%) e o ventilador (61,6%), sendo que este último, assim como a TV e a bicicleta, estão entre os itens com maior número médio de unidades nos domicílios em que são encontrados. Aproximadamente 44% dos domicílios que possuem ventiladores, apresentam mais de uma unidade desse bem, ao passo que em cerca de 36% das casas que têm bicicletas observa-se a existência de mais de uma unidade.

Os bens com menor incidência nos lares brasileiros, presentes apenas em uma parcela bem pequena deles (inferior a 5% do total), são a máquina de lavar louças (2,3%), a secadora de roupas (3,8%) e os purificadores de água (4,0%). Também são pouco comuns nas moradias o aparelho de ar-condicionado (8,5%), a contratação de empregados domésticos mensalistas (9,2%) e os aspiradores de pó (12,3%). É interessante notar também que a TV em preto e branco ainda podia, entre 2008 e 2009, ser encontrada em mais de um milhão de domicílios brasileiros, ou cerca de 2,0% do total. Ressaltamos que o número expandido de domicílios corresponde ao de respostas válidas e calculamos o percentual para cada uma das categorias de respostas em relação a esse número.

A Estratificação Socioeconômica da Sociedade Brasileira

Tabela 3.2 – Dados sobre a posse de bens duráveis e de conforto doméstico nos domicílios brasileiros a partir de informações da POF 2008-2009

Item	Número de domicílios					Porcentagem (%)				
	0	1	2	3	≥ 4	0	1	2	3	≥ 4
Empregado doméstico	52.526.171	4.744.333	447.529	76.797	21.773	90,8	8,2	0,8	0,1	0,0
Antena parabólica	42.852.935	14.627.533				74,6	25,4	0,0	0,0	0,0
Aparelho de ar-condicionado	52.569.392	3.440.085	972.819	351.588	144.997	91,5	6,0	1,7	0,6	0,3
Aparelho de DVD	20.684.534	33.194.549	3.029.152	475.511	96.723	36,0	57,7	5,3	0,8	0,2
Aparelho de som	27.688.797	26.971.546	2.360.202	360.036	98.301	48,2	46,9	4,1	0,6	0,2
Aspirador de pó	50.433.305	6.900.754	146.410			87,7	12,0	0,3	0,0	0,0
Automóvel	38.299.477	15.695.744	2.862.026	512.805	110.418	66,6	27,3	5,0	0,9	0,2
Batedeira	37.523.000	19.539.222	404.359	13.188		65,3	34,0	0,7	0,0	0,0
Bicicleta	33.300.291	15.428.888	6.036.702	1.997.063	717.525	57,9	26,8	10,5	3,5	1,2
Ferro elétrico	12.215.799	41.535.525	3.263.516	389.557	75.694	21,3	72,3	5,7	0,7	0,1
Filtro de água	37.784.598	19.045.808	650.063			65,7	33,1	1,1	0,0	0,0
Fogão	1.284.398	51.545.428	4.410.819	239.434		2,2	89,7	7,7	0,4	0,0
Forno de micro-ondas	41.447.044	15.861.433	171.992			72,1	27,6	0,3	0,0	0,0
Freezer	36.985.370	17.218.836	2.984.586	291.878		64,3	30,0	5,2	0,5	0,0
Geladeira	4.775.568	50.768.970	1.774.736	154.815		8,3	88,3	3,1	0,3	0,0
Liquidificador	12.541.343	42.952.937	1.858.183	126.419		21,8	74,7	3,2	0,2	0,0
Máquina de costura	46.501.954	9.976.944	671.214	203.459	126.899	80,9	17,4	1,2	0,4	0,2
Máquina de lavar louças	56.167.846	1.298.114	14.509			97,7	2,3	0,0	0,0	0,0
Máquina de lavar roupa	31.571.974	25.198.980	680.560	28.954		54,9	43,8	1,2	0,1	0,0
Microcomputador	41.204.928	14.146.723	1.686.390	317.743	124.685	71,7	24,6	2,9	0,6	0,2
Motocicleta	49.512.349	7.362.717	605.403			86,1	12,8	1,1	0,0	0,0
Purificador de água	55.200.823	2.279.646				96,0	4,0	0,0	0,0	0,0
Rádio	35.262.481	19.528.045	2.033.911	445.222	210.809	61,3	34,0	3,5	0,8	0,4
Secador de cabelo	47.746.447	14.332.939	1.192.006	175.657	33.229	75,2	22,6	1,9	0,3	0,1
Secadora de roupa	55.268.136	2.212.333				96,2	3,8	0,0	0,0	0,0
TV em cores	3.557.741	33.169.700	14.375.160	4.732.727	1.644.836	6,2	57,7	25,0	8,2	2,9
TV em preto e branco	56.304.721	1.116.827	58.921			98,0	1,9	0,1	0,0	0,0
Ventilador	22.045.780	19.751.995	9.666.164	4.045.446	1.969.298	38,4	34,4	16,8	7,0	3,4

Variáveis referentes ao valor gasto com o consumo de bens e serviços pelos residentes no domicílio:

- alimentação dentro do domicílio (mercearia, laticínios, carnes, frutas etc.);
- alimentação fora do domicílio (bar, lanchonete, restaurante etc.);
- artigos de limpeza (sanitários, descartáveis etc.);
- bebidas (refrigerantes, sucos, cerveja, destilados etc.);
- cuidados pessoais (higiene, beleza etc.);
- educação (mensalidade, livros, papelaria etc.)
- eletrodomésticos (cozinha, som, vídeo, TV etc.)
- fumo (tabaco e acessórios);
- habitação e material de construção (aluguel, condomínio, cimento, telha etc.).
- impostos e despesas financeiras (juros, tarifas, taxas etc.);
- investimentos (aquisição de imóveis e de automóveis);
- outras despesas (jogos, pensão etc.);
- produtos para manutenção da casa (decoração, cama, mesa e banho, utensílios etc.)
- saúde e medicamentos (plano de saúde, seguro saúde, remédios etc.);
- serviços de utilidade pública (água, esgoto, eletricidade etc.);
- serviços pessoais e profissionais (manicure, cabeleireiro, advogado etc.);
- telefonia fixa e móvel (contas, aparelho e acessórios);
- transporte e manutenção de automóvel (ônibus, trem, metrô, combustível etc.);
- uso pessoal (ótica, relógio, joias, bolsas, cintos etc.);
- vestuário (masculino, feminino e infantil);
- viagens, recreação e cultura (eventos, cinema, CDs, viagens etc.).

A POF 2008-2009 apresenta um excelente nível de detalhamento sobre os gastos referentes ao consumo de bens e serviços nos domicílios. Na POF, as diversas categorias de gastos levantadas estão reunidas em dezenas de agrupamentos de categorias de consumo. Uma decisão importante que tomamos na análise e na estratificação socioeconômica foi a reorganização dos agrupamentos da POF feita pelo IBGE em novos agrupamentos que fossem mais relevantes do ponto de vista prático na área de pesquisa de consumo. Nesse sentido, a Abep forneceu os subsídios que permitiram reorganizar as categorias da POF nas 21 variáveis referentes aos gastos com consumo de bens e serviços, conforme Tabela 3.3.

A Estratificação Socioeconômica da Sociedade Brasileira

Tabela 3.3 – Dados sobre os gastos anuais com o consumo de bens e serviços nos domicílios brasileiros a partir de informações da POF 2008-2009

Agrupamentos de categorias de gastos no estudo	Agrupamentos de categorias de gastos na POF
Grupo 1 – Gastos com alimentação no domicílio	Cereais, leguminosas e oleaginosas, farinhas, féculas, massa, tubérculos, raízes, óleos e gorduras
	Açúcares e derivados
	Legumes, frutas e verduras
	Carnes, vísceras, pescados, aves e ovos
	Leites e derivados
	Panificados
	Alimentos preparados, enlatados e conservas
	Sal, condimentos e outros
Grupo 2 – Gastos com alimentação fora do domicílio	Alimentação fora do domicílio
Grupo 3 – Gastos com bebidas	Bebidas e infusões
	Bebidas alcoólicas
	Bebidas fora do domicílio
Grupo 4 – Gastos com artigos de limpeza para a casa	Artigos de limpeza
Grupo 5 – Gastos com manutenção do lar	Manutenção do lar
	Mobiliários e artigos do lar
Grupo 6 – Gastos com eletrodomésticos	Eletrodomésticos
Grupo 7 – Gastos com vestuário	Vestuário
Grupo 8 – Gastos com higiene e cuidados especiais	Higiene e cuidados especiais
Grupo 9 – Gastos com saúde	Remédios
	Plano/seguro de saúde
	Consulta e tratamento dentário e médico
	Outras despesas médicas
Grupo 10 – Gastos com educação	Educação
Grupo 11 – Viagens, Recreação e Cultura	Viagens esporádicas
	Recreação e cultura
Grupo 12 – Gastos com fumo	Fumo
Grupo 13 – Gastos com joias e bijuterias	Joias e bijuterias
Grupo 14 – Gastos com habitação	Habitação
	Imóveis de uso ocasional
	Imóvel (reforma)
	Prestação de imóvel
Grupo 15 – Gastos com comunicação	Telefone fixo e celular, TV a cabo e internet
	Comunicação
Grupo 16 – Gastos com transporte	Transporte urbano
	Combustível, manutenção e acessórios para veículo próprio
	Outras despesas de transporte
Grupo 17 – Gastos com impostos e serviços bancários	Impostos e contribuições
	Serviços bancários
Grupo 18 – Gastos com serviços públicos	Energia, água, esgoto
Grupo 19 – Gastos com serviços pessoais e profissionais	Serviços pessoais
	Serviços profissionais
Grupo 20 – Gastos com despesas diversas	Despesas diversas
	Jogos e apostas
	Pensões, mesadas e doações
	Despesas correntes
Grupo 21 – Investimentos em aquisição de veículos e imóveis	Aquisição de veículos
	Aquisição de imóveis

A Tabela 3.4 apresenta o sumário estatístico descritivo das variáveis que representam os gastos com o consumo de bens e serviços nos domicílios, a partir dos dados expandidos para toda a população brasileira. Os itens que apresentam o maior valor para gasto anual médio entre os domicílios brasileiros são aqueles relacionados com os aspectos mais básicos da vida, compreendendo gastos relativos à moradia (média de R$ 5.122 anuais), à alimentação em casa (média de R$ 3.148 anuais), ao transporte e manutenção de automóveis (R$ 2.461 anuais) e a planos de saúde/compra de medicamentos (R$ 1.846 anuais). Entre essas categorias de gasto surge também, em papel de destaque, a categoria de investimentos, mais especificamente, na compra de imóveis e automóveis. É importante notar, no entanto, que essas categorias representam bens de valores muito elevados, bem maiores que os das demais categorias, evidenciando também valores bem mais altos, em termos relativos, para os respectivos desvios padrões, indicando que os gastos com esses bens são bastante desiguais entre os domicílios brasileiros.

Objetos de uso pessoal, como joias, relógios, bolsas, cintos, óculos etc., compõem a categoria que apresenta o menor gasto médio anual entre os domicílios brasileiros (média de R$ 66 anuais), com desvio padrão também relativamente alto quando comparado com o valor médio, indicando que seu consumo não ocorre de maneira uniforme entre as moradias brasileiras. Outros itens que estão entre os menores gastos médios observados nas casas brasileiras são aqueles com fumo e acessórios correlatos (R$ 139 anuais), artigos de limpeza (R$ 180 anuais), bebidas alcoólicas e não alcoólicas de maneira geral (R$ 448 anuais), dentre outros, não alcançando cada um desses nem sequer 10% do montante anual gasto com habitação, o item de maior valor.

A Estratificação Socioeconômica da Sociedade Brasileira

Tabela 3.4 – Dados sobre os gastos anuais com o consumo de bens e serviços nos domicílios brasileiros a partir de informações da POF 2008-2009

Item de consumo nos domicílios	Valor anual em R$	
	Média	Desvio padrão
Habitação e materiais de construção (aluguel, condomínio, reforma etc.)	5.122	7.847
Investimentos (aquisição de imóveis e de automóveis)	4.531	27.315
Alimentação no domicílio (mercearia, laticínios, carnes, frutas etc.)	3.148	3.493
Transporte e manutenção de automóvel (ônibus, metrô, combustível etc.)	2.461	4.260
Saúde e medicamentos (seguro, remédios etc.)	1.846	4.728
Alimentação fora do domicílio (bar, lanchonete, restaurante etc.)	1.465	2.845
Produtos para manutenção da casa (decoração, cama, mesa, banho, utensílios etc.)	1.356	5.880
Vestuário (masculino, feminino e infantil)	1.353	2.874
Outras despesas (jogos, pensão, bancos etc.)	1.305	4.310
Serviços de utilidade pública (água, esgoto, eletricidade etc.)	1.250	1.124
Telefonia fixa e móvel (contas, aparelho e acessórios)	1.016	1.588
Serviços pessoais e profissionais (manicure, cabeleireiro, advogado etc.)	949	2.924
Viagens, recreação e cultura (eventos, cinema, CDs, viagens etc.)	902	2.818
Impostos e despesas financeiras (juros, tarifas, taxas etc.)	857	3.223
Educação (mensalidade, livros, papelaria etc.)	778	2.708
Eletrodomésticos (cozinha, som, vídeo, TV etc.)	656	1.104
Cuidados pessoais (higiene, beleza etc.)	612	959
Bebidas (refrigerantes, sucos, destilados, cerveja etc.)	448	886
Artigos de limpeza (sanitários, descartáveis etc.)	180	435
Fumo (tabaco e acessórios)	139	428
Uso pessoal (ótica, relógio, joias, bolsas, cintos etc.)	66	318

Como já ressaltado anteriormente, quatro variáveis foram consideradas como ponto de partida para a estratificação dos domicílios:

- número de adultos no domicílio (variável contínua);

- número de crianças e adolescentes (menores de 18 anos) no domicílio (variável contínua);

- região geográfica em que se encontra o domicílio (variável categórica: N/NE, CO, SE/S);

- tipo de município em que se localiza o domicílio (variável categórica: capital/região metropolitana; interior; área rural).

Além dessas quatro variáveis condicionais, as seguintes variáveis também foram consideradas para avaliação do impacto da estratificação socioeconômica no consumo dos membros do domicílio:

- faixa etária do chefe da família (sete categorias);

- estado civil do chefe da família (três categorias);

- raça ou cor do chefe da família (cinco categorias);

- número de filhos residentes no domicílio, independente da idade (oito categorias).

Temos, assim, oito variáveis que foram utilizadas para avaliar o impacto que exercem no montante consumido nas diferentes categorias de consumo, além da estratificação socioeconômica.

Em síntese, entendemos que a estratificação socioeconômica da sociedade brasileira deve ser realizada a partir do conceito de renda permanente e não de renda corrente, utilizando como indicadores dados do domicílio e dos membros que nele residem. Também argumentamos que uma análise longitudinal dos estratos socioeconômicos deve focar as mudanças qualitativas dentro de cada estrato em termos culturais, de consumo e de acesso a serviços públicos, bens duráveis e conforto doméstico. Em nosso entender, a discussão dos tamanhos de classes socioeconômicas ao longo do tempo é controversa porque depende de como essas classes são definidas em cada período e no grau de comparabilidade dessas classes ao longo do tempo. Entendemos ainda que a estratificação socioeconômica deve levar em conta a composição do domicílio (número de adultos e de crianças) e a localização geográfica por região e por tipo de município em que o domicílio a ser estratificado está localizado, porque esses fatores afetam o custo e o estilo de vida dos moradores de um domicílio. Defendemos ainda que a validação de uma estratificação efetuada deve ser feita não somente com base nas variáveis constituintes do modelo de classes latentes ordinal, mas principalmente em termos dos gastos com consumo de diversas categorias de bens e serviços, dado que a segmentação de mercado é uma das principais aplicações comerciais da estratificação socioeconômica. Com isso, nossa compreensão do perfil que caracteriza cada estrato socioeconômico e que distingue um estrato de outro fica melhor clarificada e serve de base para efeito da ação de marketing por parte das empresas e de tomada de decisão em termos de políticas públicas. Concluindo, a base de dados disponível no Brasil que melhor se ajusta a esse conjunto de pressupostos metodológicos visando à construção de uma estratificação so-

A Estratificação Socioeconômica da Sociedade Brasileira

cioeconômica válida, confiável, generalizável e facilmente aplicável nas pesquisas sociais e de marketing realizadas no Brasil é a da POF/IBGE.

3.2 IDENTIFICAÇÃO DE ESTRATOS SOCIOECONÔMICOS "NATURAIS" NA SOCIEDADE BRASILEIRA

Para determinar empiricamente o número e a composição das classes socioeconômicas, aplicamos repetidamente o modelo de classes latentes ordinais, descrito no capítulo anterior, nos dados dos 36 indicadores medidos na amostra da POF 2008-2009, aplicando os pesos de projeção para a população de domicílios brasileiros, variando o número de classes de 6 a 15. O objetivo desses testes foi encontrar a solução com a melhor performance esperada em prever os valores observados dos indicadores de classe social e renda permanente na amostra da POF, levando em conta a ponderação que projeta a amostra à população de domicílios brasileiros. Como medida dessa performance preditiva esperada, utilizamos o critério de informação Bayesiano, comumente aplicado para determinar o número ideal de classes latentes (Wedel & Kamakura, 2001). A Tabela 3.5 mostra os valores obtidos com o modelo de classes latentes ordinais quando aplicado aos 36 indicadores de classe social e renda permanente, para um número de 6 a 15 classes.

Tabela 3.5 – Estatísticas de ajuste e performance preditiva para o modelo de classes latentes ordinais

Número de classes	Log-verossimilhança	Critério Bayesiano de informação	Número de parâmetros	Erro de classificação
6	-1850547,8	3706257	472	16,6%
7	-1848451,6	3702382	501	18,6%
8	-1846700,1	3699196	530	22,0%
9	-1845730,7	3697683	569	24,7%
10	-1844341,5	3695080	585	24,7%
11	-1843864,6	3694542	623	25,8%
12	-1843158,4	3693238	633	26,7%
13	-1842503,4	3692278	665	29,0%
14	-1842065,2	3691774	699	30,4%
15	-1841951,7	3692126	752	32,6%

Baseados no critério Bayesiano de informação (que mede a performance preditiva esperada do modelo), concluímos que a solução com 14 classes é a que melhor explica as associações observadas entre os 36 indicadores de classe social e renda permanente na amostra da POF. Esse critério indica a solução com o menor erro esperado, se essa solução fosse utilizada para prever os dados da POF 2008-2009. O erro de classificação (última coluna da Tabela 3.5) mede o grau de incerteza na classificação de cada domicílio nas classes latentes, que obviamente cresce com o número de classes (porque as chances de erro aumentam). A solução mais apropriada, de acordo com o critério Bayesiano, produz um erro de classificação da ordem de 30%, que serve como um patamar para o erro esperado quando o modelo for utilizado para classificar novos domicílios nas mesmas classes latentes.

Embora o modelo de classes latentes ordinais descrito no capítulo anterior e testado neste identifique o número e a composição "natural" definidos pelos indicadores observados na amostra, ele é muito flexível na classificação de domicílios nas classes latentes, gerando soluções desbalanceadas que, apesar de estatisticamente determinadas, podem não ter grande aplicabilidade na prática. A Figura 3.1 mostra as proporções da amostra (ponderada para representar a população brasileira) classificadas em cada classe latente.

Figura 3.1 – Distribuição da população em catorze classes latentes

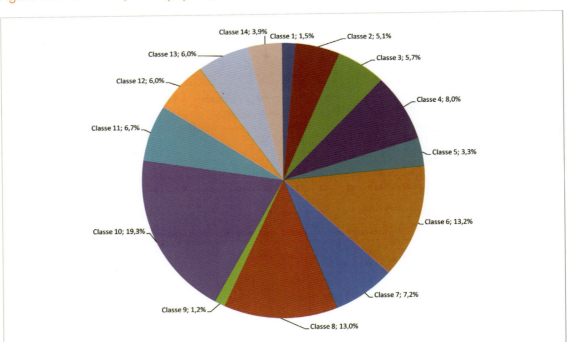

3.3 ESTRATIFICAÇÃO SOCIOECONÔMICA POR VINTE PERCENTIS OU VINTIS

A Figura 3.1 exemplificou os problemas na aplicação da estratificação por classes latentes na prática. Em primeiro lugar, a solução "ideal" define 14 estratos socioeconômicos, quando na prática deseja-se um número menor de estratos (por exemplo, o popular Critério de Classificação Econômica Brasil define oito estratos) para fins gerenciais. Portanto, seria necessário agregar esses estratos de alguma forma (baseado em intuição ou em dados externos) em um número mais manejável de estratos, sob a perspectiva gerencial. Em segundo lugar, vários estratos são muito pequenos (Classe 1 com 1,5%, Classe 9 com 1,2%) para representarem parcelas significativas da sociedade brasileira. Por esses motivos, decidimos por uma estratégia diferente na identificação e definição dos estratos socioeconômicos, estendendo o modelo de classes latentes ordinais com uma nova restrição que leva à definição de classes como percentis da população de domicílios brasileiros.

Para esse propósito, especificamos os tamanhos das classes π_s nas equações 2.1 e 2.2 por $\pi_s = {}^1\!/_S$. Em outras palavras, em vez de estimar as proporções π_s fixamos essas proporções dependendo do número de estratos a serem identificados. Como as classes latentes são ordinais por definição (por meio das restrições definidas no capítulo anterior), e agora também estão restritas a serem iguais em tamanho, essas classes representam percentis dentro da nossa amostra, e uma estimativa dos percentis na população, porque estimamos o modelo utilizando os pesos de projeção para a população. Considerando que o número ideal de classes irrestritas foi 14, decidimos estimar o modelo de percentis com 20 classes, obtendo portanto uma estratificação socioeconômica dos domicílios brasileiros em vintis. Uma vez que esses vintis sejam identificados (o que faremos a seguir), efetuaremos uma análise detalhada do perfil de cada vintil em termos socioeconômicos e de consumo, para decidir como agregar esses vintis em um número e composição mais prática de estratos socioeconômicos (o que será discutido no fim deste capítulo).

A aplicação do modelo de vintis latentes, descrito acima e no capítulo anterior resultou nas estimativas listadas nas Tabelas 3.6 e 3.7. A Tabela 3.6 apresenta as estimativas dos parâmetros das covariáveis, que ajustam os indicadores de classe social e renda permanente para o fato de as *necessidades de um domicílio* dependerem mais do número de adultos e de crianças/adolescentes nele, além das características específicas de sua localização (se fica em uma cidade menor do interior, na capital ou na área metropolitana ou então na zona rural; e, ainda, se o domicílio está situado na região Centro-Oeste, Norte-Nordeste ou Sul-Sudeste). As categorias tomadas como base para efeito de estimação foram a zona rural e a região Centro-Oeste, respectivamente. Olhando para essa tabela verificamos, por exemplo, que a renda mensal familiar tem coeficientes positivos para o número de adultos (248,3), cidade do interior (11,7) e capital/área metropolitana (23,1) em relação à zona rural, bem como na região Sul-Sudeste (70,9) em relação à região Centro-Oeste, indicando que domicílios com essa composição e localização tendem a ter maior renda corrente familiar. Domicílios com mais crianças (-5,8) e notadamente os da região Norte-Nordeste (-129,2) em relação à região Centro-Oeste tendem a ter uma renda corrente familiar menor, o que deve ser levado em conta ao definirmos os estratos socioeconômicos. Da mesma forma, domicílios com mais adultos (1,25) e crianças/adolescentes (0,68) precisam de mais dormitórios (o maior coeficiente para adultos decorre possivelmente de uma maior necessidade de eles terem um dormitório independente, ao passo que o menor coeficiente para crianças deriva de uma menor necessidade de elas terem um dormitório para cada uma, podendo, por exemplo, duas crianças dormirem no mesmo quarto). Nota-se ainda que domicílios localizados em cidades do interior (-0,11), capitais e áreas metropolitanas (-0,47), regiões Norte-Nordeste (-0,02) e Sul-Sudeste (-0,26) tendem a ter menos dormitórios do que os localizados na zona rural e Centro-Oeste, mantendo-se constantes todas as demais variáveis.

Em relação à água encanada, podemos verificar que não existem diferenças estatisticamente significativas entre as categorias de adultos e crianças/adolescentes – já que na maioria dos casos convivem em um mesmo domicílio –, indicando que a presença dessa característica é indistinta entre essas duas categorias. Existem, no entanto, diferenças expressivas em termos da presença de água encanada em domicílios localizados segundo o tipo de cidade e região geográfica. Domicílios localizados em áreas urbanas – capitais e regiões metropolitanas (0,82) e em cidades do interior (0,79) – apresentam maior incidência de água encanada do que os localizados na área rural. No que se refere às diferenças entre regiões, domicílios localizados nas regiões Sul-Sudeste (0,25) e Norte-Nordeste (-0,80) têm maior e menor acesso à água encanada, respectivamente, do que os localizados na região-base – a Centro-Oeste. Quanto à existência de rua pavimentada junto aos domicílios, não existem diferenças significativas entre as covariáveis

A Estratificação Socioeconômica da Sociedade Brasileira

adultos e crianças, da mesma forma que para a água encanada. Domicílios situados em capitais ou em municípios de regiões metropolitanas (1,46) e em cidades do interior (1,41) têm mais acesso ou são mais beneficiados com esse indicador comparativamente àqueles localizados na zona rural. Da mesma forma, domicílios localizados na região Sul-Sudeste (0,15) apresentam maior proporção de rua asfaltada, e os da região Norte-Nordeste (-0,06) revelam menor incidência, ambas comparativamente aos domicílios localizados na região Centro-Oeste. Verificamos, assim, que a covariável tipo de cidade diferencia mais que a região geográfica em relação às variáveis serviço de água encanada e rua asfaltada.

A quantidade média de empregados domésticos no domicílio é mais acentuada na região Norte-Nordeste (0,47) e em cidades do interior (0,31), possivelmente por uma menor remuneração paga a essa categoria profissional nessa região e nesse tipo de cidade e por maiores oportunidades de trabalho em outras ocupações e maior remuneração paga a empregados domésticos na região Sul-Sudeste e em capitais e regiões metropolitanas. A menor presença dessa categoria profissional é registrada na região Sul-Sudeste (-0,30), comparativamente à respectiva categoria-base. A existência de maior quantidade média de fogões no domicílio está relacionada à maior quantidade de adultos na casa (0,03) e à localização na região Sul-Sudeste (0,04); a menor, à localização na região Norte-Nordeste (-0,03), comparativamente à região Centro-Oeste; essa quantidade de fogões é também menor em domicílios de capitais e regiões metropolitanas (-0,13) comparativamente àqueles situados na área rural. A presença de uma maior quantidade de *freezers* está associada a domicílios com maior número de adultos (0,11) e aos localizados em área rural comparativamente às urbanas, e a menor na região Norte-Nordeste (-0,50) e em cidades do interior (-0,44). A presença de uma maior quantidade de geladeiras nos domicílios se verifica, em termos geográficos, mais nas capitais dos estados e regiões metropolitanas (0,05) e nas cidades do interior (0,04), e menos na região Norte-Nordeste (-0,08), que, embora mais quente, tem menor poder aquisitivo. Vale ressaltar ainda que a magnitude dos coeficientes relativos à categoria *freezer* (valores mais elevados) comparativamente aos da categoria geladeira (valores próximos a zero) indicam maior diferenciação na média das quantidades para as covariáveis do produto *freezer* do que de geladeira. Seguindo esse mesmo raciocínio, essa análise pode então ser feita categoria por categoria de produto pesquisada.

Outra forma de analisar a Tabela 3.6 é tomarmos por base as covariáveis e não os produtos. Assim, de maneira geral, os tipos de produtos domésticos que apresentam maior diferenciação positiva para o segmento de adultos são: motocicleta (0,24), máquina de costura (0,23), automóvel (0,17), bicicleta (0,14) e microcomputador (0,13). Isso indica que domicílios com mais adultos têm maior quantidade média desses produtos e, presumivelmente, maior necessidade deles. Em relação ao segmento de domicílios com crianças/adolescentes (menores de 18 anos), podemos verificar coeficientes positivos mais elevados para dois produtos: bicicleta (0,24) e aparelho de DVD (0,10). Em contraposição, os maiores coeficientes negativos para esse grupo referem-se a máquina de costura (-0,15) e aparelho de ar-condicionado (-0,10). Ou seja, domicílios com maior número de crianças/adolescentes tendem a ter menor quantidade de máquina de costura e de aparelhos de ar-condicionado e maior quantidade de bicicletas e de equipamento de DVD. Possivelmente domicílios com maior número de crianças/adolescentes tendem a encomendar trabalhos de costura externos, bem como a menor quantidade de aparelhos de ar-condicionado decorreria do fato de as moradias serem maiores e da não acomodação desses gastos no orçamento doméstico.

Quanto ao tipo de cidade em que os domicílios estão localizados, observamos que os situados em capitais e regiões metropolitanas apresentam maior diferenciação positiva do que os localizados na área rural para os seguintes tipos de produto: lava-louça (0,87), microcomputador (0,77), purificador de água (0,68), micro-ondas (0,64), aparelho de ar-condicionado (0,55), aspirador de pó (0,37), ventilador (0,34) e secador de cabelos (0,34). Os itens em que esse grupo de domicílios encontra-se negativamente associado comparativamente àqueles localizados na zona rural são: antena parabólica (-2,39), motocicleta (-1,50), automóvel (-0,49) e máquina de costura (-0,48). Esse resultado evidencia que essas categorias de produto apresentam maior necessidade para domicílios situados na área rural. De outra parte, o segmento formado por domicílios localizados em cidades do interior (fora de capitais e regiões metropolitanas) mostra-se positivamente mais associado, em relação àquele constituído por domicílios localizados na área rural, principalmente com microcomputador (0,69), purificador de ar (0,67), micro-ondas (0,45), ventilador (0,37), aspirador de pó (0,32), secador de cabelo (0,32) e aparelho de ar-condicionado (0,30). Os maiores coeficientes negativos do segmento formado por domicílios localizados em

A Estratificação Socioeconômica da Sociedade Brasileira

cidades do interior correspondem aos produtos: antena parabólica (-0,59), *freezer* (-0,44) e motocicleta (-0,42).

Continuando com a análise da Tabela 3.6, verificamos que os produtos com maiores coeficientes positivos na região Norte-Nordeste (em relação à Centro-Oeste) correspondem à quantidade de televisores em preto e branco (0,72), empregado doméstico (0,47) e aparelho de ar-condicionado (0,47). De outra parte, o segmento de domicílios que compõe a região Norte-Nordeste está negativamente associado em termos comparativos de quantidade em relação à região base Centro-Oeste, principalmente nos seguintes produtos: secadora de roupa (-1,12), lava-louça (-0,70), aspirador de pó (-0,54), automóvel (-0,52), máquina de lavar roupa (-0,50), micro-ondas (-0,48), purificador de água (-0,44), secador de cabelo (-0,39) e batedeira (-0,38). Constatamos, assim, que de 28 itens de conforto doméstico, em 9 deles a quantidade média possuída é maior do que a observada na região Centro-Oeste; em 18 produtos, inverte-se essa relação, ou seja, os coeficientes para o Norte-Nordeste são negativos relativamente aos da região base. Em apenas um produto (rádio) há uma igualdade de coeficientes entre ambas as regiões. Em síntese, considerada globalmente, a situação observada na região Norte-Nordeste é relativamente pior do que a existente na Centro-Oeste.

Na análise da região Sul-Sudeste, notamos que os maiores coeficientes positivos estão relacionados com os seguintes produtos: aspirador de pó (0,99), televisão em preto e branco (0,95), secadora de roupa (0,94), lava-louça (0,84) e rádio (0,45). Os produtos que apresentam os maiores coeficientes negativos são: motocicleta (-0,50), purificador de água (-0,40), empregado doméstico (-0,30) e filtro de água (-0,22). Em termos totais, podemos notar que, dos 28 itens de conforto doméstico considerados na pesquisa, em 18 deles temos um sinal positivo para os respectivos coeficientes. Para 9 produtos, o sinal é negativo, e em um produto (aparelho de ar-condicionado) o coeficiente é igual ao da região base (Centro-Oeste). Fica claro que a situação da região Sul-Sudeste é a melhor, já que a maioria dos coeficientes dos produtos é positiva; em seguida, vem a região Centro-Oeste e, na situação menos favorável, temos a região Norte-Nordeste, para a qual a maioria dos produtos apresenta coeficientes negativos.

Os resultados discutidos acima, para as covariáveis, representam correções nos indicadores de renda permanente, para levar em conta diferenças em razão da composição familiar e localização geográfica de cada domicílio. A Tabela 3.7 ("a" e "b") lista as estimativas para os parâmetros dos vintis de renda permanente, mostrando como as tendências nos indicadores dependem dos vintis, depois do ajuste feito pelas covariáveis. De acordo com o que discutimos anteriormente, a maioria desses parâmetros foi restrita, para variarem monotonicamente entre as classes latentes ou vintis. As exceções que não foram restritas são a ocupação do chefe de família, ferro de passar roupa, TV em preto e branco, estéreo, rádio, ventilador, máquina de costura, bicicleta, purificador de água, antena parabólica, secador de cabelo e batedeira, porque para esses indicadores não está claro que um maior número deles existente no domicílio indique uma maior renda permanente. A interpretação desses resultados fica mais fácil quando esses parâmetros são transformados no perfil estimado para cada indicador e vintil, como são listados na Tabela 3.8 ("a" e "b"). É importante notar que esse é o perfil *estimado*, baseado diretamente nas estimativas, obedecendo às restrições impostas nos parâmetros e no tamanho dos vintis. Esse perfil estimado nos fornece valiosa informação sobre as diferenças socioeconômicas entre os vintis. Essas diferenças ficam ainda mais evidentes quando representadas graficamente, como ilustrado na Figura 3.2 (Painéis "A" a "L"). A visualização dessas figuras, combinada com a análise do consumo dos domicílios dentro de cada vintil, será a base para o agrupamento dos vintis em um número menor de estratos socioeconômicos. Por exemplo, as duas primeiras figuras com os níveis de educação e acesso à água encanada e pavimentação de cada vintil (depois do ajuste por composição familiar e localização) mostra cinco patamares, sugerindo a existência de cinco estratos. Por outro lado, a figura seguinte, com a renda corrente mensal familiar, mostra oito patamares, sugerindo oito estratos. Esses resultados, combinados com os outros ilustrados na Figura 3.2, indicam que o número de estratos e sua composição em termos dos vintis deve ser uma decisão do pesquisador, dependendo dos patamares sugeridos pelos indicadores, e de outros fatores externos, como o comportamento de consumo dentro de cada vintil.

A Estratificação Socioeconômica da Sociedade Brasileira

Tabela 3.6 – Estimativas para as covariáveis do modelo de estratificação socioeconômica

Indicadores	Intercepto	Adultos	Crianças	Cidade interior	Capital – Reg. Metrop.	Norte-NE	Sul-SE
Até 3 anos de escola	0,11						
De 4 a 7 anos de escola	0,51						
De 8 a 10 anos de escola	0,02						
De 11 a 14 anos de escola	0,66						
15 ou mais anos	-1,30						
Renda corrente mensal média	2538	248,3	-5,8	11,7	23,1	-129,2	70,9
Empregado privado	3,22						
Empregado público	1,21						
Autônomo	4,24						
Empregador	-3,16						
Temporário na área rural	-6,24						
Outro emprego	-0,06						
Aposentado	-0,37						
Desempregado	1,17						
Dormitórios_4(1)	5,81	1,25	0,68	-0,11	-0,47	-0,02	-0,26
Dormitórios_4(2)	3,55						
Dormitórios_4(3)	-1,06						
Dormitórios_4(4)	-8,30						
Banheiros_4(0)	-1,00	0,23	-0,06	0,60	0,45	-0,09	-0,14
Banheiros_4(1)	5,85						
Banheiros_4(2)	2,93						
Banheiros_4(3)	-1,42						
Banheiros_4(4)	-6,36						
Água encanada (sim)	1,90			0,79	0,82	-0,80	0,25
Água encanada (não)	-1,90			-0,79	-0,82	0,80	-0,25
Esgoto (rede)	0,87						
Esgoto (fossa séptica)	-0,09						
Esgoto (tanque)	0,05						
Esgoto (outro)	-0,83						
Rua pavimentada (sim)	-0,75			1,41	1,46	-0,06	0,15
Rua pavimentada (não)	0,75			-1,41	-1,46	0,06	-0,15

Indicadores	Intercepto	Adultos	Crianças	Cidade interior	Capital – Reg. Metrop.	Norte-NE	Sul-SE
Ar-condicionado_4	-4,96	-0,03	-0,10	0,30	0,55	0,47	0,00
Aspirador de pó_2	-5,41	0,03	-0,06	0,32	0,37	-0,54	0,99
Automóvel_4	-1,48	0,17	-0,02	-0,28	-0,49	-0,52	0,02
Batedeira_3	-2,08	0,11	-0,01	0,00	-0,16	-0,38	0,13
Bicicleta_4	-1,07	0,14	0,24	0,12	-0,29	-0,20	-0,11
DVD_4	-0,99	0,08	0,10	0,20	0,26	0,18	0,02
Emp. doméstico_4	-2,73	-0,13	-0,05	0,31	-0,06	0,47	-0,30
Estéreo_4	-0,99	0,09	0,04	0,08	0,05	0,10	0,08
Ferro de roupa_4	-0,43	0,06	-0,02	0,11	0,14	-0,11	0,04
Filtro de água_2	-0,92	0,08	0,00	-0,08	-0,16	-0,23	-0,22
Fogão_3	0,05	0,03	0,00	-0,06	-0,13	-0,03	0,04
Freezer_3	-1,11	0,11	-0,02	-0,44	-0,27	-0,50	-0,02
Geladeira_3	-0,15	0,03	0,00	0,04	0,05	-0,08	0,01
Lava-roupas_3	-1,35	0,06	0,01	0,15	0,24	-0,50	0,11
Liquidificador_3	-0,41	0,06	0,00	0,03	0,01	0,06	-0,01
Lava-louça_2	-6,35	-0,01	0,00	0,61	0,87	-0,70	0,84
Máquina de costura_4	-2,42	0,23	-0,15	-0,20	-0,48	-0,16	-0,02
Microcomputador_4	-3,43	0,13	0,06	0,69	0,77	-0,21	0,08
Micro-ondas_2	-3,16	0,01	-0,04	0,45	0,64	-0,48	0,34
Motocicleta_2	-1,71	0,24	0,01	-0,42	-1,50	-0,14	-0,50
Parabólica_1	-0,76	0,09	-0,01	-0,59	-2,39	0,18	-0,18
Purificador de água_1	-5,03	-0,05	-0,06	0,67	0,68	-0,44	-0,40
Rádio_4	-1,06	0,09	-0,07	-0,22	-0,20	0,00	0,45
Secador de cabelo_4	-2,85	0,10	0,03	0,32	0,34	-0,39	0,33
Secadora de roupa_1	-4,52	-0,01	0,09	-0,17	-0,24	-1,12	0,94
TV em cores_4	-0,17	0,10	0,03	0,15	0,17	0,08	0,14
TV em preto e branco_2	-5,62	0,06	-0,04	-0,01	0,05	0,72	0,95
Ventilador_4	-0,80	0,10	0,00	0,37	0,34	0,27	0,08

Tabela 3.7.a – Estimativas dos parâmetros para os vintis – variáveis demográficas

Indicadores	1	2	3	4	5	6	7	8	9	10	11	12	13	14	15	16	17	18	19	20
Educação_5	2,03	2,03	2,03	0,23	0,23	0,23	0,23	0,23	-0,07	-0,07	-0,07	-0,07	-0,68	-0,68	-0,68	-0,68	-0,68	-0,68	-1,44	-1,44
Renda mensal média	13540	5752	2025	2025	282	282	-775	-775	-877	-1650	-1650	-1650	-1650	-1968	-2016	-2016	-2016	-2288	-2288	-2288
Renda mensal Desvio padrão	12557	4314	1901	2864	1096	1399	668	813	758	497	411	541	839	296	378	370	491	244	327	475
Empregado privado	-0,04	2,40	2,65	-2,15	-1,37	0,21	5,20	2,86	-9,99	-2,06	5,29	7,11	-2,43	-9,55	5,44	2,77	-3,47	2,14	-2,64	-2,36
Empregado público	2,02	4,06	4,45	-0,87	-0,32	1,59	5,53	3,16	-10,29	-2,29	5,46	7,44	-11,67	2,95	-8,22	2,38	-1,38	1,34	-2,99	-2,34
Autônomo	-0,90	0,68	0,36	-2,83	-2,48	-0,93	2,01	0,30	2,57	-2,14	2,71	3,56	-0,93	1,91	3,78	-1,09	-1,95	0,49	-2,67	-2,45
Empregador	6,40	7,25	6,73	4,18	3,17	4,91	8,66	6,23	-6,67	0,81	-7,18	-6,14	3,97	-8,05	-7,57	-8,39	2,01	-10,83	0,02	0,51
Temporário na área rural	-10,59	-9,09	-9,12	2,70	1,60	-9,25	7,19	-7,70	7,13	4,20	6,03	-2,37	6,79	-5,80	-2,54	-7,14	6,02	9,32	6,30	6,33
Outro emprego	-0,58	-12,34	-11,13	-1,25	-0,82	1,03	-8,53	3,34	5,79	0,46	6,49	-7,43	0,96	5,48	8,33	3,71	0,97	4,06	0,53	0,94
Aposentado	3,59	5,40	4,84	2,09	1,48	2,52	-8,64	-10,85	8,85	1,22	-7,82	-7,19	3,43	9,02	-6,37	5,63	-0,60	-9,23	1,93	0,72
Desempregado	0,11	1,63	1,22	-1,87	-1,27	-0,08	-11,41	2,66	2,63	-0,19	-10,97	5,02	-0,12	4,05	7,15	2,13	-1,59	2,72	-0,48	-1,35
Dormitórios_4	1,32	0,99	0,69	0,69	0,69	0,19	0,19	0,19	0,19	0,19	-0,33	-0,33	-0,33	-0,33	-0,33	-0,33	-0,33	-1,00	-1,00	-1,00
Banheiros_4	4,08	2,97	2,24	2,24	2,06	0,96	0,96	0,96	0,96	0,96	-0,70	-0,70	-0,70	-0,70	-0,82	-0,82	-0,82	-1,98	-2,00	-9,13
Água encanada (sim)	1,65	1,65	1,10	0,32	0,32	0,30	0,30	0,30	0,30	0,30	0,30	-0,11	-0,11	-0,11	-0,11	-0,94	-0,94	-0,94	-1,50	-2,07
Água encanada (não)	-1,65	-1,65	-1,10	-0,32	-0,32	-0,30	-0,30	-0,30	-0,30	-0,30	-0,30	0,11	0,11	0,11	0,11	0,94	0,94	0,94	1,50	2,07
Esgoto (rede)	1,72	1,72	1,72	0,65	0,59	0,57	0,57	0,57	0,57	0,41	0,41	0,41	0,41	0,41	0,41	-1,22	-1,22	-1,22	-1,24	-6,21
Esgoto (fossa séptica)	0,68	0,68	0,68	0,35	0,29	0,27	0,27	0,27	0,27	0,11	0,11	0,11	0,11	0,11	0,11	0,11	0,11	0,11	0,09	-4,83
Esgoto (tanque)	-0,42	-0,42	-0,42	-0,06	-0,05	-0,07	-0,07	-0,07	-0,07	0,09	0,09	0,09	0,09	0,09	0,09	0,91	0,91	0,91	0,93	-2,56
Esgoto (outro)	-1,98	-1,98	-1,98	-0,94	-0,83	-0,77	-0,77	-0,77	-0,77	-0,61	-0,61	-0,61	-0,61	-0,61	-0,61	0,21	0,21	0,21	0,23	13,60
Rua pavimentada (sim)	0,93	0,93	0,93	0,24	0,13	0,13	0,13	0,13	0,13	0,13	0,13	0,13	0,13	0,13	0,13	-0,84	-0,84	-0,84	-0,84	-1,07
Rua pavimentada (não)	-0,93	-0,93	-0,93	-0,24	-0,13	-0,13	-0,13	-0,13	-0,13	-0,13	-0,13	-0,13	-0,13	-0,13	-0,13	0,84	0,84	0,84	0,84	1,07

Valores não significantes estatisticamente ao nível de 5%.

Tabela 3.7.b – Estimativas dos parâmetros para os vintis – variáveis de bens e serviços

Indicadores	1	2	3	4	5	6	7	8	9	10	11	12	13	14	15	16	17	18	19	20
Ar-condicionado_4	4,86	3,50	3,50	3,50	3,36	1,79	1,79	1,79	1,79	1,79	0,72	-0,41	-0,41	-0,41	-0,41	-0,42	-0,42	-7,77	-9,02	-9,17
Aspirador de pó_2	3,93	3,56	3,25	3,25	3,25	2,09	2,09	2,09	2,09	2,09	0,67	-0,95	-0,95	-0,95	-0,95	-0,95	-0,95	-6,98	-7,15	-8,53
Automóvel_4	2,02	1,67	1,42	1,40	1,25	0,94	0,75	0,71	0,50	0,50	-0,21	-0,26	-0,26	-0,80	-0,80	-0,80	-0,80	-2,42	-2,42	-2,42
Batedeira_3	1,63	1,49	1,33	1,45	1,54	0,93	1,29	0,91	1,23	1,24	0,96	-0,51	-0,11	0,24	-0,22	0,52	0,32	-2,15	-10,11	-1,98
Bicicleta_4	0,58	0,52	-0,11	-0,18	0,67	-0,16	0,70	-0,60	-0,46	0,34	0,58	-0,67	-0,12	-1,17	-0,24	0,52	0,39	0,15	-0,65	-0,10
DVD_4	0,89	0,59	0,44	0,39	0,39	0,25	0,25	0,25	0,14	0,14	0,14	0,03	-0,26	-0,26	-0,26	-0,26	-0,26	-0,26	-1,17	-1,17
Emp. doméstico_4	2,95	2,09	1,59	1,59	0,84	0,48	0,48	0,48	0,48	-0,34	-0,34	-0,34	-0,34	-0,34	-1,37	-1,37	-1,37	-1,73	-1,73	-1,73
Estéreo_4	0,79	0,49	0,33	0,31	0,44	0,01	0,29	0,18	-0,02	0,14	0,15	-0,18	-0,21	-0,57	-0,28	-0,03	-0,03	-0,18	-1,06	-0,59
Ferro de roupa_4	0,49	0,39	0,22	0,25	0,31	0,12	0,23	0,15	0,18	0,19	0,14	-0,02	-0,04	-0,02	-0,06	0,00	-0,01	-0,33	-1,01	-1,18
Filtro de água_2	0,29	0,28	0,09	0,09	0,09	0,03	0,03	0,03	0,03	0,03	0,03	0,03	0,03	0,03	-0,06	-0,06	-0,06	-0,29	-0,29	-0,29
Fogão_3	0,12	0,05	0,05	0,05	0,05	0,02	0,02	0,02	0,02	0,02	0,00	0,00	0,00	0,00	0,00	0,00	0,00	-0,05	-0,11	-0,28
*Freezer*_3	1,61	1,25	1,12	1,12	1,12	0,63	0,63	0,63	0,63	0,63	-0,02	-0,49	-0,49	-0,49	-0,49	-0,49	-0,49	-2,02	-2,19	-2,19
Geladeira_3	0,24	0,11	0,10	0,10	0,10	0,07	0,07	0,07	0,07	0,07	0,06	0,01	0,01	0,01	0,01	0,01	0,01	-0,08	-0,41	-0,63
Lava-louça_2	3,84	2,56	2,09	2,09	1,81	-0,06	-0,06	-0,06	-0,06	-0,06	-0,06	-0,92	-0,92	-0,92	-0,92	-0,92	-0,92	-2,17	-2,17	-2,17
Lava-roupa_3	0,99	0,89	0,84	0,84	0,84	0,57	0,57	0,57	0,57	0,55	0,20	-0,32	-0,32	-0,32	-0,32	-0,32	-0,32	-1,11	-2,20	-2,20
Liquidificador_3	0,35	0,29	0,26	0,26	0,26	0,17	0,17	0,17	0,17	0,17	0,11	-0,05	-0,05	-0,05	-0,05	-0,05	-0,05	-0,27	-0,91	-0,91
Máquina costura_4	1,33	1,31	-0,13	1,34	1,69	0,44	0,91	-0,94	1,51	1,65	0,22	-3,17	0,57	1,09	0,19	0,79	0,99	-8,66	-0,82	-0,31
Microcomputador_4	2,76	2,41	2,21	1,96	1,96	1,53	1,53	1,53	1,02	1,02	0,90	-0,33	-0,39	-1,19	-1,19	-1,19	-1,19	-4,45	-4,45	-4,45
Micro-ondas_2	2,30	2,12	2,00	1,96	1,94	1,54	1,54	1,54	1,39	1,39	1,12	0,20	-0,17	-0,17	-0,48	-0,48	-1,09	-2,37	-7,13	-7,13
Motocicleta_2	0,33	0,21	0,77	0,64	0,76	0,51	0,58	0,87	-0,41	0,35	0,25	0,38	0,10	-1,75	-1,19	-0,27	0,33	-0,44	-1,64	-0,40
Parabólica_1	0,27	0,16	-0,07	0,51	0,55	-0,01	0,30	-0,05	0,38	0,33	0,01	-0,34	0,03	-0,10	-0,56	0,11	0,16	-0,19	-0,82	-0,67
Purificador de água_1	3,39	2,99	2,37	2,79	2,43	1,60	1,81	0,83	2,11	1,22	-0,56	-1,60	0,37	0,74	-0,26	0,66	0,09	-6,83	-9,04	-5,09
Rádio_4	0,33	0,63	-0,23	0,18	0,39	-0,16	0,01	-0,66	0,29	0,11	-0,27	-0,49	-0,07	0,20	-0,16	-0,06	-0,04	-0,40	0,18	0,22
Secador de cabelo_4	2,14	1,91	1,61	1,53	1,68	1,03	1,29	1,08	0,85	1,13	1,01	0,07	-0,95	-0,88	-0,04	-0,09	-0,14	-1,65	-10,03	-1,54
Secadora de roupa_1	2,58	1,66	1,50	1,50	1,50	0,56	0,56	0,56	0,56	0,56	0,26	-0,41	-0,41	-0,41	-0,41	-0,41	-0,48	-3,08	-3,08	-3,08
TV em cores_4	0,70	0,50	0,34	0,34	0,34	0,08	0,08	0,07	0,07	0,07	-0,03	-0,19	-0,19	-0,19	-0,19	-0,19	-0,19	-0,27	-0,57	-0,62
TV em preto e branco_2	1,38	1,16	-0,12	1,22	1,16	-0,92	1,41	-11,60	0,45	1,19	-1,95	0,19	0,72	0,73	-0,43	1,13	0,94	-0,35	1,96	1,73
Ventilador_4	0,83	0,72	0,43	0,62	0,78	0,02	0,41	0,12	0,35	0,37	0,13	-0,33	-0,42	-0,24	-0,33	0,05	-0,08	-0,47	-1,83	-1,15

Valores não significantes estatisticamente ao nível de 5%.

Tabela 3.8.a – Perfil estimado dos vintis – variáveis demográficas

Indicadores	1	2	3	4	5	6	7	8	9	10	11	12	13	14	15	16	17	18	19	20	Amostra
Tamanho da classe	5,0%	5,0%	5,0%	5,0%	5,0%	5,0%	5,0%	5,0%	5,0%	5,0%	5,0%	5,0%	5,0%	5,0%	5,0%	5,0%	5,0%	5,0%	5,0%	5,0%	5,0%
Até 3 anos de escola	0,1%	0,1%	0,1%	11,9%	11,9%	11,9%	11,9%	11,9%	21,0%	21,0%	21,0%	21,0%	45,1%	45,1%	45,1%	45,1%	45,1%	45,1%	70,1%	70,1%	27,7%
De 4 a 7 anos de escola	0,7%	0,7%	0,7%	22,3%	22,3%	22,3%	22,3%	22,3%	29,2%	29,2%	29,2%	29,2%	33,8%	33,8%	33,8%	33,8%	33,8%	33,8%	24,7%	24,7%	24,1%
De 8 a 10 anos de escola	3,2%	3,2%	3,2%	17,3%	17,3%	17,3%	17,3%	17,3%	16,6%	16,6%	16,6%	16,6%	10,4%	10,4%	10,4%	10,4%	10,4%	10,4%	3,6%	3,6%	11,6%
De 11 a 14 anos de escola	46,1%	46,1%	46,1%	41,2%	41,2%	41,2%	41,2%	41,2%	29,3%	29,3%	29,3%	29,3%	10,0%	10,0%	10,0%	10,0%	10,0%	10,0%	1,6%	1,6%	26,2%
15 ou mais anos	49,9%	49,9%	49,9%	7,4%	7,4%	7,4%	7,4%	7,4%	3,9%	3,9%	3,9%	3,9%	0,7%	0,7%	0,7%	0,7%	0,7%	0,7%	0,1%	0,1%	10,3%
Renda familiar mensal	$16.627	$9.839	$5.112	$5.112	$3.369	$3.369	$2.312	$2.312	$2.210	$1.437	$1.437	$1.437	$1.437	$1.119	$1.071	$1.071	$1.071	$799	$799	$799	$3.087
Empregado privado	18,1%	33,0%	40,5%	16,6%	31,8%	32,5%	73,9%	62,1%	0,0%	17,3%	66,9%	77,9%	3,7%	0,0%	34,3%	55,7%	4,8%	45,8%	11,0%	16,2%	32,1%
Empregado público	19,1%	23,2%	32,7%	8,0%	12,1%	17,3%	13,6%	11,2%	0,0%	1,8%	10,6%	14,6%	0,0%	1,0%	0,0%	5,0%	5,2%	2,8%	1,0%	2,2%	9,1%
Autônomo	21,4%	16,3%	11,5%	23,3%	29,2%	29,2%	8,5%	13,3%	15,0%	44,4%	14,2%	6,3%	45,7%	7,1%	18,2%	3,3%	61,4%	24,6%	29,9%	41,6%	23,2%
Empregador	19,3%	7,1%	4,1%	15,8%	5,1%	6,1%	4,0%	3,1%	0,0%	0,5%	0,0%	0,0%	3,7%	0,0%	0,0%	0,0%	2,0%	0,0%	0,3%	0,5%	3,6%
Temporário na área rural	0,0%	0,0%	0,0%	0,2%	0,1%	0,0%	0,0%	0,0%	0,0%	0,7%	0,0%	0,0%	2,9%	0,0%	0,0%	0,0%	5,0%	4,7%	6,5%	7,5%	1,4%
Outro emprego	0,4%	0,0%	0,0%	1,5%	2,1%	2,8%	0,0%	3,8%	5,1%	8,1%	8,3%	0,0%	4,1%	3,4%	23,1%	5,4%	15,3%	11,7%	9,8%	16,5%	6,1%
Aposentado	19,0%	18,3%	10,0%	31,8%	15,2%	9,0%	0,0%	0,0%	79,1%	12,7%	0,0%	0,0%	35,3%	85,8%	0,0%	26,8%	2,3%	0,0%	29,2%	9,7%	19,2%
Desempregado	2,7%	2,0%	1,3%	2,8%	4,5%	3,1%	0,0%	6,5%	0,7%	14,5%	0,0%	1,2%	4,7%	2,8%	24,4%	3,8%	4,1%	10,5%	12,3%	5,8%	5,4%
1 dormitório	13,7%	17,8%	22,1%	22,1%	22,1%	30,2%	30,2%	30,2%	30,2%	30,2%	39,6%	39,6%	39,6%	39,6%	39,6%	39,6%	39,6%	52,3%	52,3%	52,3%	34,2%
2 dormitórios	42,3%	44,5%	45,6%	45,6%	45,6%	45,4%	45,4%	45,4%	45,4%	45,4%	42,8%	42,8%	42,8%	42,8%	42,8%	42,8%	42,8%	36,7%	36,7%	36,7%	43,0%
3 dormitórios	35,2%	30,9%	26,9%	26,9%	26,9%	20,7%	20,7%	20,7%	20,7%	20,7%	15,1%	15,1%	15,1%	15,1%	15,1%	15,1%	15,1%	9,6%	9,6%	9,6%	19,3%
4 ou mais dormitórios	8,8%	6,9%	5,5%	5,5%	5,5%	3,7%	3,7%	3,7%	3,7%	3,7%	2,4%	2,4%	2,4%	2,4%	2,4%	2,4%	2,4%	1,4%	1,4%	1,4%	3,6%
Sem banheiro	0,0%	0,0%	0,0%	0,0%	0,0%	0,0%	0,0%	0,0%	0,0%	0,0%	0,1%	0,1%	0,1%	0,1%	0,1%	0,1%	0,1%	0,4%	0,4%	81,3%	4,1%
1 banheiro	3,9%	20,9%	41,1%	41,1%	46,3%	74,5%	74,5%	74,5%	74,5%	74,5%	94,1%	94,1%	94,1%	94,1%	94,7%	94,7%	94,7%	98,0%	98,0%	18,7%	70,0%
2 banheiros	23,6%	45,2%	44,4%	44,4%	42,3%	23,4%	23,4%	23,4%	23,4%	23,4%	5,8%	5,8%	5,8%	5,8%	5,1%	5,1%	5,1%	1,7%	1,7%	0,0%	17,9%
3 banheiros	37,0%	25,3%	12,4%	12,4%	10,0%	1,9%	1,9%	1,9%	1,9%	1,9%	0,1%	0,1%	0,1%	0,1%	0,1%	0,1%	0,1%	0,0%	0,0%	0,0%	5,4%
4 ou mais banheiros	35,6%	8,7%	2,1%	2,1%	1,5%	0,1%	0,0%	0,0%	0,1%	0,1%	0,0%	0,0%	0,0%	0,0%	0,0%	0,0%	0,0%	0,0%	0,0%	0,0%	2,5%
Água encanada	99,9%	99,9%	99,8%	99,1%	99,1%	99,0%	99,0%	99,0%	99,0%	99,0%	99,0%	98,0%	98,0%	98,0%	98,0%	91,5%	91,5%	91,5%	81,6%	65,8%	95,3%
Esgoto (rede)	83,8%	83,8%	83,8%	65,0%	64,0%	63,8%	63,8%	63,8%	63,8%	59,9%	59,9%	59,9%	59,9%	59,9%	59,9%	14,5%	14,5%	14,5%	14,1%	0,0%	52,6%
Esgoto (fossa séptica)	11,4%	11,4%	11,4%	18,5%	18,2%	18,2%	18,2%	18,2%	18,2%	17,1%	17,1%	17,1%	17,1%	17,1%	17,1%	21,1%	21,1%	21,1%	20,5%	0,0%	16,5%
Esgoto (tanque)	4,4%	4,4%	4,4%	14,0%	14,9%	14,9%	14,9%	14,9%	14,9%	19,1%	19,1%	19,1%	19,1%	19,1%	19,1%	53,5%	53,5%	53,5%	54,3%	0,0%	21,6%
Esgoto (outro)	0,4%	0,4%	0,4%	2,4%	2,8%	3,1%	3,1%	3,1%	3,1%	3,9%	3,9%	3,9%	3,9%	3,9%	3,9%	11,0%	11,0%	11,0%	11,2%	100,0%	9,3%
Rua pavimentada	90,9%	90,9%	90,9%	78,5%	75,6%	75,6%	75,6%	75,6%	75,6%	75,6%	75,6%	75,6%	75,6%	75,6%	75,6%	39,1%	39,1%	39,1%	39,1%	30,0%	68,4%

A Estratificação Socioeconômica da Sociedade Brasileira

Tabela 3.8.b – Perfil estimado para os vintis – variáveis de bens e serviços

Indicadores	1	2	3	4	5	6	7	8	9	10	11	12	13	14	15	16	17	18	19	20	Amostra
Tamanho da classe	5,0%	5,0%	5,0%	5,0%	5,0%	5,0%	5,0%	5,0%	5,0%	5,0%	5,0%	5,0%	5,0%	5,0%	5,0%	5,0%	5,0%	5,0%	5,0%	5,0%	
Ar-condicionado_4	1,30	0,33	0,33	0,33	0,29	0,06	0,06	0,06	0,06	0,06	0,02	0,01	0,01	0,01	0,01	0,01	0,01	0,00	0,00	0,00	0,15
Aspirador de pó_2	0,57	0,40	0,29	0,29	0,29	0,09	0,09	0,09	0,09	0,09	0,02	0,00	0,00	0,00	0,00	0,00	0,00	0,00	0,00	0,00	0,12
Automóvel_4	1,63	1,15	0,89	0,88	0,76	0,55	0,46	0,44	0,36	0,36	0,18	0,17	0,17	0,10	0,10	0,10	0,10	0,02	0,02	0,02	0,42
Batedeira_3	0,75	0,65	0,55	0,62	0,68	0,37	0,53	0,36	0,50	0,51	0,38	0,09	0,13	0,19	0,12	0,25	0,20	0,02	0,00	0,02	0,35
Bicicleta_4	1,01	0,95	0,51	0,47	1,11	0,48	1,14	0,31	0,36	0,79	1,01	0,29	0,50	0,18	0,44	0,95	0,83	0,66	0,29	0,51	0,64
DVD_4	1,59	1,18	1,01	0,97	0,97	0,84	0,84	0,84	0,75	0,75	0,75	0,67	0,51	0,51	0,51	0,51	0,51	0,51	0,20	0,20	0,73
Emp. doméstico_4	1,06	0,45	0,27	0,27	0,13	0,09	0,09	0,09	0,09	0,04	0,04	0,04	0,04	0,04	0,01	0,01	0,01	0,01	0,01	0,01	0,14
Estéreo_4	1,20	0,89	0,75	0,74	0,84	0,55	0,73	0,65	0,53	0,62	0,63	0,45	0,44	0,31	0,41	0,53	0,53	0,45	0,19	0,30	0,59
Ferro de roupa_4	1,31	1,18	0,99	1,02	1,09	0,90	1,00	0,93	0,96	0,97	0,92	0,78	0,77	0,79	0,75	0,80	0,79	0,57	0,29	0,25	0,85
Filtro de água_2	0,47	0,46	0,38	0,38	0,38	0,36	0,36	0,36	0,36	0,36	0,36	0,36	0,36	0,36	0,33	0,33	0,33	0,26	0,26	0,26	0,36
Fogão_3	1,19	1,12	1,12	1,12	1,12	1,08	1,08	1,08	1,08	1,08	1,06	1,06	1,06	1,06	1,06	1,06	1,06	1,01	0,95	0,80	1,06
Freezer_3	1,32	0,92	0,81	0,81	0,81	0,50	0,50	0,50	0,50	0,50	0,26	0,16	0,16	0,16	0,16	0,16	0,16	0,03	0,03	0,03	0,42
Geladeira_3	1,18	1,04	1,03	1,03	1,03	1,00	1,00	1,00	1,00	1,00	0,99	0,95	0,95	0,95	0,95	0,95	0,95	0,87	0,62	0,50	0,95
Lava-louça_2	0,25	0,07	0,04	0,04	0,03	0,01	0,01	0,01	0,01	0,01	0,01	0,00	0,00	0,00	0,00	0,00	0,00	0,00	0,00	0,00	0,02
Lava-roupa_3	0,89	0,80	0,76	0,76	0,76	0,58	0,58	0,58	0,58	0,57	0,40	0,24	0,24	0,24	0,24	0,24	0,24	0,11	0,04	0,04	0,44
Liquidificador_3	1,11	1,05	1,01	1,01	1,01	0,93	0,93	0,93	0,93	0,93	0,88	0,75	0,75	0,75	0,75	0,75	0,75	0,60	0,31	0,31	0,82
Máquina costura_4	0,36	0,35	0,08	0,36	0,51	0,15	0,23	0,04	0,43	0,49	0,12	0,00	0,17	0,28	0,11	0,21	0,26	0,00	0,04	0,07	0,21
Microcomputador_4	1,39	0,97	0,80	0,62	0,62	0,40	0,40	0,40	0,24	0,24	0,22	0,06	0,06	0,03	0,03	0,03	0,03	0,00	0,00	0,00	0,33
Micro-ondas_2	0,75	0,62	0,56	0,54	0,52	0,35	0,35	0,35	0,30	0,30	0,23	0,09	0,06	0,06	0,05	0,05	0,03	0,01	0,00	0,00	0,26
Motocicleta_2	0,18	0,16	0,28	0,24	0,27	0,21	0,23	0,30	0,09	0,18	0,16	0,19	0,14	0,02	0,04	0,10	0,18	0,08	0,02	0,09	0,16
Parabólica_1	0,33	0,30	0,24	0,42	0,44	0,25	0,34	0,24	0,37	0,35	0,25	0,18	0,26	0,23	0,14	0,28	0,30	0,21	0,11	0,13	0,27
Purificador de água_1	0,21	0,14	0,07	0,11	0,08	0,03	0,04	0,02	0,06	0,02	0,00	0,00	0,01	0,01	0,01	0,01	0,01	0,00	0,00	0,00	0,04
Rádio_4	0,60	0,81	0,34	0,52	0,64	0,37	0,44	0,22	0,58	0,48	0,33	0,27	0,40	0,53	0,37	0,41	0,42	0,29	0,52	0,54	0,45
Secador de cabelo_4	0,93	0,74	0,55	0,51	0,59	0,31	0,40	0,33	0,26	0,34	0,30	0,12	0,04	0,05	0,11	0,10	0,10	0,02	0,00	0,02	0,29
Secadora de roupa_1	0,22	0,09	0,08	0,08	0,08	0,03	0,03	0,03	0,03	0,03	0,02	0,01	0,01	0,01	0,01	0,01	0,01	0,00	0,00	0,00	0,04
TV em cores_4	2,78	2,26	1,93	1,93	1,93	1,49	1,49	1,48	1,48	1,48	1,33	1,14	1,14	1,14	1,14	1,14	1,14	1,06	0,78	0,74	1,45
TV em preto e branco_2	0,04	0,03	0,01	0,03	0,03	0,00	0,04	0,00	0,01	0,03	0,00	0,01	0,02	0,02	0,01	0,03	0,02	0,01	0,07	0,05	0,02
Ventilador_4	2,03	1,82	1,36	1,63	1,91	0,90	1,33	0,99	1,25	1,27	1,01	0,63	0,58	0,69	0,64	0,93	0,81	0,55	0,14	0,28	1,04

Figura 3.2 – Perfil dos vintis em termos dos indicadores de classe social e renda permanente
Painel A

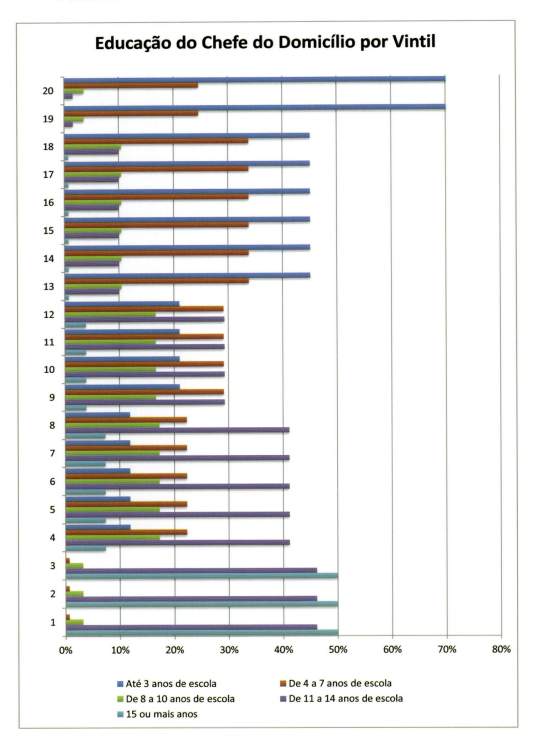

A Estratificação Socioeconômica da Sociedade Brasileira 107

Figura 3.2 – **Painel B**

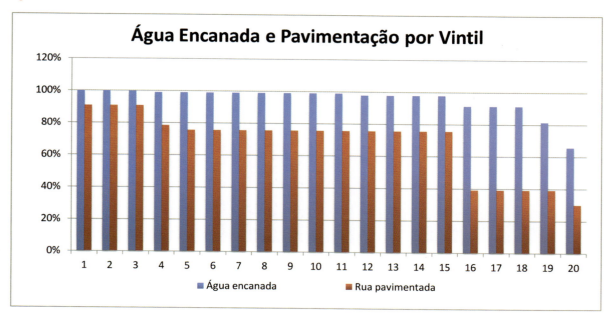

Figura 3.2 – **Painel C**

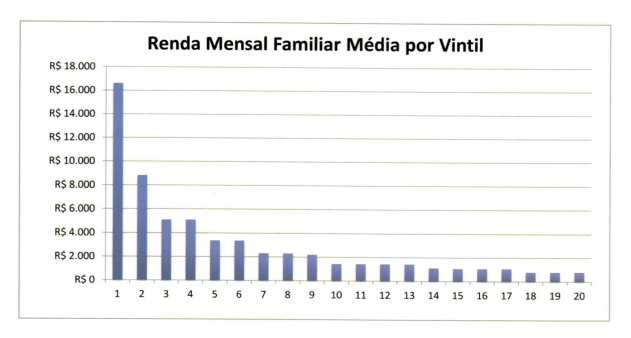

Figura 3.2 – **Painel D**

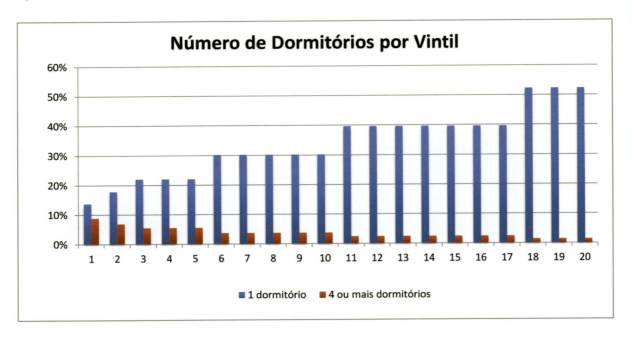

Figura 3.2 – **Painel E**

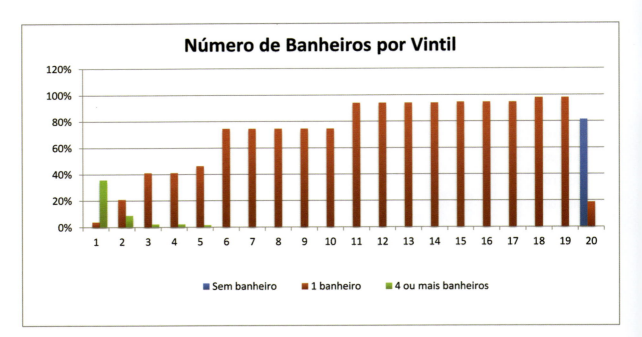

A Estratificação Socioeconômica da Sociedade Brasileira

Figura 3.2 – **Painel F**

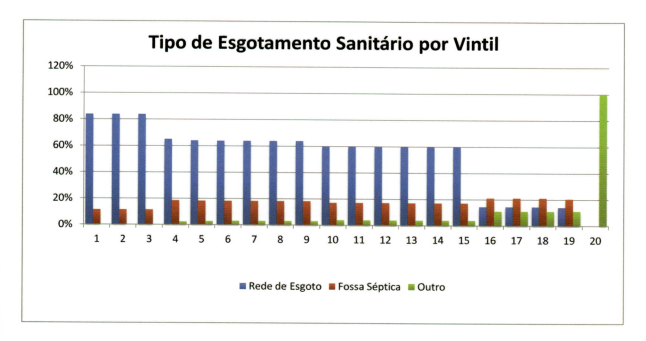

110 | Estratificação Socioeconômica e Consumo no Brasil

Figura 3.2 – **Painel G**

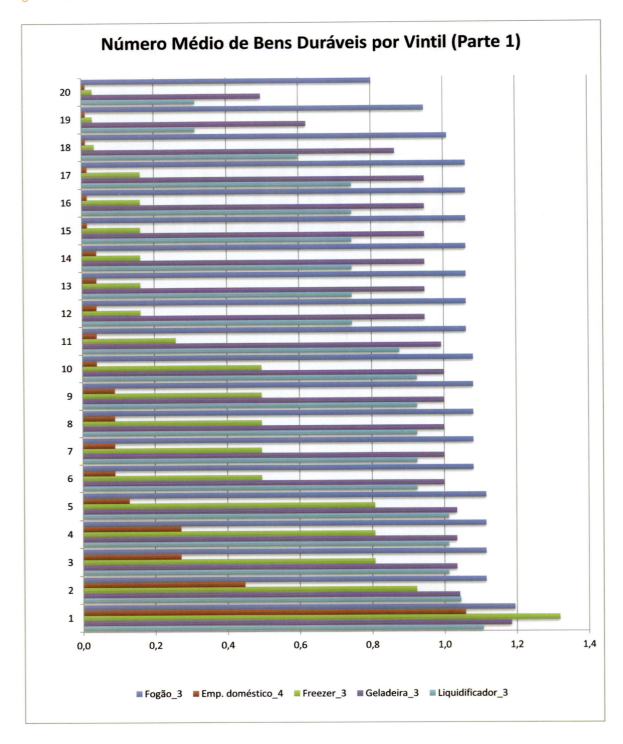

A Estratificação Socioeconômica da Sociedade Brasileira

Figura 3.2 – **Painel H**

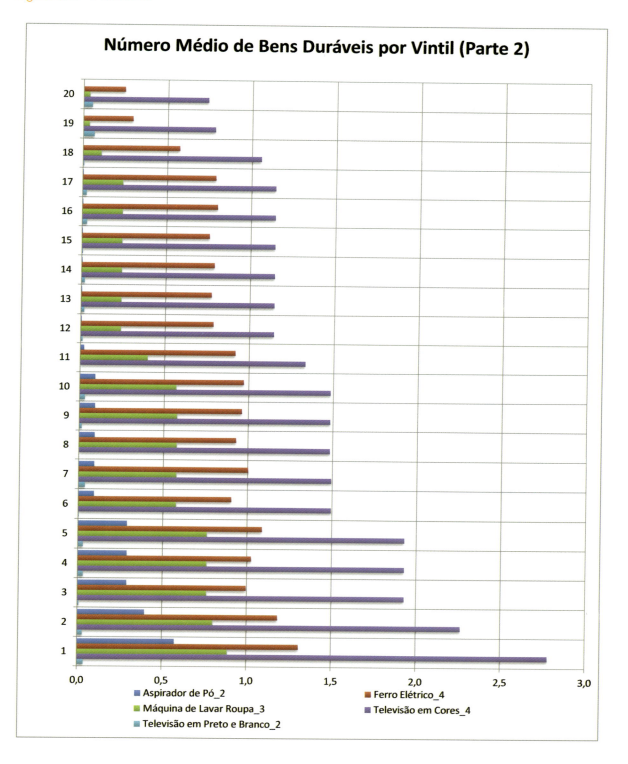

112 Estratificação Socioeconômica e Consumo no Brasil

Figura 3.2 – **Painel I**

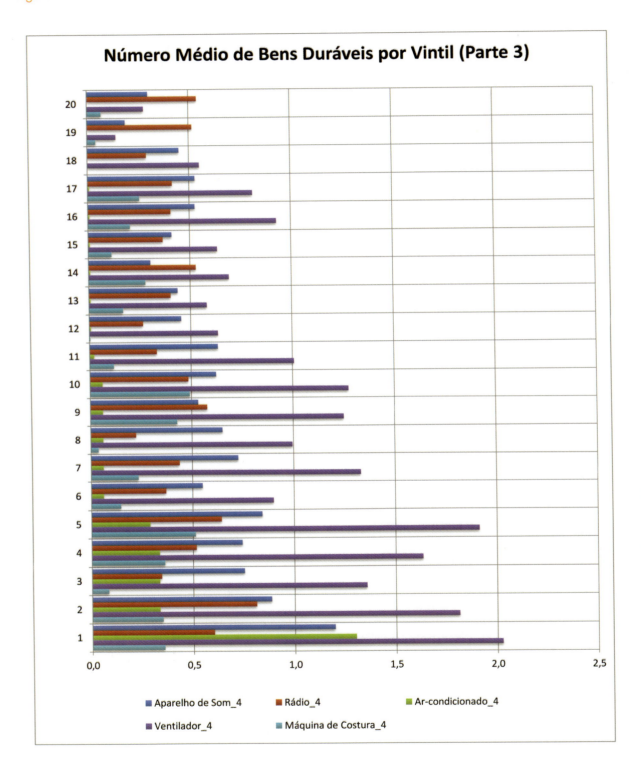

A Estratificação Socioeconômica da Sociedade Brasileira

Figura 3.2 – **Painel J**

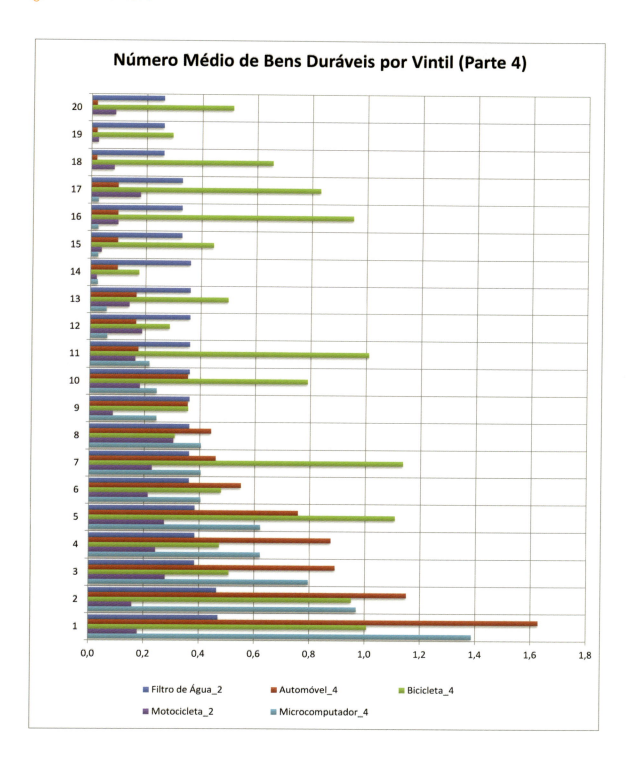

Figura 3.2 – **Painel K**

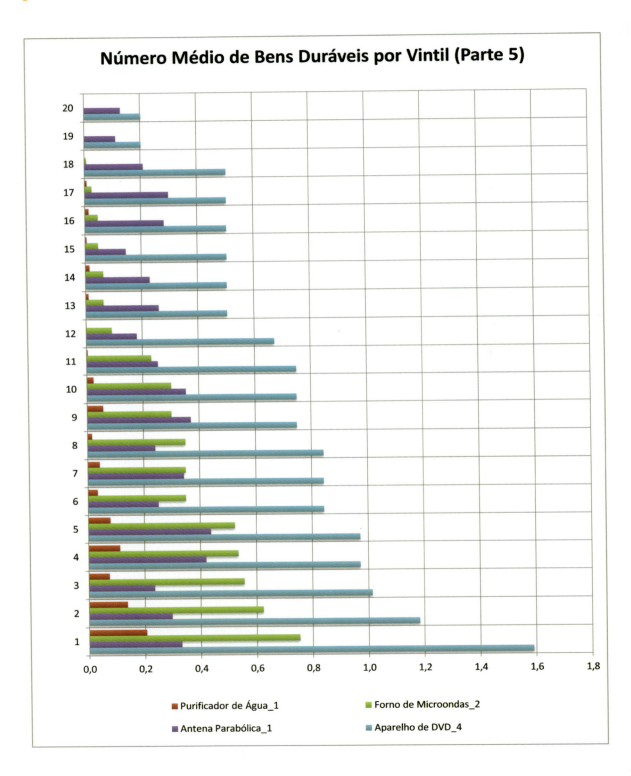

A Estratificação Socioeconômica da Sociedade Brasileira

Figura 3.2 – **Painel L**

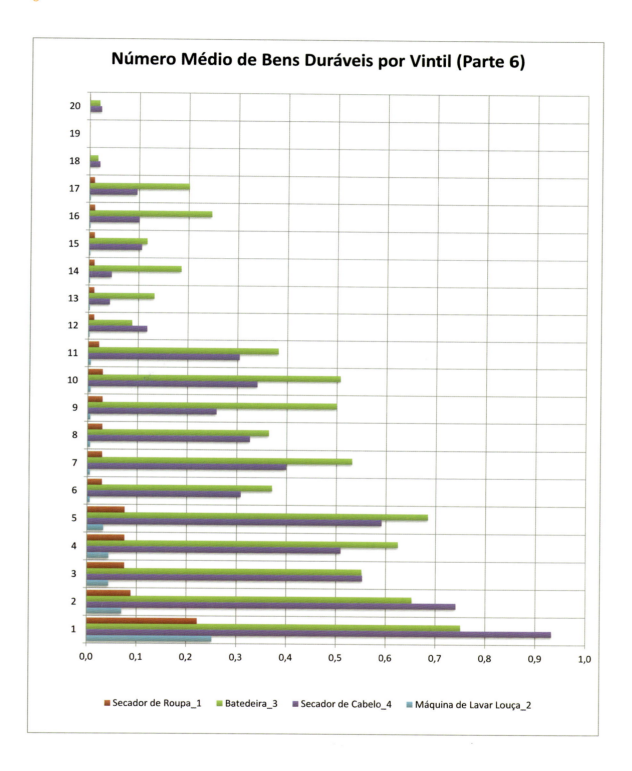

3.4 AGREGAÇÃO DOS VINTIS EM ESTRATOS SOCIOECONÔMICOS

Para auxiliar na decisão de agregar os vintis em estratos socioeconômicos, analisamos a seguir o comportamento de consumo de cada vintil, depois de levar em conta outros fatores, não incluídos na definição dos vintis, que também devem afetar o consumo. O objetivo dessa análise é entender como os domicílios dentro de cada vintil se comparam em termos de orçamento familiar nas várias categorias de consumo, após considerar fatores geodemográficos que tendem a influenciar o consumo nos domicílios. Em outras palavras, queremos comparar o consumo marginal dos vintis, depois de levar em conta o efeito no consumo decorrente da composição familiar (número de adultos e de crianças/adolescentes) e localização geográfica (tipo de município e região geográfica). Esse consumo marginal de cada vintil por categoria de consumo serve como informação adicional na agregação dos vintis em estratos socioeconômicos. Afinal, o objetivo principal na identificação desses estratos é exatamente a segmentação da população em classes socioeconômicas relativamente homogêneas em termos de consumo. Com esse objetivo em mente, utilizamos os dados de consumo coletados na POF 2008-2009 em um modelo linear geral multivariado, no qual as variáveis dependentes correspondem ao orçamento familiar anual em cada categoria de consumo e as variáveis exógenas são as características geodemográficas de cada domicílio e sua classificação nos vintis descritos anteriormente. Com essa análise, podemos fazer uma comparação mais equitativa dos vintis em termos de consumo marginal, já ajustado por diferenças em necessidades dos moradores de um domicílio em razão de distinções culturais, em composição familiar e localização geográfica. Os resultados desse modelo linear multivariado estão listados na Tabela 3.9.

A Estratificação Socioeconômica da Sociedade Brasileira

Tabela 3.9 – Estimativas do modelo linear geral multivariado de consumo por vintil

Previsores	Alimentação no domicílio	Alimentação fora do domicílio	Bebidas	Artigos de limpeza	Produtos para manutenção da casa	Eletrodomésticos	Vestuário	Cuidados pessoais	Saúde e medicamentos	Educação	Viagens, recreação e cultura	Fumo	Uso pessoal	Habitação e materiais de construção	Telefonia fixa e móvel	Transporte e manutenção de automóvel	Impostos e despesas financeiras	Serviços de utilidade pública	Serviços pessoais e profissionais	Outras despesas	Investimentos (aquisição de imóveis e automóveis)
Intercepto	114,0	-34,1	29,6	17,9	612,9	94,9	438,1	-220,8	-127,0	-545,0	-102,2	-3,4	-36,4	1888,2	-123,2	-325,9	177,9	-87,7	260,6	67,9	794,2
Adultos	569,2	145,4	70,0	29,2	48,4	31,7	233,4	126,4	406,2	146,6	127,6	48,2	8,9	118,8	141,5	539,2	63,7	226,8	-24,3	29,5	127,1
Crianças	319,8	64,2	7,0	11,9	55,1	30,0	157,2	50,5	-179,7	151,3	10,7	0,5	2,7	201,0	-8,7	45,6	62,5	71,4	-19,6	-65,8	43,7
Cidade – interior	380,7	131,3	6,9	-19,2	-42,5	14,3	168,2	77,4	88,8	109,9	33,7	23,7	11,2	212,4	140,0	415,4	81,7	285,0	24,8	78,8	871,3
Capital – Reg.metrop.	575,5	450,2	63,1	-56,7	-78,9	7,8	-4,6	61,5	99,2	271,3	86,1	36,3	8,4	1316,4	354,7	29,1	206,7	389,7	9,9	-67,2	-757,6
Norte-Nordeste	594,6	-38,5	59,6	9,2	-235,4	25,3	152,7	87,3	-43,6	9,7	-36,5	41,9	30,4	-855,0	-158,8	-324,0	-266,3	-312,7	-132,9	225,8	412,2
Sul-Sudeste	294,6	398,0	56,2	6,1	-10,8	39,0	103,6	-31,0	452,6	89,4	74,3	59,8	0,4	400,4	52,7	274,7	134,6	44,4	48,1	131,3	46,2
Vintil 1	5130,9	6157,1	841,0	452,9	6070,3	2226,0	4874,3	1661,9	9169,2	5544,3	6397,6	83,1	502,1	22179,7	4680,5	9674,0	7579,6	2795,2	8698,9	7675,7	45654,9
Vintil 2	3948,4	3447,3	713,5	340,6	3257,6	1301,8	2870,4	1152,7	4378,2	3188,7	3111,6	5,4	184,4	11936,3	2884,9	6422,9	2905,3	1370,3	3781,1	4678,6	18970,8
Vintil 3	2287,4	2094,6	443,8	150,1	1733,9	903,4	1965,7	808,0	2271,7	2128,3	1519,2	45,3	117,4	6641,4	1812,9	4163,3	1340,8	934,3	1910,7	2285,2	9351,2
Vintil 4	2954,9	1575,5	560,0	204,8	1943,4	807,4	2046,6	868,7	3190,7	1448,7	1526,3	14,4	154,8	7157,9	1746,1	4362,5	1450,2	1304,2	2383,6	3010,7	13243,4
Vintil 5	2662,3	1055,3	429,8	170,8	1567,1	762,8	1544,6	725,9	1455,6	1000,7	926,5	2,1	92,6	4226,8	1327,9	3147,4	811,2	1058,0	1019,4	1545,2	4495,1
Vintil 6	2315,9	1461,2	424,7	152,1	791,1	502,5	1451,8	621,6	981,6	921,2	952,5	-0,3	85,8	3302,2	1006,6	3146,7	459,5	692,2	803,0	2004,4	7128,3
Vintil 7	1828,3	742,0	275,0	125,7	652,0	550,2	1195,5	590,0	485,8	468,8	498,2	-22,2	62,3	2093,3	563,1	1700,4	192,6	626,5	391,8	1006,8	2413,0
Vintil 8	1292,2	832,2	275,7	95,2	624,4	555,4	1128,8	509,9	217,8	477,2	457,1	20,0	55,0	2120,4	598,1	1934,6	222,1	671,3	452,8	763,6	3726,2
Vintil 9	1877,2	97,2	192,3	119,4	555,9	357,3	662,0	368,1	1572,1	333,8	233,2	46,2	36,7	2607,6	606,2	841,2	133,2	774,1	620,5	879,5	1455,0
Vintil 10	1375,3	45,5	166,7	101,0	365,8	371,9	532,2	316,9	193,3	165,0	237,0	-17,4	35,3	1401,2	373,9	1207,0	226,5	665,8	260,0	442,3	1330,7
Vintil 11	971,1	138,8	116,6	77,3	220,0	382,9	663,2	372,0	-22,1	96,3	184,0	-16,5	35,9	555,8	227,2	634,6	-48,2	431,8	166,0	305,5	638,4
Vintil 12	836,1	263,4	157,8	55,3	81,4	184,3	571,8	375,3	51,8	41,4	160,3	-16,7	29,5	359,3	96,7	848,7	-87,0	359,5	123,6	344,2	882,4
Vintil 13	1013,7	189,3	189,5	76,9	102,4	132,5	474,9	286,4	291,3	30,1	133,0	2,4	27,2	794,8	120,3	796,0	-101,1	406,7	271,8	564,8	1305,1
Vintil 14	893,8	443,2	21,7	56,0	-14,8	33,3	137,8	141,2	454,3	67,4	-58,8	40,0	10,8	399,6	69,2	-133,0	-195,3	416,9	97,2	155,7	-51,8
Vintil 15	488,1	-140,9	27,4	37,9	-195,8	37,0	181,0	151,6	-104,5	42,1	-21,6	3,8	16,3	70,2	-19,5	123,7	-183,7	309,3	21,9	81,1	163,9
Vintil 16	857,3	82,1	82,4	90,8	76,6	210,6	279,9	212,8	-26,4	-34,0	24,0	-2,8	18,2	125,9	4,9	218,2	-125,8	226,3	62,3	166,2	375,2
Vintil 17	930,9	-83,4	94,7	64,9	180,7	165,5	270,0	185,0	18,1	12,2	77,0	2,4	15,3	347,2	37,7	469,5	-58,7	231,8	63,8	265,0	552,2
Vintil 18	304,2	215,6	21,6	39,6	-164,8	80,4	51,9	77,2	-200,2	43,2	29,5	3,1	4,5	348,4	-62,2	41,9	-138,6	137,2	-6,3	-14,1	44,4
Vintil 19	187,9	-314,5	17,6	14,6	-202,9	49,4	-68,9	-16,0	-61,7	-44,7	-76,8	-22,6	1,4	-253,9	-107,1	-190,1	-130,7	42,5	-21,5	17,8	-35,2
Vintil 20	0,0	0,0	0,0	0,0	0,0	0,0	0,0	0,0	0,0	0,0	0,0	0,0	0,0	0,0	0,0	0,0	0,0	0,0	0,0	0,0	0,0

Valores não significativos estatisticamente ao nível de 5%.

Dos resultados listados na Tabela 3.9, nosso interesse principal é nas estimativas dos efeitos dos vintis nas categorias de consumo. As estimativas e seus intervalos de confiança para as 21 categorias de consumo estão representados na Figura 3.3, mostrando as diferenças entre os vintis em termos de consumo marginal, que foi ajustado pelo modelo linear multivariado para diferenças culturais, de composição familiar e localização geográfica, que obviamente afetam o consumo, independente da posição socioeconômica.

Figura 3.3 – Consumo marginal (ajustado pela composição familiar e localização do domicílio) por vintil

Painel A

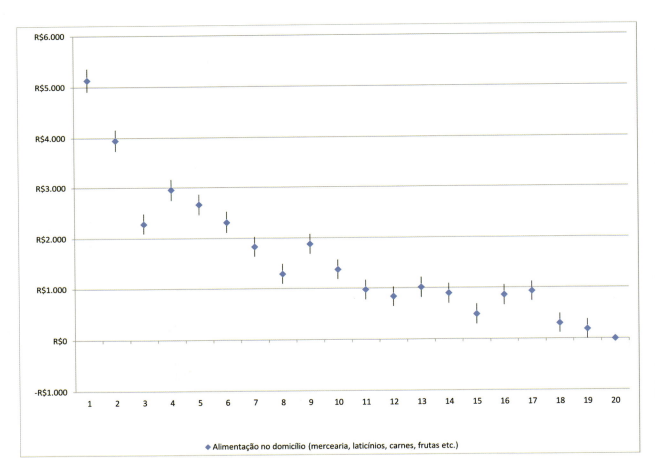

A Estratificação Socioeconômica da Sociedade Brasileira

Figura 3.3 – **Painel B**

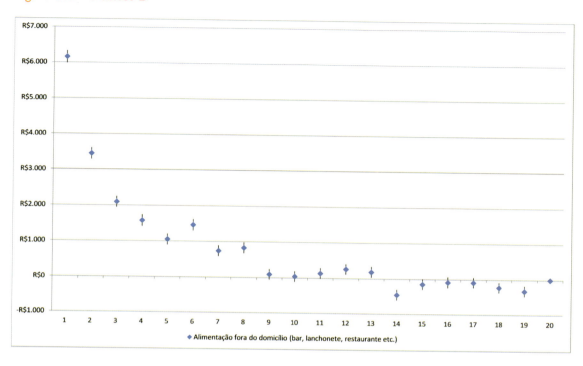

Figura 3.3 – **Painel C**

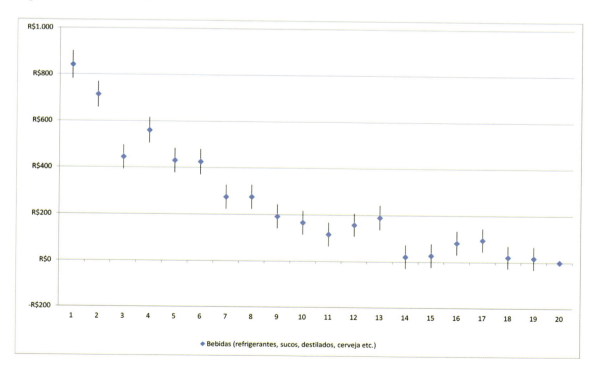

Figura 3.3 – **Painel D**

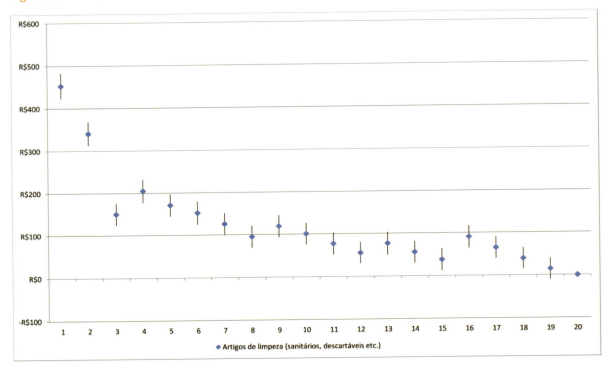

Figura 3.3 – **Painel E**

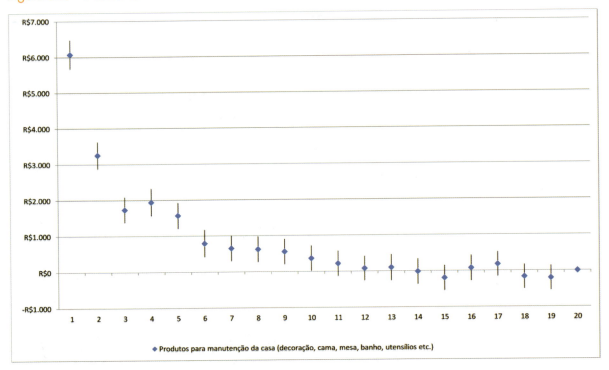

A Estratificação Socioeconômica da Sociedade Brasileira

Figura 3.3 – **Painel F**

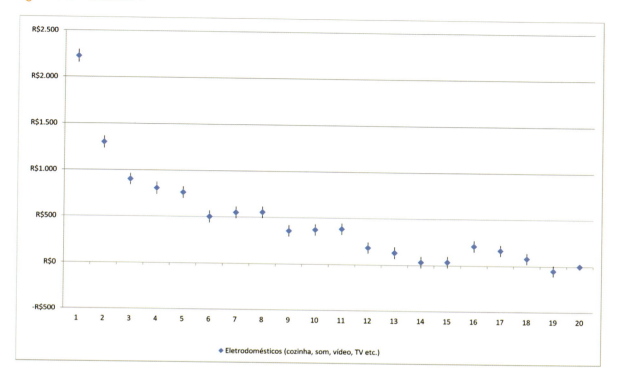

Figura 3.3 – **Painel G**

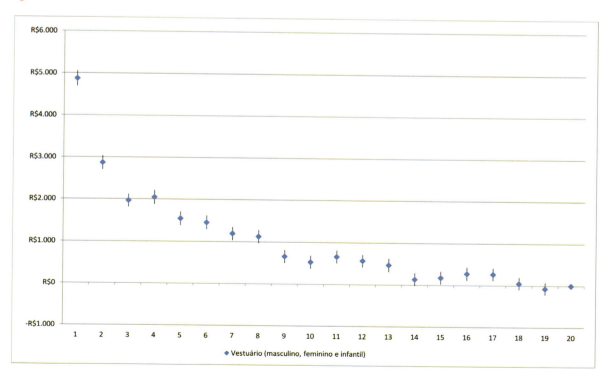

Figura 3.3 – **Painel H**

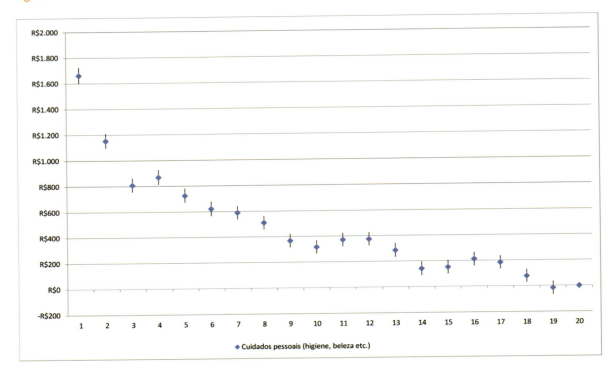

◆ Cuidados pessoais (higiene, beleza etc.)

Figura 3.3 – **Painel I**

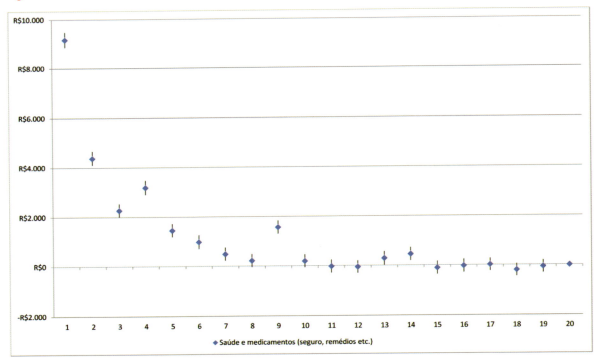

◆ Saúde e medicamentos (seguro, remédios etc.)

A Estratificação Socioeconômica da Sociedade Brasileira

Figura 3.3 – **Painel J**

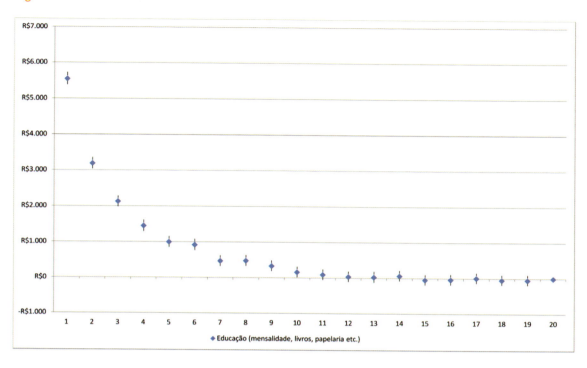

Educação (mensalidade, livros, papelaria etc.)

Figura 3.3 – **Painel K**

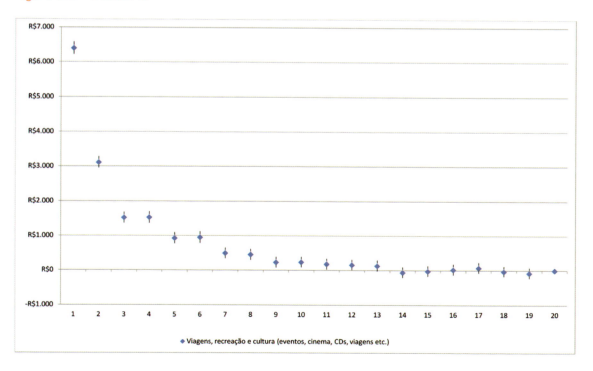

Viagens, recreação e cultura (eventos, cinema, CDs, viagens etc.)

124   Estratificação Socioeconômica e Consumo no Brasil

Figura 3.3 – **Painel L**

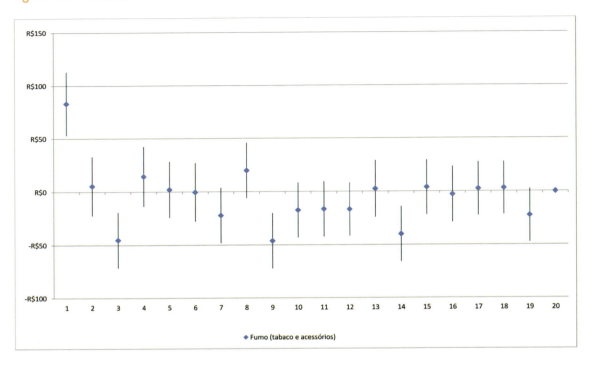

Figura 3.3 – **Painel M**

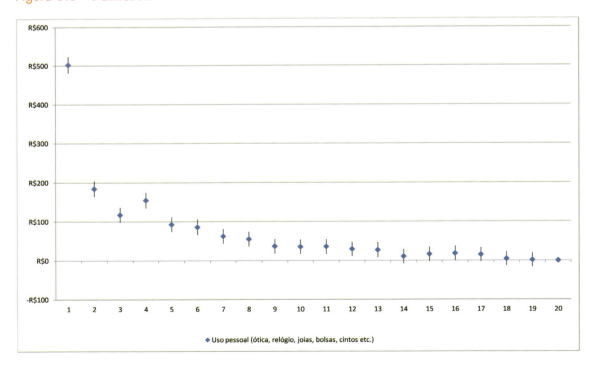

A Estratificação Socioeconômica da Sociedade Brasileira 125

Figura 3.3 – **Painel N**

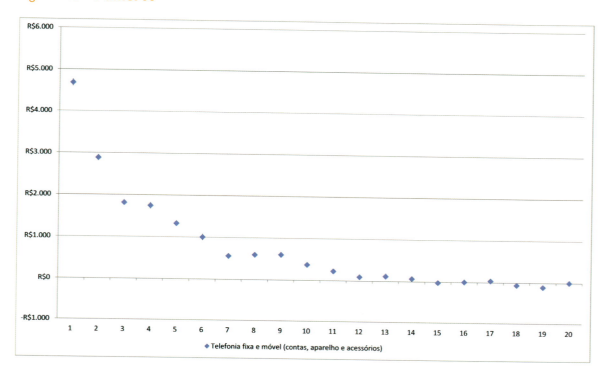

Figura 3.3 – **Painel O**

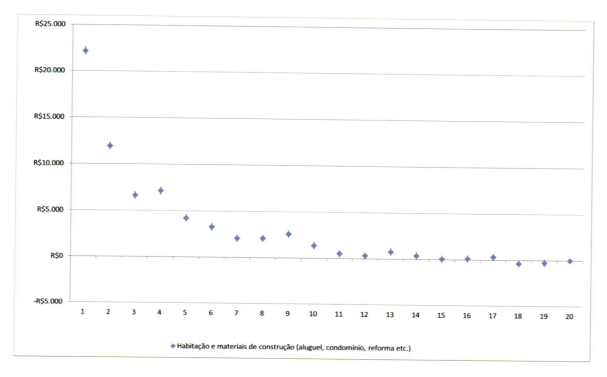

Figura 3.3 – **Painel P**

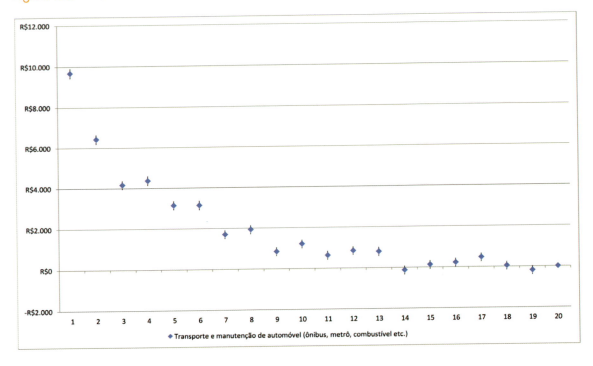

Figura 3.3 – **Painel Q**

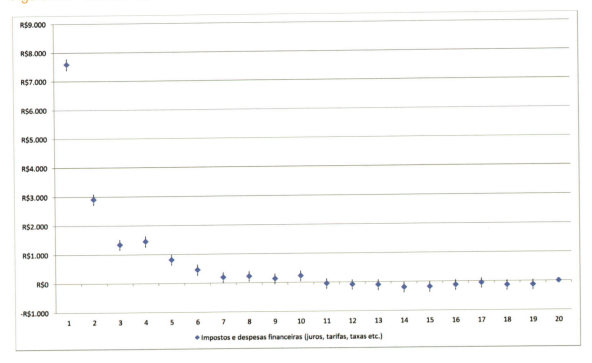

A Estratificação Socioeconômica da Sociedade Brasileira

Figura 3.3 – **Painel R**

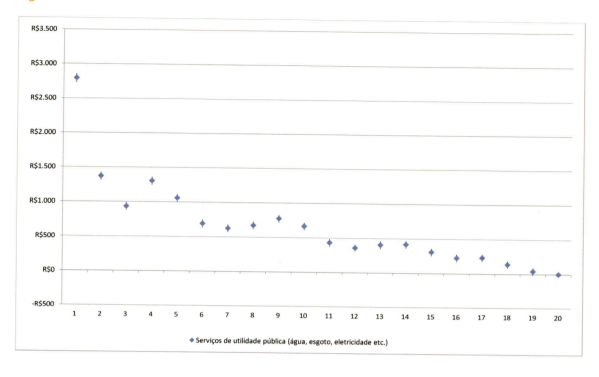

Figura 3.3 – **Painel S**

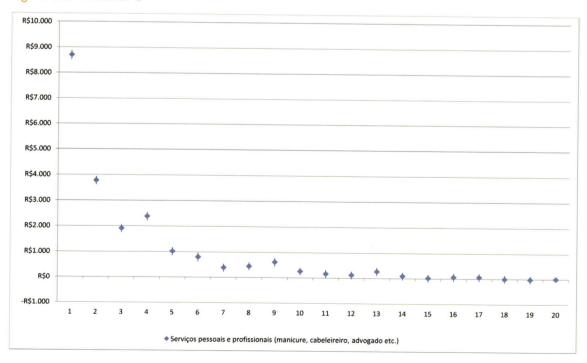

Figura 3.3 – **Painel T**

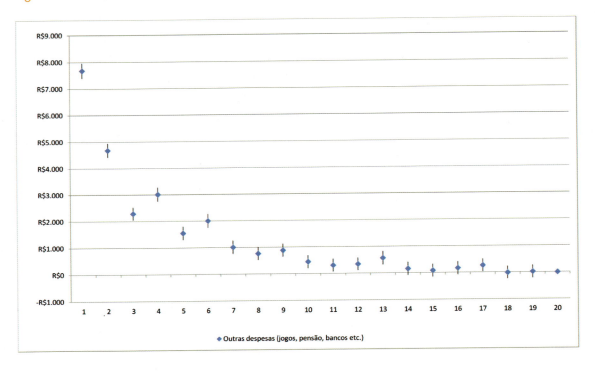

Figura 3.3 – **Painel U**

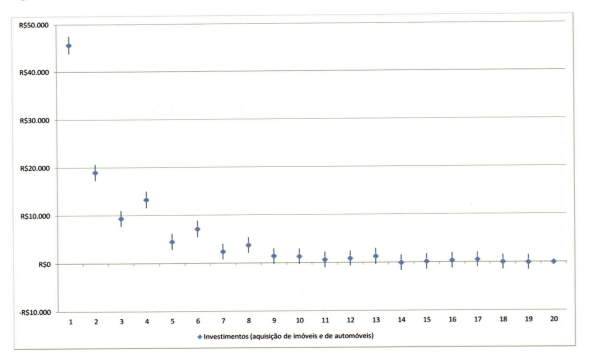

A Figura 3.3, de consumo marginal, combinada com a figura do perfil estimado dos vintis (Figura 3.2), formou a base da decisão de como agregar os vintis em estratos. Por exemplo, em nossa opinião, essas figuras sugerem diferentes agregações, sumarizadas na Tabela 3.10. Considerando a Figura 3.2 (Painel A), vemos que os três primeiros vintis (1 a 3) têm o patamar mais alto de domicílios com chefes de 15 ou mais anos de escola. O segundo patamar aparece para os vintis 4 a 8, com o mesmo percentual de domicílios com chefes de 11 a 14 anos de escola. O terceiro patamar está nos vintis 9 a 12, e assim por diante. Já com relação à renda (Figura 3.2.c), o primeiro vintil é claramente distante do segundo, que também está distante dos demais. Por outro lado, o terceiro e o quarto vintis formam um patamar, com a mesma estimativa para a renda média. Nossas conclusões em relação a esses patamares estão resumidas na Tabela 3.10.

Seguindo o mesmo procedimento, coletamos a opinião individual dos membros da Comissão de Classificação Socioeconômica da Abep e, combinando essas opiniões, chegamos a um consenso quanto ao número de estratos socioeconômicos e de como agregar os vintis nesse número de estratos, como documentado na Tabela 3.11, que contém a opinião dos membros da comissão, baseada em sua interpretação das Figuras 3.2 e 3.3. Esse consenso resultou em sete estratos socioeconômicos com o tamanho estimado (baseado em vintis) e projetado (baseado na classificação *a posteriori* dos domicílios) listado na Tabela 3.12. A razão da discrepância entre os dois resultados é que o tamanho estimado leva em conta as restrições do modelo de classes latentes (respostas ordenadas para a maior parte dos indicadores e tamanhos iguais para as vinte classes), ao passo que os tamanhos projetados foram obtidos das classificações *a posteriori* de cada domicílio, independente dos outros domicílios, e sem nenhuma restrição *a priori* no tamanho de cada estrato.

Tabela 3.10 – Agregação dos vintis em estratos socioeconômicos segundo a interpretação dos autores

Categoria	Vintil																			
	1	2	3	4	5	6	7	8	9	10	11	12	13	14	15	16	17	18	19	20
Alimentação fora do domicílio	1	2	3	3	3	3	4	4	5	5	5	5	5	6	6	6	6	7	7	7
Alimentação no domicílio	1	2	3	3	3	3	4	4	4	4	5	5	5	5	6	6	6	7	7	7
Artigos de limpeza	1	2	3	3	3	3	4	4	4	4	5	5	5	5	5	5	5	5	6	6
Automóvel	1	2	3	3	4	5	5	5	6	6	7	7	7	8	8	8	8	9	9	9
Banheiros	1	2	3	3	3	4	4	4	4	4	5	5	5	5	5	5	5	6	6	7
Bebidas	1	2	3	3	3	3	4	4	5	5	5	5	5	6	6	6	6	7	7	7
Cuidados pessoais	1	2	3	3	4	4	4	4	5	5	5	5	5	6	6	6	6	7	7	7
Dormitórios	1	2	3	3	3	4	4	4	4	4	5	5	5	5	5	5	5	6	6	6
Educação (1)	1	1	1	2	2	2	2	2	3	3	3	3	4	4	4	4	4	4	5	5
Educação (2)	1	2	3	4	5	5	6	6	6	7	7	7	7	7	7	7	7	7	7	7
Eletrodomésticos (1)	1	2	3	3	3	4	4	4	4	4	4	5	5	5	5	5	5	5	6	6
Eletrodomésticos (2)	1	2	3	3	3	4	4	4	4	4	5	6	6	6	6	6	6	7	8	8
Eletrodomésticos (3)	1	2	3	3	3	4	4	4	5	5	5	5	6	6	6	6	6	6	7	7
Eletrodomésticos (4)	1	2	3	3	3	4	4	4	5	5	5	6	6	6	6	6	6	6	7	7
Habitação e materiais de construção	1	2	3	3	4	4	5	5	5	5	6	6	6	6	6	6	6	7	7	7
Impostos e despesas financeiras	1	2	3	3	3	4	4	5	4	4	5	5	5	5	5	5	5	5	5	5
Investimentos (aquisição de imóveis e automóveis)	1	2	3	3	4	4	5	5	6	6	6	6	6	6	7	7	7	7	7	7
Microcomputador	1	2	3	4	4	5	5	5	6	6	6	7	7	8	8	8	8	8	8	8
Produtos para manutenção da casa	1	2	3	3	3	4	4	4	4	5	5	6	6	6	6	6	6	7	7	7
Renda mensal familiar	1	2	3	3	4	4	5	5	5	6	6	6	6	7	7	7	7	8	8	8
Saúde e medicamentos	1	2	3	3	3	4	4	4	4	5	5	5	5	5	5	5	5	5	5	5
Serviços de utilidade pública	1	2	2	2	2	3	3	3	3	3	4	4	4	4	5	5	5	5	7	7
Serviços pessoais e profissionais	1	2	3	4	4	4	5	5	5	6	6	6	6	6	6	6	6	6	6	6
Telefonia fixa e móvel	1	2	3	3	4	4	5	5	5	5	6	6	6	6	6	6	6	6	6	7
Transporte e manutenção de automóvel	1	2	3	3	4	4	5	5	6	6	6	6	6	7	7	7	7	7	7	7
Uso pessoal	1	2	2	2	4	3	4	4	5	6	5	6	5	6	6	6	7	7	7	7
Vestuário	1	2	3	3	4	4	5	5	6	6	6	6	6	7	7	7	7	7	7	7
Viagens, recreação e cultura	1	2	3	3	4	4	4	4	6	6	6	5	6	6	6	6	7	7	7	7
Outras despesas	1	2	3	3	3	3	4	4	4	5	5	5	5	6	6	6	6	7	7	7
Média	**1**	**2**	**29**	**3**	**35**	**37**	**44**	**44**	**49**	**51**	**54**	**55**	**55**	**59**	**61**	**61**	**61**	**65**	**67**	**67**

A Estratificação Socioeconômica da Sociedade Brasileira

Tabela 3.11 – Agregação dos vintis em estratos socioeconômicos segundo a interpretação dos membros da comissão da Abep

Categoria	Vintil																			
	1	2	3	4	5	6	7	8	9	10	11	12	13	14	15	16	17	18	19	20
Alimentação fora do domicílio	1,0	2,0	3,0	3,4	3,4	3,4	4,4	4,4	5,2	5,2	5,2	5,2	5,4	6,2	6,2	6,2	6,2	6,2	6,2	6,2
Alimentação no domicílio	1,0	2,0	3,0	3,0	3,0	3,1	4,0	4,0	4,0	4,0	4,9	4,9	4,9	4,9	4,9	4,9	4,9	5,8	5,8	6,5
Artigos de limpeza	1,0	2,0	3,0	3,0	3,0	3,0	3,0	3,0	3,3	3,4	4,0	4,0	4,0	4,0	4,0	4,5	4,5	4,8	4,9	5,4
Automóveis	1,0	2,0	3,0	3,0	4,0	5,0	5,0	5,0	6,0	6,0	7,0	7,0	7,0	8,0	8,0	8,0	8,0	9,0	9,0	9,0
Banheiros	1,0	2,0	3,0	3,0	3,0	4,0	4,0	4,0	4,0	4,0	5,0	5,0	5,0	5,0	5,0	5,0	5,0	6,0	6,0	7,0
Bebidas	1,0	1,8	2,8	2,8	2,8	2,8	3,8	3,8	4,5	4,5	4,5	4,5	4,5	5,5	5,5	5,5	5,5	5,8	5,8	6,1
Cuidados pessoais	1,0	2,0	3,0	3,0	3,5	4,1	4,1	4,3	5,1	5,1	5,1	5,1	5,1	6,1	6,1	6,1	6,1	6,5	7,1	7,4
Dormitórios	1,0	2,0	3,0	3,0	3,0	4,0	4,0	4,0	4,0	4,0	5,0	5,0	5,0	5,0	5,0	5,0	5,0	6,0	6,0	6,0
Educação	1,0	2,0	3,0	3,6	4,6	4,6	5,6	5,6	5,8	6,3	6,5	6,6	6,6	6,6	6,6	6,6	6,6	6,6	6,6	6,6
Eletrodomésticos (1)	1,0	2,0	3,0	3,0	3,0	4,0	4,0	4,0	4,0	4,0	4,0	5,0	5,0	5,0	5,0	5,0	5,0	5,0	6,0	6,0
Eletrodomésticos (2)	1,0	2,0	3,0	3,0	3,0	4,0	4,0	4,0	4,0	4,0	5,0	6,0	6,0	6,0	6,0	6,0	6,0	7,0	8,0	8,0
Eletrodomésticos (3)	1,0	2,0	3,0	3,0	3,0	4,0	4,0	4,0	5,0	5,0	5,0	6,0	6,0	6,0	6,0	6,3	6,3	6,3	6,6	6,6
Eletrodomésticos (4)	1,0	2,0	3,0	3,0	3,0	4,0	4,0	4,0	5,0	5,0	5,0	6,0	6,0	6,0	6,0	6,0	6,0	6,0	7,0	7,0
Habitação/material de construção	1,0	2,0	2,9	2,9	3,9	4,0	5,0	5,0	5,1	5,8	6,3	6,5	6,5	6,8	7,1	7,1	7,1	7,5	7,5	7,6
Impostos e despesas financeiras	1,0	2,0	3,0	3,0	4,0	4,6	5,4	5,6	5,6	5,6	6,6	6,7	6,7	6,7	6,7	6,7	6,7	6,7	6,7	6,6
Investimentos	1,0	2,0	3,0	3,0	4,0	4,0	5,0	5,0	6,0	6,0	6,0	6,0	6,0	7,0	7,0	7,0	7,0	7,0	7,0	7,0
Microcomputadores	1,0	2,0	3,0	4,0	4,0	5,0	5,0	5,0	6,0	6,0	6,0	7,0	7,0	8,0	8,0	8,0	8,0	8,0	8,0	8,0
Produtos de manutenção da casa	1,0	2,0	2,6	2,8	3,5	3,5	4,3	4,0	4,0	4,3	4,4	4,6	4,6	4,8	4,9	5,0	5,0	5,4	5,4	5,5
Produtos de uso pessoal	1,0	2,0	3,0	3,1	4,1	4,1	4,1	4,3	5,1	5,1	5,1	5,1	5,1	6,0	6,1	6,1	6,1	7,0	7,0	6,8
Saúde e medicamentos	1,0	2,0	3,0	3,1	4,1	4,1	4,1	4,1	4,1	4,9	5,0	5,0	5,0	5,0	5,3	5,3	5,3	5,3	5,4	5,3
Serviços de utilidade pública	1,0	2,0	2,1	2,1	2,1	3,1	3,1	3,1	3,1	3,1	4,1	4,1	4,1	4,1	5,1	5,1	5,1	6,0	6,9	5,3
Serviços pessoais	1,0	2,0	3,0	3,0	4,0	4,0	5,0	5,0	5,0	5,9	6,0	6,0	6,0	6,9	7,0	7,0	7,0	7,0	7,0	7,0
Telefonia fixa e móvel	1,0	2,0	3,0	3,0	4,6	4,6	5,5	5,6	5,8	6,5	6,9	7,8	7,9	8,0	8,6	8,8	8,9	9,0	9,0	9,0
Transporte e manutenção automóvel	1,0	2,0	3,0	3,0	4,0	4,0	5,0	5,0	6,0	6,0	6,3	6,3	6,3	7,1	7,3	7,3	7,3	8,1	8,3	8,3
Vestuário	1,0	2,0	3,0	3,0	3,9	4,0	4,3	4,3	5,3	5,3	5,3	5,3	5,3	6,1	6,1	6,1	6,1	7,0	7,1	7,1
Viagem, recreação e cultura	1,0	2,0	3,0	3,0	3,9	3,9	4,9	4,9	5,9	5,9	5,9	5,9	5,9	6,8	6,8	6,8	6,8	6,8	6,8	6,8
Outras despesas	1,0	2,0	3,0	3,0	3,9	3,9	4,9	4,9	4,9	5,9	5,9	5,9	5,9	6,9	6,9	6,9	6,9	7,8	7,8	7,8
Média	**1,0**	**2,0**	**2,9**	**3,0**	**3,5**	**4,0**	**4,4**	**4,4**	**4,9**	**5,1**	**5,4**	**5,6**	**5,7**	**6,1**	**6,2**	**6,2**	**6,2**	**6,6**	**6,8**	**6,9**
Desvio padrão	0,0	0,0	0,2	0,3	0,6	0,5	0,7	0,7	0,9	0,9	0,9	0,9	0,9	1,1	1,1	1,1	1,1	1,1	1,1	1,0
Estratos do consenso final	1	2	3	3	3	4	4	4	4	5	5	5	5	6	6	6	6	7	7	7

Tabela 3.12 – Tamanho estimado (em vintis) e projetado (por classificação *a posteriori*) dos estratos socioeconômicos

Estrato	Tamanho estimado		Tamanho projetado	
	Domicílios	Porcentagem	Domicílios	Porcentagem
1	2.890.830	5,0%	1.611.731	2,8%
2	2.890.830	5,0%	2.064.400	3,6%
3	8.672.491	15,0%	8.748.843	15,1%
4	11.563.321	20,0%	11.910.497	20,6%
5	11.563.321	20,0%	11.889.847	20,6%
6	11.563.320	20,0%	13.187.503	22,8%
7	8.672.491	15,0%	8.403.782	14,5%
Total	57.816.604	100,0%	57.816.604	100,0%

3.5 PERFIL DETALHADO DOS SETE ESTRATOS SOCIOECONÔMICOS

Os sete estratos obtidos por meio do processo interativo entre os membros da mencionada comissão da Abep, com base no perfil socioeconômico e de consumo das 20 classes latentes ordinais, representam os estratos socioeconômicos da sociedade brasileira a serem utilizados como base na segmentação de amostras em estudos de mercado, planejamento de mídia, localização de pontos de venda, estudos de potencial e de penetração de mercado, avaliação da satisfação de clientes, estudos de georeferenciamento de clientes e de potenciais clientes, dentre outros. Portanto, é essencial acumular um conhecimento detalhado desses sete estratos. As Tabelas 3.13.a e 3.13.b mostram o perfil bruto (médias e porcentagens obtidas diretamente dos dados, sem nenhuma correção por característica do domicílio) dos sete estratos socioeconômicos, em termos dos indicadores de renda permanente. A Tabela 3.13.a apresenta as médias de cada indicador por estrato, ao passo que a Tabela 3.13.b contém a penetração de bens duráveis e de serviços públicos em cada estrato.

Tomando por base a Tabela 3.13.a, podemos verificar, em termos educacionais e considerando a totalidade dos domicílios brasileiros, que apenas 9,1% dos chefes de família têm 15 ou mais anos de estudo. É possível notar diferenças expressivas quando consideramos esse indicador por estrato socioeconômico: enquanto no estrato mais abastado (1) essa proporção atinge 64,1% dos chefes de família, no estrato de menor nível

A Estratificação Socioeconômica da Sociedade Brasileira

socioeconômico (7) a proporção é tão somente de impressionantes 0,2%. Em relação a serviços públicos, o acesso à rede de esgoto é de 80,2% para o estrato 1 e de apenas 9,5% para o estrato 7. Rua pavimentada serve 94,6% dos domicílios do estrato 1, ao passo que essa característica atinge apenas 24,8% dos domicílios do estrato 7. Em termos de serviços públicos, o acesso à água encanada está mais equilibrado entre os estratos do que o acesso à pavimentação e à rede de saneamento básico. Analisando os resultados em relação à quantidade média de bens duráveis existentes por estrato socioeconômico, podemos constatar também diferenças expressivas, por exemplo, de 2,9 e 1,1 televisores em cores e geladeira para o estrato socioeconômico mais elevado (1), em contraposição a 0,6 e 0,4 para o estrato de nível mais baixo (7). Quando observamos o indicador renda corrente familiar mensal, o valor médio para o Brasil é de R$ 2.770, destacando-se que, no estrato 1, esse valor corresponde a R$ 17.603, ao passo que no estrato 7 é de apenas R$ 673.

Na Tabela 3.13.b podemos visualizar as taxas de penetração de mercado de um conjunto de itens de conforto doméstico, ou seja, a presença de pelo menos uma unidade de cada item nos domicílios brasileiros. É claro que esses itens estão diretamente relacionados com os estratos socioeconômicos, pois foram utilizados como indicadores; além do mais, impusemos restrições para que os estratos fossem ordinais em muitos desses indicadores. Não impusemos, porém, nenhuma restrição quanto aos valores dessas penetrações. Nos itens em que a penetração varia mais drasticamente entre os estratos estão o microcomputador, a lava-louça e o aparelho de ar-condicionado.

Tabela 3.13.a – Perfil bruto médio (sem correção pelas covariáveis) dos sete estratos socioeconômicos

Indicador	Estrato socioeconômico							Total
	1	2	3	4	5	6	7	
Até 3 anos de escola	4,0%	0,6%	8,6%	14,6%	19,7%	45,9%	61,6%	27,9%
De 4 a 7 anos de escola	2,4%	1,4%	15,0%	24,3%	29,3%	33,8%	25,9%	24,9%
De 8 a 10 anos de escola	2,6%	1,8%	10,2%	15,1%	17,6%	11,2%	7,5%	12,1%
De 11 a 14 anos de escola	26,9%	37,3%	42,7%	40,0%	31,4%	9,0%	4,8%	26,0%
15 ou mais anos	64,1%	58,9%	23,4%	6,0%	1,9%	0,1%	0,2%	9,1%
Renda mensal familiar	R$ 17.603	R$ 10.055	R$ 4.783	R$ 2.745	R$ 1.463	R$ 1.019	R$ 673	R$ 2.770
Dormitórios	2,4	2,3	2,2	2,0	1,8	1,8	1,7	1,9
Banheiros	3,2	2,4	1,8	1,3	1,1	1,1	0,8	1,3
Água encanada	100,0%	100,0%	99,7%	99,5%	99,1%	93,9%	62,3%	92,8%
Esgoto (rede)	80,2%	88,2%	70,9%	64,3%	63,2%	37,9%	9,5%	52,4%
Esgoto (fossa séptica)	15,0%	7,4%	17,4%	17,8%	16,4%	19,2%	14,5%	16,8%
Esgoto (tanque)	4,3%	4,0%	10,2%	14,3%	16,7%	36,1%	40,1%	22,3%
Esgoto (outro)	0,4%	0,3%	1,5%	3,6%	3,7%	6,8%	35,8%	8,5%
Rua pavimentada	94,6%	96,6%	88,1%	80,7%	80,7%	55,6%	24,8%	68,9%
Ar-condicionado_4	1,4	0,3	0,3	0,0	0,0	0,0	0,0	0,1
Aspirador de pó_2	0,6	0,5	0,3	0,1	0,0	0,0	0,0	0,1
Automóvel_4	1,6	1,3	0,9	0,5	0,2	0,1	0,0	0,4
Batedeira_3	0,7	0,7	0,7	0,5	0,3	0,1	0,0	0,3
Bicicleta_4	0,8	0,9	0,7	0,5	0,6	0,6	0,3	0,6
DVD_4	1,6	1,2	1,0	0,8	0,7	0,5	0,1	0,7
Empregado doméstico_4	0,9	0,4	0,2	0,1	0,0	0,0	0,0	0,1
Estéreo_4	1,1	0,9	0,8	0,6	0,5	0,4	0,1	0,5
Ferro de roupa_4	1,3	1,3	1,1	1,0	0,8	0,7	0,1	0,8
Filtro de água_2	0,4	0,5	0,4	0,3	0,3	0,3	0,1	0,3
Fogão_3	1,1	1,1	1,1	1,0	1,0	1,0	0,7	1,0
*Freezer*_3	1,4	1,0	0,9	0,5	0,3	0,1	0,0	0,4
Geladeira_3	1,1	1,1	1,0	1,0	0,9	0,9	0,4	0,9
Lava-louça_2	0,2	0,1	0,0	0,0	0,0	0,0	0,0	0,0
Lava-roupa_3	0,9	0,9	0,8	0,6	0,4	0,2	0,0	0,4
Liquidificador_3	1,0	1,0	1,0	0,9	0,8	0,7	0,2	0,8
Máquina de costura_4	0,3	0,4	0,3	0,2	0,2	0,2	0,0	0,2
Microcomputador_4	1,5	1,2	0,8	0,4	0,1	0,0	0,0	0,3
Micro-ondas_2	0,8	0,8	0,6	0,4	0,2	0,0	0,0	0,2
Motocicleta_2	0,0	0,1	0,2	0,2	0,1	0,1	0,0	0,1
Parabólica_1	0,1	0,2	0,3	0,2	0,2	0,3	0,0	0,2
Purificador de água_1	0,1	0,1	0,1	0,0	0,0	0,0	0,0	0,0
Rádio_4	0,5	1,0	0,5	0,4	0,3	0,4	0,2	0,4
Secador de cabelo_4	1,0	0,9	0,6	0,3	0,2	0,0	0,0	0,2
Secadora de roupa_1	0,2	0,1	0,1	0,0	0,0	0,0	0,0	0,0
TV em cores_4	2,9	2,4	2,0	1,5	1,3	1,1	0,6	1,4
TV em preto e branco_2	0,0	0,0	0,0	0,0	0,0	0,0	0,0	0,0
Ventilador_4	2,0	1,9	1,7	1,1	0,9	0,7	0,1	1,0

A Estratificação Socioeconômica da Sociedade Brasileira

Tabela 3.13.b – Perfil bruto (sem correção pelas covariáveis) da penetração de bens duráveis e serviços públicos nos sete estratos socioeconômicos

Indicador	Estrato socioeconômico							Total
	1	2	3	4	5	6	7	
Banheiros_4	100,0%	100,0%	100,0%	99,9%	99,9%	100,0%	75,9%	96,4%
Água encanada	100,0%	100,0%	99,7%	99,5%	99,1%	93,9%	62,3%	92,8%
Rua pavimentada	94,6%	96,6%	88,1%	80,7%	80,7%	55,6%	24,8%	68,9%
Ar-condicionado_4	65,8%	23,2%	27,5%	5,3%	2,3%	0,6%	0,0%	8,5%
Aspirador de pó_2	66,9%	51,8%	37,2%	10,3%	3,3%	0,3%	0,0%	12,3%
Automóvel_4	93,3%	86,9%	75,7%	46,6%	21,2%	8,8%	1,2%	33,4%
Batedeira_3	77,1%	66,9%	67,0%	47,0%	30,7%	17,1%	0,5%	34,7%
Bicicleta_4	49,0%	49,9%	43,2%	36,5%	45,5%	41,8%	41,1%	42,1%
DVD_4	95,3%	89,2%	84,0%	74,8%	69,7%	49,6%	29,8%	64,0%
Empregado doméstico_4	70,0%	36,5%	18,8%	8,0%	3,7%	2,1%	1,0%	9,2%
Estéreo_4	84,0%	70,9%	67,1%	57,5%	54,2%	41,2%	30,0%	51,8%
Ferro de roupa_4	97,2%	97,1%	94,6%	91,8%	85,0%	75,4%	31,3%	78,7%
Filtro de água_2	43,6%	46,1%	37,2%	34,0%	35,6%	34,2%	25,0%	34,3%
Fogão_3	100,0%	99,8%	99,7%	99,6%	99,2%	99,3%	87,7%	97,8%
*Freezer*_3	92,1%	80,5%	73,8%	47,9%	26,7%	14,6%	2,0%	35,7%
Geladeira_3	99,1%	98,3%	99,0%	97,9%	96,3%	93,3%	62,8%	91,7%
Lava-louça_2	33,4%	9,1%	5,4%	0,3%	0,5%	0,2%	0,0%	2,3%
Lava-roupa_3	95,1%	87,7%	82,9%	63,4%	38,7%	22,2%	3,9%	45,1%
Liquidificador_3	95,9%	92,9%	94,1%	88,8%	81,3%	74,9%	39,5%	78,2%
Máquina de costura_4	32,5%	32,2%	28,8%	18,9%	18,1%	20,2%	2,9%	19,1%
Microcomputador_4	92,3%	87,0%	70,7%	39,7%	16,3%	1,4%	0,0%	28,3%
Micro-ondas_2	86,6%	76,0%	64,6%	38,8%	20,4%	3,3%	0,0%	27,9%
Motocicleta_2	10,4%	8,6%	19,9%	17,3%	17,2%	8,1%	8,9%	13,9%
Parabólica_1	19,7%	17,6%	29,0%	24,8%	24,1%	27,9%	23,9%	25,4%
Purificador de água_1	23,6%	14,5%	10,2%	4,4%	0,5%	1,1%	0,0%	4,0%
Rádio_4	40,7%	58,9%	44,1%	37,8%	32,1%	39,5%	36,7%	38,7%
Secador de cabelo_4	81,1%	71,2%	59,0%	34,6%	23,7%	6,6%	0,6%	27,4%
Secadora de roupa_1	26,0%	10,8%	9,3%	3,0%	2,2%	1,1%	0,0%	3,8%
TV em cores_4	99,4%	98,6%	98,5%	97,8%	96,0%	95,1%	75,7%	93,8%
TV em preto e branco_2	3,7%	3,4%	2,3%	1,1%	1,7%	1,6%	3,7%	2,0%
Ventilador_4	80,1%	83,9%	82,2%	70,6%	62,0%	57,1%	24,6%	61,6%

A Tabela 3.13.c mostra a distribuição bruta (antes de qualquer correção devida às características do domicílio) dos estratos dentro de cada estado da União. Nessa tabela podemos ver grandes diferenças na distribuição da renda permanente dentro dos estados, principalmente nos extremos. Entre os estados com uma maior concentração no estrato mais pobre (7) estão Maranhão e Alagoas, com mais de 40% de seus domicílios nesse estrato. Entre os estados com uma maior concentração nos estratos mais abastados (1 e 2) estão o Distrito Federal (15,2% dos domicílios pertencem a esses estratos), Rio de Janeiro (10,5%) e São Paulo (9,8%). Devemos ressaltar, porém, que a amostra torna-se pequena na análise dos estratos socioeconômicos menores (1 e 2) dentro dos estados de menor população, como os da região Norte; portanto, os respectivos resultados devem ser tomados com a devida precaução.

Tabela 3.13.c – Distribuição geográfica bruta (sem correção pelas covariáveis) dos sete estratos socioeconômicos

Estado	Estrato socioeconômico							Total
	1	2	3	4	5	6	7	
Norte – Rondônia	2,0%	2,0%	15,9%	18,1%	18,1%	32,5%	11,0%	100,0%
Norte – Acre	3,0%	1,0%	10,2%	15,1%	14,9%	25,3%	32,0%	100,0%
Norte – Amazonas	4,0%	1,0%	13,7%	18,8%	20,1%	23,1%	21,5%	100,0%
Norte – Roraima	5,0%	0,9%	10,2%	13,7%	26,4%	26,1%	22,0%	100,0%
Norte – Pará	6,0%	1,4%	8,9%	15,8%	14,6%	27,2%	30,4%	100,0%
Norte – Amapá	7,0%	0,6%	18,0%	17,6%	13,3%	27,0%	20,4%	100,0%
Norte – Tocantins	1,6%	0,9%	11,3%	14,4%	19,6%	25,4%	26,7%	100,0%
Nordeste – Maranhão	1,7%	1,4%	5,3%	8,4%	12,7%	21,1%	49,4%	100,0%
Nordeste – Piauí	2,3%	0,9%	7,5%	10,9%	15,4%	25,8%	37,3%	100,0%
Nordeste – Ceará	1,0%	1,2%	6,5%	10,1%	19,0%	32,4%	29,8%	100,0%
Nordeste – Rio Grande do Norte	0,6%	1,8%	8,6%	14,4%	20,0%	36,0%	18,6%	100,0%
Nordeste – Paraíba	1,4%	2,7%	9,0%	11,2%	16,8%	29,9%	28,9%	100,0%
Nordeste – Pernambuco	2,6%	2,0%	8,4%	11,3%	20,4%	33,2%	22,1%	100,0%
Nordeste – Alagoas	1,4%	1,4%	5,8%	10,4%	12,7%	27,7%	40,6%	100,0%
Nordeste – Sergipe	1,6%	2,4%	7,5%	12,2%	19,2%	31,8%	25,3%	100,0%
Nordeste – Bahia	1,3%	2,3%	8,0%	13,3%	20,1%	27,8%	27,2%	100,0%
Sudeste – Minas Gerais	2,2%	2,8%	11,0%	21,7%	25,1%	23,8%	13,4%	100,0%
Sudeste – Espírito Santo	3,3%	3,0%	11,6%	18,2%	25,8%	27,6%	10,4%	100,0%
Sudeste – Rio de Janeiro	5,5%	5,0%	19,1%	20,2%	21,8%	22,2%	6,2%	100,0%
Sudeste – São Paulo	3,4%	6,4%	20,7%	29,0%	21,6%	14,9%	4,1%	100,0%
Sul – Paraná	2,5%	3,5%	19,3%	25,0%	21,2%	20,8%	7,7%	100,0%
Sul – Santa Catarina	4,6%	2,9%	26,5%	30,2%	16,0%	15,7%	4,0%	100,0%
Sul – Rio Grande do Sul	2,8%	3,2%	23,8%	24,0%	19,6%	18,7%	7,9%	100,0%
Centro-Oeste – Mato Grosso do Sul	3,6%	2,2%	16,6%	21,4%	15,6%	30,1%	10,5%	100,0%
Centro-Oeste – Mato Grosso	1,8%	,6%	12,1%	20,1%	18,7%	33,9%	12,8%	100,0%
Centro-Oeste – Goiás	2,0%	2,7%	13,5%	18,4%	25,3%	26,2%	11,9%	100,0%
Centro-Oeste – Distrito Federal	6,4%	8,8%	20,8%	21,1%	26,0%	13,3%	3,5%	100,0%
Brasil	2,8%	3,6%	15,1%	20,6%	20,6%	22,8%	14,5%	100,0%

Os resultados da Tabela 3.13.c sugerem a existência de claras diferenças regionais na estratificação socioeconômica. Diferenças regionais e diferenças na constituição dos domicílios também afetam, contudo, seu comportamento, além do que pode ser explicado pela estratificação socioeconômica; essa é a principal razão pela qual levamos em conta esses fatores na definição dos estratos através de nosso modelo de classes latentes ordinais. Para ilustrar os efeitos da composição domiciliar, comparamos, na Tabela 3.13.d, o número de dormitórios e banheiros entre domicílios com diferentes composições, dentro de cada estrato socioeconômico. Podemos ver nessa tabela que, para cada estrato socioeconômico, o número de dormitórios e banheiros tende a aumentar com o número de adultos que residem no domicílio, sugerindo que o número de adultos no domicílio determina a necessidade, atendida na medida em que as condições socioeconômicas permitam. Obviamente, o número de dormitórios e banheiros é maior para os estratos mais abastados por definição, porque impusemos essa restrição na definição dos estratos. Não impusemos, porém, nenhuma restrição na relação entre número de adultos e número de dormitórios e banheiros (apenas permitimos que a estratificação levasse em conta a relação observada nos dados).

Tabela 3.13.d – Distribuição bruta (sem correção pelas covariáveis) do número de dormitórios e banheiros por número de adultos no domicílio e estrato socioeconômico

Estrato socioeconômico	Número de adultos	Dormitórios	Banheiros
1	1	1,6	2,9
	2	2,3	3,2
	3	2,7	3,1
	4	3,1	3,5
	5	3,6	3,3
2	1	1,4	2,3
	2	2,1	2,4
	3	2,6	2,4
	4	3,1	2,6
	5	3,5	2,6
3	1	1,5	1,7
	2	2,0	1,8
	3	2,6	1,9
	4	3,0	2,0
	5	3,4	2,2
4	1	1,4	1,3
	2	1,8	1,2
	3	2,4	1,4
	4	2,8	1,4
	5	3,2	1,6
5	1	1,3	1,1
	2	1,7	1,1
	3	2,3	1,2
	4	2,6	1,2
	5	3,2	1,2
6	1	1,3	1,0
	2	1,8	1,1
	3	2,4	1,1
	4	2,7	1,1
	5	3,2	1,1
7	1	1,2	0,8
	2	1,7	0,8
	3	2,3	0,7
	4	2,6	0,8
	5	2,9	0,8

Para ilustrar os efeitos da localização geográfica do domicílio em seu comportamento, comparamos, na Tabela 3.13.e, a penetração de vários bens e serviços entre regiões, dentro de cada estrato socioeconômico. Nessa tabela vemos que a penetração de água encanada nos estratos mais pobres é menor na região Norte-Nordeste do que nas outras regiões, provavelmente porque a disponibilidade desse serviço público é menor nessa região do que nas outras. A penetração é igual nos estratos mais altos porque as famílias pertencentes a esses estratos têm a flexibilidade de viver onde o serviço é disponível. Por outro lado, a penetração de empregado doméstico (mensalista) é maior na região Norte-Nordeste do que em outras regiões, entre os domicílios das classes mais abastadas, provavelmente porque a mão de obra é mais disponível e menos cara nessa região. A penetração de aparelho de ar-condicionado e ventilador exemplifica a influência geográfica através do clima; nota-se que a penetração desses eletrodomésticos é maior na região Norte-Nordeste (onde o clima é mais quente) e mais baixa na região Sul-Sudeste (clima mais ameno). A penetração nitidamente menor de lava-louça na região Norte-Nordeste é uma contrapartida à penetração mais alta de empregado doméstico, que, de certa maneira, tornaria o primeiro item menos necessário.

Tabela 3.13.e – Penetração bruta (sem correção pelas covariáveis) de alguns bens e serviços por região e estrato socioeconômico

Estrato socioeconômico	Região	Água encanada	Empregado doméstico	Ar-condicionado	Ventilador	Lava-louça
1	Centro-Oeste	100%	72%	68%	71%	27%
	Norte-Nordeste	100%	80%	87%	87%	9%
	Sul-Sudeste	100%	67%	59%	78%	40%
2	Centro-Oeste	100%	28%	18%	64%	3%
	Norte-Nordeste	100%	51%	44%	89%	2%
	Sul-Sudeste	100%	34%	19%	85%	11%
3	Centro-Oeste	100%	23%	24%	74%	2%
	Norte-Nordeste	99%	34%	43%	89%	1%
	Sul-Sudeste	100%	15%	24%	81%	7%
4	Centro-Oeste	100%	10%	4%	64%	0%
	Norte-Nordeste	98%	16%	7%	84%	0%
	Sul-Sudeste	100%	6%	5%	67%	0%
5	Centro-Oeste	100%	4%	2%	51%	0%
	Norte-Nordeste	98%	7%	2%	74%	0%
	Sul-Sudeste	100%	2%	2%	58%	1%
6	Centro-Oeste	98%	2%	0%	55%	0%
	Norte-Nordeste	87%	3%	0%	62%	0%
	Sul-Sudeste	99%	1%	1%	53%	0%
7	Centro-Oeste	84%	1%	0%	26%	0%
	Norte-Nordeste	49%	1%	0%	25%	0%
	Sul-Sudeste	90%	1%	0%	22%	0%

A Estratificação Socioeconômica da Sociedade Brasileira

Os resultados mostrados nas Tabelas 3.13.d e 3.13.e, discutidos atrás, mostram claramente que fatores geográficos e demográficos também afetam o comportamento do consumidor, além do que pode ser explicado pela estratificação socioeconômica. Portanto, qualquer comparação dos estratos socioeconômicos deve levar em conta também esses fatores. O primeiro passo para desenhar um perfil detalhado desses estratos, que leve em conta a composição familiar e a localização geográfica dos domicílios, é um modelo linear geral multivariado, utilizando os 35 indicadores de classe social e renda permanente (eliminamos a ocupação do chefe do domicílio porque não se revelou informativa na análise dos vintis como variáveis dependentes, como mostra a Tabela 3.7.a). Como previsores, utilizamos a composição familiar e localização do domicílio (como no modelo original dos vintis) e os sete estratos socioeconômicos. Com isso, obtivemos o perfil marginal (corrigido pela composição familiar e localização do domicílio) de cada estrato socioeconômico, em termos dos 35 indicadores de classe social e renda permanente. Os resultados dessa análise estão listados na Tabela 3.14, que descreve o perfil marginal (corrigido) dos sete estratos socioeconômicos.

Tabela 3.14 – Perfil marginal (corrigido pela composição familiar e localização do domicílio) dos sete estratos socioeconômicos

Indicador	Estrato socioeconômico						
	1	2	3	4	5	6	7
Até 3 anos de escola	7,4%	4,1%	11,5%	17,3%	22,8%	47,0%	58,9%
De 4 a 7 anos de escola	1,0%	0,0%	13,5%	22,8%	28,7%	34,2%	27,5%
De 8 a 10 anos de escola	1,6%	1,0%	9,6%	14,5%	16,9%	10,9%	8,2%
De 11 a 14 anos de escola	25,6%	35,9%	41,8%	39,2%	29,9%	7,8%	5,0%
15 ou mais anos	64,4%	59,0%	23,6%	6,2%	1,7%	0,1%	0,4%
Renda mensal familiar	R$ 17.434	R$ 9.897	R$ 4.681	R$ 2.674	R$ 1.484	R$ 1.113	R$ 854
Dormitórios	2,5	2,3	2,2	2,0	1,9	1,9	1,6
Banheiros	3,1	2,4	1,8	1,3	1,1	1,1	0,8
Água encanada	93,3%	92,7%	93,3%	93,7%	94,8%	92,5%	67,6%
Esgoto (rede)	57,5%	64,2%	50,3%	45,5%	48,0%	30,7%	17,9%
Esgoto (fossa séptica)	17,8%	10,4%	19,6%	19,8%	17,4%	18,5%	10,7%
Esgoto (tanque)	22,3%	22,9%	26,6%	29,6%	29,8%	44,0%	38,7%
Esgoto (outro)	2,4%	2,5%	3,5%	5,1%	4,8%	6,8%	32,7%
Rua pavimentada	76,6%	77,4%	71,3%	65,5%	67,7%	48,6%	31,9%
Ar-condicionado_4	1,3	0,3	0,3	0,0	0,0	0,0	0,0
Aspirador de pó_2	0,6	0,4	0,3	0,0	0,0	0,0	0,0
Automóvel_4	1,6	1,3	0,9	0,4	0,2	0,1	0,0
Batedeira_3	0,7	0,6	0,6	0,4	0,2	0,1	0,0
Bicicleta_4	0,9	1,0	0,7	0,6	0,7	0,6	0,3
DVD_4	1,5	1,1	0,9	0,7	0,7	0,5	0,1
Empregado doméstico_4	0,9	0,4	0,2	0,1	0,0	0,0	0,0
Estéreo_4	1,1	0,9	0,7	0,6	0,5	0,4	0,1
Ferro de roupa_4	1,2	1,2	1,0	0,9	0,8	0,7	0,2
Filtro de água_2	0,4	0,5	0,4	0,3	0,3	0,4	0,1
Fogão_3	1,1	1,1	1,1	1,0	1,0	1,0	0,7
Freezer_3	1,3	1,0	0,9	0,5	0,3	0,2	0,0
Geladeira_3	1,1	1,0	1,0	0,9	0,9	0,9	0,5
Lava-louça_2	0,2	0,1	0,0	0,0	0,0	0,0	0,0
Lava-roupa_3	0,8	0,8	0,8	0,6	0,3	0,2	0,0
Liquidificador_3	1,0	1,0	1,0	0,9	0,8	0,7	0,2
Máquina de costura_4	0,3	0,4	0,3	0,2	0,2	0,2	0,0
Microcomputador_4	1,5	1,1	0,7	0,3	0,1	0,0	0,0
Micro-ondas_2	0,7	0,7	0,5	0,3	0,1	0,0	0,0
Motocicleta_2	0,1	0,2	0,2	0,2	0,2	0,1	0,0
Parabólica_1	0,2	0,3	0,4	0,3	0,3	0,3	0,0
Purificador de água_1	0,1	0,1	0,1	0,0	0,0	0,0	0,0
Rádio_4	0,5	0,9	0,4	0,3	0,3	0,4	0,2
Secador de cabelo_4	0,9	0,8	0,5	0,3	0,2	0,0	0,0
Secadora de roupa_1	0,1	0,1	0,0	0,0	0,0	0,0	0,0
TV em cores_4	2,7	2,3	1,9	1,4	1,2	1,0	0,6
TV em preto e branco_2	0,0	0,0	0,0	0,0	0,0	0,0	0,0
Ventilador_4	1,9	1,8	1,6	1,0	0,8	0,7	0,1

A Estratificação Socioeconômica da Sociedade Brasileira

141

Podemos observar, pelos resultados da Tabela 3.14, diferenças impressionantes de perfil socioeconômico entre os sete estratos considerados. Inicialmente, em termos de escolaridade, há diferenças marcantes quanto à distribuição dos anos de estudo do chefe da família entre os estratos. No estrato mais elevado (1), 90% dos chefes de família têm pelo menos onze anos de estudo (equivalente a ter concluído o ensino médio), sendo que a expressiva maioria (64,4%) tem 15 ou mais anos de estudo (equivalente ao ensino superior concluído). Se tomarmos por base essa categoria máxima de escolaridade, verificamos pelos resultados que há um decréscimo no segundo (2) estrato socioeconômico para 59,0% de chefes de família com pelo menos 15 anos de estudo. Para os estratos 3 e 4, essa proporção decai para 23,6% e 6,2%, respectivamente. Para os estratos 5, 6 e 7, a proporção de chefes de família com esse nível máximo de escolaridade é apenas e tão somente de 1,7%, 0,1% e 0,4%.

Em relação à renda familiar corrente bruta mensal média ajustada, constatamos que é de R$ 17.434 no primeiro estrato, decaindo para R$ 9.897 para o segundo estrato, até os valores de R$ 1.113 e R$ 854 para os dois últimos estratos (6 e 7), respectivamente. A renda média do primeiro estrato é 20 vezes maior que a do último estrato (7), evidenciando isso um dos elementos caracterizadores da desigualdade social, que, como já apresentado na introdução deste livro, é o "nó górdio" da estratificação da sociedade brasileira.

No que se refere à distribuição do número de dormitórios, verificamos que no estrato 1 o valor médio corresponde a 2,5 dormitórios, decaindo para 2,3 no segundo estrato e para 1,6 no último. Em termos da quantidade de banheiros no domicílio, a média situa-se em 3,1 e 0,8, para o primeiro e sétimo estratos, respectivamente. Assim, o estrato mais elevado (1) apresenta uma variação de 56% e de 287% a mais na quantidade média de dormitórios e de banheiros, respectivamente, do que a existente no último estrato socioeconômico (7). Assim, a variação nessas duas características inerentes a um domicílio é muito inferior à observada para a renda corrente familiar média por estrato. Isso mostra que crescimento na renda familiar nos estratos inferiores tenderão a aumentar o número médio de dormitórios e principalmente de banheiros nestes estratos. Em termos de marketing, por exemplo, verifica-se a possibilidade de implementar novos produtos de financiamento para construção por parte das instituições financeiras.

Em relação à existência de água encanada servindo o domicílio, os resultados obtidos mostram que a menor proporção refere-se ao estrato 7, em que apenas 67,6% dos domicílios que compõem esse estrato são atendidos por esse serviço público. Para os outros seis estratos socioeconômicos, a proporção de domicílios servidos por água encanada varia de um mínimo de 92,5% a um máximo de 94,8%, portanto, sem diferenças significativas entre eles. Quanto à existência de rua pavimentada, observamos que nos estratos 1 e 2 a porcentagem de domicílios atendidos situa-se em 76,6% e 77,4%, respectivamente, ao passo que, nos estratos 7 e 6, essa proporção é de 31,9% e 48,6%, nessa ordem. Já em relação à rede pública de esgoto, existem diferenças mais expressivas entre os estratos. Nos estratos inferiores, apenas 17,9% e 30,7% dos domicílios têm acesso à rede de esgoto, respectivamente para os estratos 7 e 6, ao passo que nos estratos superiores essa proporção aumenta para 57,5% e 64,2%, correspondentemente para os estratos 1 e 2. Podemos concluir, portanto, que água encanada é um benefício generalizado, exceto para o estrato 7, praticamente atendendo a pelo menos 92% dos domicílios dos outros seis estratos. Para os serviços públicos de atendimento domiciliar por rede pública de esgoto e rua pavimentada, podemos observar que os estratos extremos (principalmente os superiores 1 e 2, em contraposição aos inferiores 7 e 6) mostram diferenças significativas entre si, denotando que ainda há uma grande necessidade desses serviços.

Por último, em relação à quantidade média existente de 28 itens de conforto doméstico, segundo os sete estratos socioeconômicos identificados, verificamos que o estrato situado na ponta superior da estratificação social evidencia valores diferentes de zero; vale dizer que, na média, existe uma penetração de mercado de todos os 28 tipos de produtos ou serviços. A quantidade média nesse estrato (1) é de aproximadamente 25 tipos do total de produtos ou serviços pesquisados. Em contraposição, no estrato socioeconômico mais baixo (7), que representa 15% dos domicílios brasileiros, em 17 dos 28 tipos de produtos ou serviços a quantidade média situa-se em zero, considerando-se a primeira casa decimal. Na média, esse estrato possui cerca de três tipos de produtos. Tomando-se por base a média da quantidade de produtos ou serviços por estrato socioeconômico, observamos que ela decai sistematicamente ao longo dos sete estratos considerados, decrescendo de 25 para 21, 17, 12, 10, 8 e 3, respectivamente para cada um deles.

Tomando-se por base os tipos de produtos que apresentam maior quantidade média por estrato socioeconômico, constatamos que aparelho de televisão em cores destaca-se como o primeiro dentre os estratos de 1 a 5. Nos estratos mais inferiores (7 e 6), o primeiro item que se destaca é fogão, vindo a seguir a televisão em cores. Com base nas maiores quantidades médias dentre os 28 tipos de produtos ou serviços pesquisados, verificamos que, no estrato socioeconômico mais elevado (1), destacam-se TV em cores, ventilador, automóvel, DVD e microcomputador. Para o estrato 2, na ordem, TV em cores, ventilador, automóvel, ferro de passar roupa e DVD. No estrato 3, a ordem observada é a seguinte: TV em cores, ventilador, fogão, ferro de passar roupa e geladeira. Em relação ao estrato 4, verificamos a seguinte sequência: TV em cores, ventilador, fogão, geladeira e ferro de passar roupa. No estrato 5, TV em cores, fogão, geladeira, ventilador e ferro de passar roupa. Fogão é o primeiro produto que aparece para o estrato 6, vindo a seguir TV em cores, geladeira e ferro de passar roupa. Por último, para o estrato 7, a ordem é dada por fogão, TV em cores, geladeira, bicicleta e rádio. Podemos notar, assim, que nos estratos mais elevados prevalecem produtos mais relacionados com informação/entretenimento, cultura e conforto doméstico, ao passo que nos estratos inferiores prevalecem produtos relacionados com a satisfação de necessidades primárias e de informação/entretenimento.

3.6 FATORES GEODEMOGRÁFICOS QUE AFETAM O *STATUS* SOCIOECONÔMICO DE UM DOMICÍLIO NO BRASIL

Além do perfil dos estratos em termos dos indicadores (devidamente ajustados pela composição familiar e localização) de classe social e renda permanente, analisamos o impacto de outros fatores geodemográficos na propensão de um domicílio pertencer a um dos sete estratos socioeconômicos. Para isso, utilizamos uma regressão logística multinomial, em que a variável dependente é a classificação de cada domicílio nos estratos socioeconômicos e os previsores são os fatores geodemográficos. Os resultados dessa regressão logística multinomial estão listados na Tabela 3.15 e são mais fáceis de interpretar em forma gráfica, como mostrado na Figura 3.4, em que o eixo vertical contém o incremento percentual na propensão de um domicílio pertencer a cada estrato socioeconômico (em relação ao estrato 7) produzido por cada fator geodemográfico. Por essa figura pode-se ver claramente que etnia/raça e urbanização são os fatores mais influentes na posição socioeconômica de um domicílio. Se o chefe da família de um domicílio pertencer à raça branca e principalmente asiática, a chance de essa residência pertencer aos estratos 1 e 2 aumenta consideravelmente relação à categoria-base de pardos e índios e estrato 7), conforme se observa na Tabela 3.14 (os maiores coeficientes para a etnia oriental são 4,11 e 3,23, respectivamente para os estratos 1 e 2), ou o equivalente em termos de incremento percentual na chance de pertencer a esses dois estratos (da ordem de 5.971% de pertencer ao estrato 1 e de 2.426% de pertencer ao estrato 2, conforme Tabela 3.14 e Figura 3.4). Se o domicílio for localizado em uma capital ou área metropolitana, aumentam consideravelmente as chances de ele pertencer às classes de melhor padrão de conforto (vide o coeficiente 4,65 ou o equivalente incremento percentual de 10.400% para capital ou área metropolitana no estrato 2, ou o coeficiente 4,26 ou o equivalente incremento percentual de 6.966%, para o estrato 1, em relação à categoria-base área rural e estrato 7, conforme a tabela 3.15).

Desse modo, podemos verificar por essa tabela que, considerando o perfil demográfico e a localização do domicílio, algumas dessas categorias apresentam maior chance de um domicílio ser classificado em um dos estratos socioeconômicos, comparados com o estrato 7 tomado como base. No estrato 1, as variáveis que apresentam os maiores coeficientes ou incrementos percentuais são: domicílio localizado em capital ou área metropolitana (4,26 ou 6.966%); chefe da família ser oriental/asiático (4,11 ou 5.971%); chefe da família ser branco (2,32 ou 918%); chefe da família ter entre 40 e 49 anos (1,01 ou 175%); chefe da família ser casado, mesmo que não legalmente (0,97 ou 164%), e assim sucessivamente. Essas são as variáveis que mais distinguem membros desse estrato mais abastado em relação aos outros estratos. Verificamos, ainda, que determinadas categorias apresentam coeficientes negativos, indicando isso uma baixa propensão ou chance de um domicílio com essas características pertencer a esse estrato mais alto. Por exemplo, nesse caso do estrato 1, os maiores coeficientes ou incrementos percentuais com sinal negativo, são: chefe de família com idade até 25 anos (-3,25 ou -96%); idade do chefe de família entre 26 e 29 anos (-1,56 ou -79%); domicílio localizado na região Norte-Nordeste (-1,37 ou -75%); chefe de família ser de raça negra (-1,23 ou -71%), e assim sucessivamente.

Os resultados na Tabela 3.15 e Figura 3.4 também indicam que o número de adultos (ou de crianças/adolescentes) no domicílio está associado a posições mais altas (ou mais baixas) na estratificação socioeconômica, não obstante esses fatores tenham sido ajustados na definição dos estratos socioeconômicos, como já apresentado. Verificamos pelos resultados que quanto mais adultos houver em um domicílio, maior a chance de ele vir a pertencer aos estratos 2 e 1, com coeficientes e incrementos percentuais de 0,65 e 0,63 ou 91% e 88%, respectivamente. Em relação à quantidade de

A Estratificação Socioeconômica da Sociedade Brasileira

micílio, menor será a propensão ou chance de ele vir a pertencer a esses dois estratos de nível socioeconômico mais elevado. Ou seja, número elevado de crianças/adolescentes no domicílio indica maior propensão de ele pertencer aos estratos inferiores da classificação socioeconômica.

Pudemos verificar, portanto, que a sociedade brasileira apresenta perfis geodemográficos distintos entre os sete estratos socioeconômicos identificados, e isso é importante porque auxilia na segmentação do mercado consumidor. Por exemplo, tomemos por base o planejamento de uma campanha de mídia: uma revista que circule prioritariamente na região metropolitana de São Paulo, lida principalmente por pessoas orientais ou brancas, leitores casados, na faixa etária de 40 anos ou mais e com filhos entre 15 e 19 anos. Pelos perfis geodemográficos dos estratos que compõem a Tabela 3.15, podemos afirmar que essa revista deve ser lida fundamentalmente por pessoas pertencentes aos estratos 1 e 2, de nível socioeconômico mais elevado dentro da sociedade brasileira. Portanto, essa revista seria uma das possíveis alternativas a serem consideradas por uma empresa que desejasse anunciar um produto destinado aos consumidores desses estratos.

Por último, gostaríamos de destacar, como discutimos antes em relação à classificação dos domicílios em vintis, que as variáveis geodemográficas e os indicadores de classes sociais e renda permanente não são os únicos fatores que afetam o consumo e o comportamento geral do cidadão, e certamente faltam outros importantes fatores para explicar e entender esse comportamento. Mais importantes para sua aplicação em estudos de mercado e para conhecer melhor o cidadão na sociedade moderna de consumo são as diferenças em seu comportamento, que dependem não somente do *status* socioeconômico mas de vários outros fatores culturais, geográficos e demográficos. Essa análise de consumo para caracterizar cada estrato é tão importante que será abordada em um capítulo específico – o quarto –, no qual utilizamos um modelo de alocação orçamentária para entender as prioridades de consumo dos domicílios pertencentes a cada estrato socioeconômico.

Tabela 3.15 – Fatores que afetam a estratificação socioeconômica na sociedade brasileira

Variável	1		2		3		4		5		6	
	Estimativa	Incremento percentual	Estimativa	Incremento percentual	Estimativa	Incremento percentual	Estimativa	Incremento percentual	Estimativa	Incremento percentual	Estimativa	Incremento percentual
Intercepto	-7,00		-6,96		-3,76		-2,50		-1,48		0,59	
Adultos	0,63	88%	0,65	91%	0,57	77%	0,50	66%	0,28	32%	0,03	3%
Menores	-0,76	-53%	-0,81	-56%	-0,40	-33%	-0,23	-20%	-0,15	-14%	-0,01	-1%
Filhos até 4 anos	0,24	27%	0,27	31%	-0,28	-24%	-0,50	-39%	-0,46	-37%	-0,40	-33%
Filhos 5 a 9 anos	0,42	52%	0,21	23%	-0,28	-24%	-0,38	-32%	-0,22	-20%	-0,19	-17%
Filhos 10 a 14 anos	0,38	46%	0,34	40%	-0,04	-4%	-0,19	-17%	-0,13	-12%	-0,08	-8%
Filhos 15 a 19 anos	0,81	125%	0,64	89%	0,39	48%	0,21	23%	0,16	17%	0,05	6%
Filhos 20 a 24 anos	-0,58	-44%	-0,43	-35%	-0,48	-38%	-0,36	-30%	-0,21	-19%	-0,12	-12%
Casal	0,97	164%	0,53	70%	0,36	44%	0,24	28%	0,11	12%	0,04	4%
Solteiro	-0,40	-33%	-0,33	-28%	-1,09	-66%	-0,92	-60%	-0,95	-61%	-0,97	-62%
Idade do chefe até 25	-3,25	-96%	-2,26	-90%	-0,79	-55%	0,21	23%	0,44	55%	-0,75	-53%
Idade do chefe 26 a 29	-1,56	-79%	-0,38	-32%	0,17	18%	0,67	96%	0,74	109%	-0,42	-34%
Idade do chefe 30 a 39	0,33	39%	0,64	90%	1,01	174%	1,07	192%	0,96	162%	-0,21	-19%
Idade do chefe 40 a 49	1,01	175%	1,32	275%	1,18	226%	0,94	157%	0,77	117%	-0,18	-17%
Idade do chefe 50 a 59	0,84	132%	0,89	144%	0,62	85%	0,43	54%	0,35	41%	-0,29	-25%
Idade do chefe 60 a 69	0,69	100%	0,48	61%	0,18	20%	0,10	11%	0,11	12%	-0,18	-16%
Branco	2,32	918%	2,01	645%	1,58	385%	0,98	166%	0,65	92%	0,40	49%
Negro	-1,23	-71%	-0,50	-39%	-0,52	-41%	-0,31	-27%	-0,25	-22%	-0,12	-12%
Oriental	4,11	5971%	3,23	2426%	1,92	583%	1,23	243%	0,50	65%	0,29	33%
Capital ou Área Metrop.	4,26	6966%	4,65	10400%	3,36	2766%	2,73	1428%	2,37	975%	1,44	322%
Cidade do interior	2,38	981%	3,01	1930%	2,24	835%	1,76	484%	1,47	336%	0,87	139%
Norte-Nordeste	-1,37	-75%	-1,37	-75%	-1,41	-76%	-1,34	-74%	-1,12	-67%	-0,87	-58%
Sul-Sudeste	-0,10	-10%	0,20	22%	0,18	20%	0,35	42%	0,18	19%	-0,11	-10%

Estimativa não é estatisticamente significante ao nível de 5%.

A Estratificação Socioeconômica da Sociedade Brasileira 147

Figura 3.4 – Incremento percentual na propensão a pertencer aos estratos socioeconômicos

Painel A

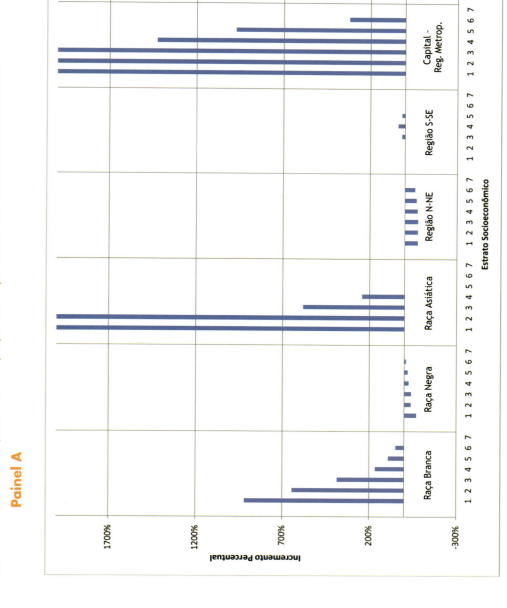

148 Estratificação Socioeconômica e Consumo no Brasil

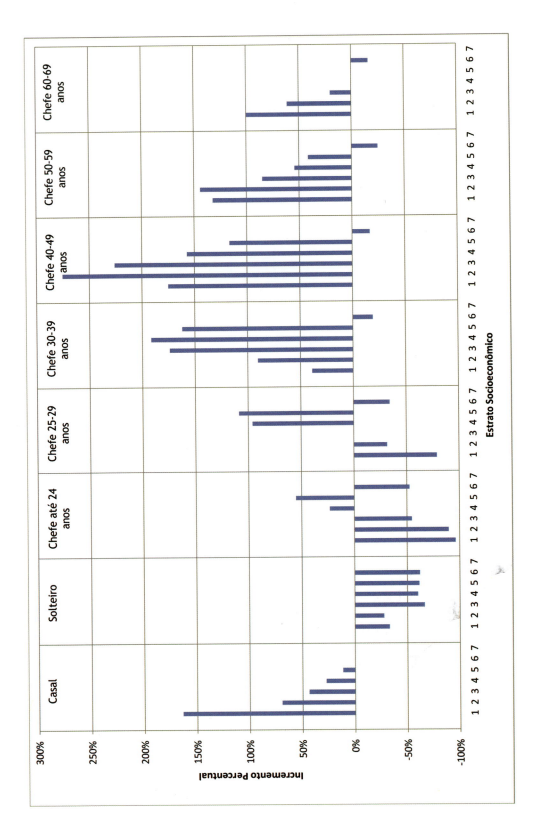

Figura 3.4 – **Painel B**

A Estratificação Socioeconômica da Sociedade Brasileira 149

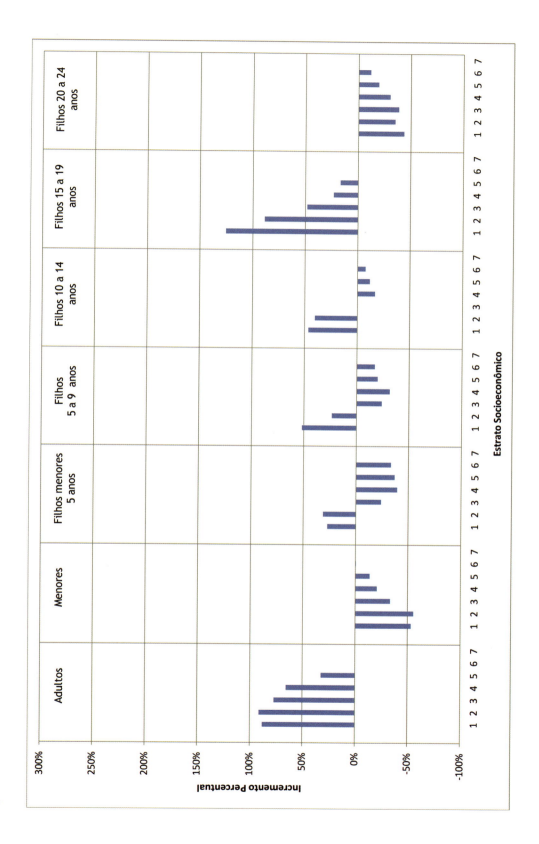

Figura 3.4 – **Painel C**

CAPÍTULO 4

CLASSES SOCIOECONÔMICAS E CONSUMO NO BRASIL

No capítulo anterior, mostramos como está estruturada a sociedade brasileira dentro de uma perspectiva socioeconômica calcada nos conceitos de classe social e, principalmente, de renda permanente. Com base no agrupamento de vintis contíguos, pudemos definir sete estratos socioeconômicos, os quais, como vimos, apresentam diferenças significativas de perfil geodemográfico e da quantidade possuída de um conjunto de bens duráveis e serviços de conforto doméstico. Neste capítulo, vamos caracterizar os sete segmentos identificados, mas agora em relação ao consumo de 21 categorias de produtos agrupadas da POF 2008-2009, levando em conta outros fatores que também afetam o nível de consumo. Um aspecto importante deste capítulo é um modelo de alocação orçamentária que possibilita avaliar as prioridades de gastos domiciliares em função de cada estrato socioeconômico e do perfil geodemográfico do domicílio, por meio de simulações sob diferentes cenários.

Uma das principais aplicações da estratificação socioeconômica, que nos motivou a desenvolver o trabalho descrito neste livro, é a segmentação de mercado. Gerentes de marketing utilizam estratos socioeconômicos para focar suas estratégias de lançamento de novos produtos ou para reposicionar competitivamente marcas nos diferentes segmentos de mercado; gerentes de propaganda usam esses estratos para selecionar a mídia apropriada em suas campanhas de promoção; gerentes de sistemas de informações de marketing utilizam-nos para avaliar regiões com maior potencial de mercado, pesquisar necessidades de bens e serviços, avaliar formatos e tamanhos de embalagens mais adequados, fazer o georreferenciamento dos clientes e localizar os pontos de venda da empresa e da concorrência; gerentes de serviço de atendimento aos clientes (SAC) avaliam o tipo e quantidade de reclamações ou sugestões feitas por cada estrato socioeconômico de clientes, dentre inúmeras outras aplicações usuais na área de marketing. Isso ocorre porque classes socioeconômicas tendem a ser relativamente homogêneas em relação ao consumo, por várias razões. Primeiro, os estratos apresentam diferenças significativas em termos de renda e, consequentemente, na capacidade de substituição ou de aquisição de bens e serviços; os segmentos de nível mais elevado têm renda maior e maior capacidade ou poder de compra; assim, na média, têm maior diversidade e quantidade de itens de conforto doméstico, traduzidos principalmente por bens duráveis. Segundo, a estratificação socioeconômica está muito associada à estrutura ocupacional dos membros dos domicílios que compõem cada estrato. Decorre disso que aspectos relacionados com riqueza, propriedade, trabalho, prestígio, ocupações, oportunidades educacionais, ocupação do espaço urbano, mobilidade social, acesso a bens e aos serviços públicos são relativamente similares dentro de cada estrato e distintos entre os estratos. Terceiro, as pessoas desejam ter proximidade e não distância de seu grupo social, desejam ser comparadas com outras semelhantes – levando, portanto, à homogeneidade dentro de cada estrato socioeconômico. Como salientamos na introdução deste livro, a desigualdade é a base central para a existência de classes socioeconômicas.

Alguns autores pregam até mesmo a utilização do consumo como indicador para definir classes socioeconômicas (Deaton e Muelbauer, 2009). Obviamente, isso não seria viável para aplicações no marketing, porque nesses casos o consumo é a variável dependente, a ser explicada por outros fatores influenciadores, incluindo-se aqui a própria estratificação socioeconômica.

4.1 A CONCENTRAÇÃO DO CONSUMO ENTRE OS ESTRATOS SOCIOECONÔMICOS

Até a acentuada redistribuição de renda recentemente observada no Brasil, os segmentos de consumidores foco da atenção da maioria das empresas operando no mercado foram as chamadas classes A e B1, porque era nesses estratos que se concentrava parcela substancial do consumo da maioria dos produtos e marcas. Embora a renda e a riqueza no Brasil ainda estejam entre as mais concentradas no mundo, essa concentração varia muito em termos de consumo, dependendo da categoria de bens e serviços. É claro que as classes mais abastadas ainda devem ser foco de atenção no marketing de produtos supérfluos e de luxo, mas, para a maioria das categorias de consumo corrente, a antiga estratégia de "batalhar no topo da colina" focando nas classes mais abastadas com um posicionamento *premium* não faz mais sentido, pois nessas categorias o grosso do mercado está nas camadas socioeconômicas centrais, em que a ênfase no processo de escolha pelo consumidor está calcada em um bom equilíbrio custo-benefício. Para ilustrar esse fenômeno, apresentamos na Figura 4.1 as curvas de Lorenz, representando a concentração do consumo nas categorias principais do orçamento familiar, entre as vinte classes latentes ordinais (vintis), de acordo com os dados da POF 2008-2009, começando pelas classes mais abastadas e seguindo até as classes mais pobres.

Figura 4.1 – Curvas de concentração do consumo nas principais categorias do orçamento familiar em 2009 – **Painel A**

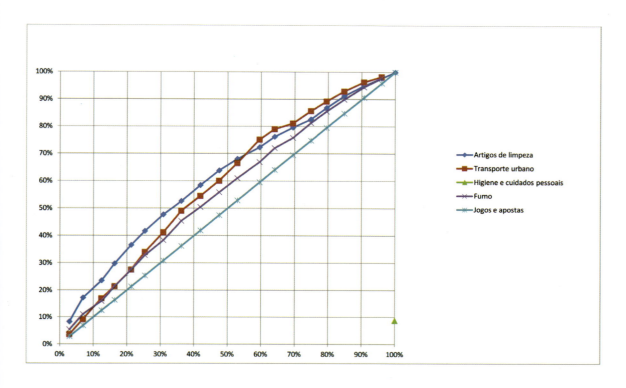

Figura 4.1 – **Painel B**

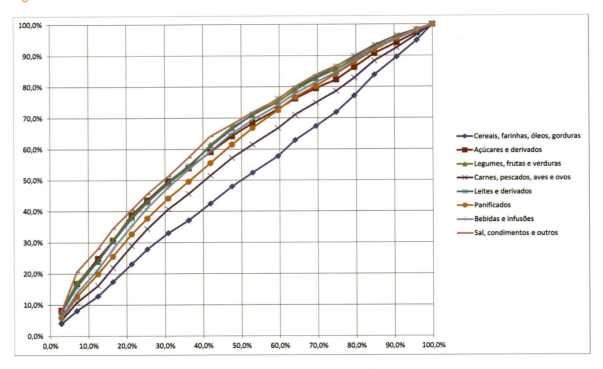

Figura 4.1 – **Painel C**

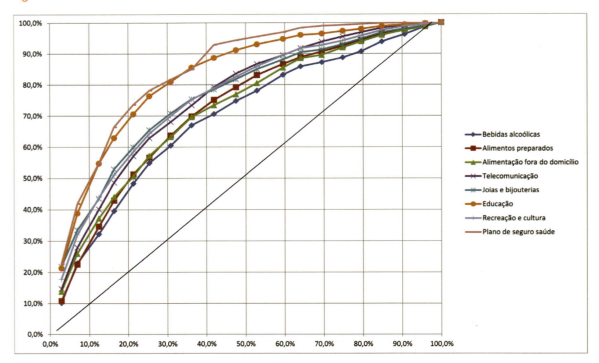

Classes Socioeconômicas e Consumo no Brasil

Essas figuras mostram, para cada uma das 21 categorias de produto consideradas, o quanto os domicílios que compõem cada um dos vintis (em porcentagem) representam do total consumido em cada categoria de produto (também em porcentagem), começando pelos vintis mais abastados. Olhando para a primeira e para a segunda figuras, respectivamente, podemos verificar que as linhas trajetórias das categorias de produto "gastos com jogos e apostas" (Figura 4.1 – Painel A) e "gastos com cereais, farinhas, óleos, gorduras" (Figura 4.1 – Painel B) formam quase um ângulo de 45 graus em relação à origem, mostrando que a participação de cada vintil no consumo total dessas duas categorias de produto é relativamente similar, tanto para os vintis de nível socioeconômico mais elevado quanto para os vintis situados no outro extremo, de baixo nível socioeconômico. Portanto, podemos concluir que o *status* socioeconômico caracterizado pelos vintis não diferencia o consumo dessas duas categorias de produto. Isso não ocorre, entretanto, com a terceira Figura (4.1 – Painel C), que mostra categorias de produto com bastante desigualdade de consumo entre os vintis. Por exemplo, se observarmos o comportamento da curva da categoria de produto "gastos com educação", verificamos que o primeiro vintil, com menos de 5% da população de domicílios, é responsável por cerca de 21% do total de gastos nesse item. Se tomarmos o 1º e o 2º vintis de nível socioeconômico mais elevado, representando menos que 10% dos domicílios brasileiros, podemos verificar que eles foram responsáveis por quase 40% do total de gastos com educação. Ou seja, menos de 10% dos domicílios (os mais abastados) são responsáveis por 40% do montante gasto com educação privada pela população brasileira. Em contraposição, olhando na curva para os cinco últimos vintis de menor nível socioeconômico (cerca de 25% dos domicílios brasileiros), verificamos que eles são responsáveis apenas por aproximadamente 3% do gasto total com educação privada no Brasil. Por esses dois exemplos, fica claro que, quanto mais se aproxima da reta diagonal a relação entre os vintis e a proporção que eles representam no consumo total da categoria de produto, maior é a igualdade do consumo entre os vintis, ou menor é a concentração do consumo na população de domicílios brasileiros. Por outro lado, quanto mais afastada a curva de Lorenz da linha diagonal, como evidenciado pelas curvas da terceira figura, maior é a desigualdade do consumo entre os vintis, ou maior é a concentração do consumo nos primeiros vintis de maior nível socioeconômico ou classes de maior poder aquisitivo.

Outra forma de avaliar o grau de concentração na distribuição de renda ou consumo é por meio do popularmente chamado coeficiente de Gini, que basicamente mede a área entre a curva de Lorenz e a diagonal principal partindo da origem dos eixos, em proporção à área do triângulo superior da figura. Um coeficiente de Gini próximo a zero indica uma distribuição equitativa do consumo, ao passo que um índice de 0,5 ou mais indica uma alta concentração do consumo nos estratos mais abastados. A Tabela 4.1 lista, em ordem crescente, os coeficientes de Gini de todas as categorias de produtos e serviços que somam o orçamento completo dos domicílios brasileiros, tendo em vista que os dados domiciliares de consumo da POF 2008-2009 do IBGE são generalizáveis para toda a população.

Tabela 4.1 – Coeficientes de Gini da concentração do consumo dos domicílios brasileiros para a POF 2008-2009

Categoria	Gini
Cereais, farinhas, óleos e gorduras	0,00
Carnes, pescados, aves e ovos	0,14
Fumo	0,15
Açúcares e derivados	0,21
Panificados	0,22
Bebidas fora do domicílio	0,22
Artigos de limpeza	0,22
Transporte urbano	0,25
Bebidas e infusões	0,28
Legumes, frutas e verduras	0,31
Energia, água e esgoto	0,32
Remédios	0,32
Leites e derivados	0,34
Jogos e apostas	0,34
Sal, condimentos e outros	0,35
Higiene e cuidados pessoais	0,38
Aquisição de eletrodomésticos	0,39
Mobiliários e artigos do lar	0,41
Vestuário	0,42
Outras despesas médicas	0,43
Bebidas alcoólicas	0,43
Habitação	0,44
Manutenção do lar	0,47
Alimentação fora do domicílio	0,49

Categoria	Gini
Alimentos preparados	0,50
Reforma de imóvel	0,52
Prestação de empréstimos	0,53
Tratamento dentário e médico	0,54
Pensões, mesadas e doações	0,57
Telecomunicação	0,58
Jóias e bijouterias	0,59
Recreação e cultura	0,59
Viagens esporádicas	0,62
Outras despesas diversas	0,63
Serviços bancários	0,66
Serviços profissionais	0,66
Combustível/ manutenção veículo próprio	0,66
Prestação de imóvel	0,66
Impostos e contribuições	0,68
Aquisição de veículos	0,69
Outras despesas de transporte	0,70
Educação	0,70
Outros investimentos	0,70
Serviços pessoais	0,71
Plano/ seguro saúde	0,75
Imóveis de uso ocasional	0,76
Imóvel aquisição	0,78
Outras despesas correntes	0,81

Verificando os resultados da Tabela 4.1, as categorias de produtos ou serviços que apresentam uma distribuição de consumo mais equilibrada entre os estratos são as de "cereais, farinhas, óleos e gorduras" (0,00), "carnes, pescados, aves e ovos" (0,14) e "fumo" (0,15), mostrando que não existem diferenças sensíveis nos gastos entre os vintis. Podemos assim concluir que o gasto *per capita* de cereais, farinhas, óleos e gorduras (bem essencial), assim como os gastos com fumo (supérfluo, mas não aos viciados), são relativamente similares entre os vintis identificados. Em contraposição, o coeficiente de Gini é bastante elevado para as categorias "aquisição de imóvel" (0,78), "imóveis de uso ocasional" (0,76), "seguro/plano de saúde" (0,75), "serviços pessoais" (0,71), "educação" (0,70), denotando uma alta concentração dos gastos nessas categorias nos vintis de nível socioeconômico mais elevado. Assim, por exemplo, gastos com a locação de imóveis ocasionais para férias, a colocação de filhos em escolas particulares, aquisição ou manutenção de plano de saúde para os familiares, utilização de serviços pessoais como cabeleireiro, manicure, dentre outros, mostram forte concentração do consumo nos estratos mais abastados, enquanto nas últimas classes da estratificação socioeconômica o montante gasto nessas categorias é expressivamente mais baixo. Vale destacar que a concentração de consumo destas categorias foi bastante superior à própria concentração de renda no Brasil que, em 2009, foi de aproximadamente 0,54 (Neri, 2011).

Esses resultados, considerados para um único período, têm importante implicação para as decisões de marketing de uma empresa. Exemplos disso relacionam-se com decisões de ampliação de linhas de produto por meio do lançamento de novas marcas destinadas especificamente ao atendimento de vintis ou estratos socioeconômicos intermediários, com preços mais acessíveis, com a distribuição dessas marcas em pontos de venda situados em bairros mais populares e com apelos de comunicação centrados na oportunidade de uso de marcas famosas; ou ainda, a possibilidade da empresa aproveitar uma oportunidade de mercado para realizar uma extensão de marca, passando a comercializar uma nova categoria de produto, dentre outras possíveis decisões. A título de exemplificação, tomemos por base estudo publicado (Kamakura e Mazzon, 2013), que apresenta os coeficientes de Gini com base nos dados da Pesquisa de Orçamentos Familiares do IBGE para 2003 e 2009, mas com uma estratificação diferente, e também agregando os gastos domiciliares em dezessete categorias de produto, não sendo, portanto, diretamente comparáveis os resultados com os que apresentamos no presente estudo, em 21 categorias definidas em conjunto com a Abep. Com base no artigo acima mencionado, verificamos que, em quatro categorias de produtos ou serviços houve aumento desse coeficiente, refletindo maior concentração do consumo entre 2003 e 2009: na categoria "açúcares e derivados" houve um aumento expressivo desse coeficiente de 0,13 para 0,22 (aumento de 0,09 pontos, equivalentes a quase 70%). Isso significa que muitos consumidores nos estratos mais pobres deixaram de consumir ou reduziram o consumo de açúcar, enquanto que os das camadas mais abastadas mantiveram ou aumentaram seus gastos nessa categoria. Essa mesma interpretação vale também para as categorias de "joias e acessórios" (9%), "uso esporádico de imóveis" (7%) e "viagens" (6%). De outra parte, o estudo de Kamakura e Mazzon (2013) mostra que entre 2003 e 2009 houve desconcentração do consumo em onze categorias de produto, sendo as mais significativas: produtos de panificação (desconcentração do consumo em cerca de (-22%); uso de serviços profissionais (-12%); recreação e cultura (-11%) e educação privada (-9%). Esses resultados comparativos revelam que domicílios de estratos de menor nível socioeconômico passaram a ter mais acesso a esses bens ou serviços, implicando em um crescimento de demanda passível de ser explorado nas estratégias e programas de marketing pelas empresas que atuam em cada um desses respectivos setores econômicos.

4.2 O EFEITO LÍQUIDO DOS ESTRATOS SOCIOECONÔMICOS NO CONSUMO, AJUSTADO POR OUTROS FATORES QUE AFETAM O CONSUMO

Uma limitação das curvas de Lorenz mostradas na Figura 4.1 e nos coeficientes de Gini listados na Tabela 4.1 é o fato que eles ignoram as diferenças de composição familiar, geodemografia, cultura etc, entre os domicílios, que certamente afetam as necessidades de consumo de uma família. É certo que um domicílio com quatro adultos e três crianças tem uma necessidade de alimentos maior que um casal sem filhos ou dependentes. Também é de se esperar que o custo da alimentação e habitação no interior do Amazonas seja menor que na capital de São Paulo. Portanto, para entender melhor as diferenças no consumo entre os estratos socioeconômicos, deve-se levar em conta, ou corrigir, as diferenças entre os domicílios nos outros fatores que afetam o consumo. Para isso, estimamos um modelo linear geral multivariado usando o consumo de cada domicílio nas várias categorias de consumo como variáveis dependentes, e os estratos socioeconômicos, além dos outros fatores geodemográficos e culturais, como previsores. A Tabela 4.2 lista as estimativas obtidas desse modelo.

Classes Socioeconômicas e Consumo no Brasil

Tabela 4.2 – Efeito da estratificação socioeconômica e de fatores geodemográficos no consumo

Previsor	Alimentação no domicílio	Alimentação fora do domicílio	Bebidas	Artigos de limpeza	Produtos para manutenção da casa	Eletrodomésticos	Vestuário	Cuidados pessoais	Saúde e medicamentos	Educação	Viagens, recreação e cultura	Fumo	Uso pessoal	Habitação e materiais de construção	Telefonia fixa e móvel	Transporte e manutenção de automóvel	Impostos e despesas financeiras	Serviços de utilidade pública	Serviços pessoais e profissionais	Outras despesas	Investimentos
Intercepta	1964	-228	81	111	-127	291	217	241	1725	693	418	93	8	2400	374	-1381	-38	451	595	-49	-5796
Estrato 1	4500	6744	811	398	6552	2278	5001	1721	9383	5828	6552	124	503	23464	5005	10050	7923	2977	8836	7800	44785
Estrato 2	3456	4164	696	304	3336	1359	2886	1192	4947	3394	3536	31	191	13479	3197	6821	3382	1481	4036	4870	20644
Estrato 3	2181	1986	443	134	1806	835	1853	783	2491	1708	1399	19	110	6803	1866	3983	1350	1224	1874	2328	8256
Estrato 4	1415	1091	268	76	731	480	1091	519	1092	595	619	28	54	3268	880	2064	494	815	601	1177	2687
Estrato 5	721	413	138	49	270	235	516	314	394	155	237	9	21	1523	403	885	169	592	236	431	496
Estrato 6	387	185	47	24	83	102	248	158	104	90	118	14	12	643	146	391	29	317	76	189	406
Estrato 7	0	0	0	0	0	0	0	0	0	0	0	0	0	0	0	0	0	0	0	0	0
Sul-Sudeste	-309	420	7	-11	165	30	-6	-98	370	73	82	84	-23	946	170	446	274	186	11	-26	438
Idade_25	-958	1017	106	-63	144	380	707	265	-1754	711	408	16	40	-1338	-3	805	-213	-275	-292	-246	2794
Idade_25_29	-991	1109	86	-60	180	342	675	225	-1684	513	482	6	46	-1129	8	975	-119	-359	-297	-15	4828
Idade_30_39	-874	982	55	-41	415	231	514	191	-1732	467	350	21	37	-744	46	969	-106	-300	-389	54	4885
Idade_40_49	-582	581	59	-33	294	157	461	132	-1536	358	264	66	25	-891	34	831	-126	-174	-383	159	3404
Idade_50_59	-324	451	71	-16	48	66	150	28	-1154	263	201	72	3	-566	100	786	138	-105	-439	278	1178
Idade_60_69	-137	83	27	-9	359	32	33	8	-265	33	-5	28	8	4	46	263	47	-43	-269	205	369
Casal	740	164	145	43	281	70	63	6	113	28	67	33	4	8	8	939	246	115	-86	108	1658
Solteiro	-185	545	271	-24	-282	-71	-176	-126	-339	121	294	38	-24	-80	1	776	310	-97	42	427	926
Branco	-120	-381	-36	-10	180	-272	-366	-185	46	192	-645	-92	1	-191	-378	153	21	-11	-60	10	2392
Negro	-279	-451	-80	-28	510	-225	-310	-169	-189	176	-715	-86	3	-489	-389	110	-187	28	-160	171	2424
Oriental	-880	149	-204	15	-1601	-648	-513	-187	314	-502	479	-165	103	-1089	-517	550	-242	-255	-1236	-350	25738
Mulato	-171	-376	-62	-26	190	-236	-296	-174	-177	125	-702	-101	-1	-487	-380	146	-152	42	-180	209	2670
Filhos_0_4	355	-148	7	27	-32	44	47	30	119	-89	-34	1	-5	-114	45	-21	-19	65	87	46	-122
Filhos_5_9	371	-113	3	13	-78	-14	48	-20	-91	123	-14	-2	-12	-78	-27	-146	-54	73	7	-186	-962
Filhos_10_14	356	73	15	15	26	13	96	26	-80	184	3	-11	3	-158	-41	-5	-43	56	-59	-26	-827
Filhos_15_19	345	136	33	14	3	0	244	88	-100	205	7	6	6	-263	51	109	-16	120	-7	-128	-658
Filhos_20_24	509	241	80	15	9	63	360	206	128	439	348	16	26	191	169	568	45	145	5	15	525
Filhos_25_29	443	481	92	38	12	59	362	184	-67	334	235	72	22	-287	171	895	100	206	-112	-10	1589
Filhos_30_34	771	454	146	42	79	-6	460	199	191	51	300	58	8	-107	203	940	-78	265	46	-174	275

Estimativa não é estatisticamente significante ao nível de 5%

Os resultados da Tabela 4.2 mostram em que tipos de produto ou serviço cada um dos estratos socioeconômicos aloca o orçamento de consumo comparativamente a um estrato ou categoria base, depois de levar em conta outros fatores, como a composição familiar e localização geográfica do domicílio, que também afetam o consumo. Esses resultados mostram que, na média, os domicílios pertencentes ao estrato 1 gastam anualmente em saúde e medicamentos R$ 9.383 a mais que domicílios no estrato 7, depois de corrigir por diferenças no número de adultos e de menores de 18 anos, localização do domicílio, tipo de município urbano capital/área metropolitana, interior e zona rural, e ainda a região geográfica em que ele está localizado. Da mesma forma, domicílios no estrato mais abastado (1) alocam R$ 10.050 e R$ 44.785 a mais que o estrato base (7) nas categorias "transporte e manutenção de automóvel" e "investimentos". Podemos analisar uma coluna da Tabela 4.2 de uma dada categoria de produto, por exemplo, "vestuário", em que verificamos que o estrato 1 gasta por ano em média R$ 5.001 a mais que o estrato 7, tomado como base; o estrato 2 gasta em média a mais R$ 2.886, e o estrato 6 gasta R$ 248 a mais que o gasto realizado pelo estrato 7. Tomando por base esses exemplos, podemos verificar o quanto, na média, cada estrato gasta a mais que o estrato base número 7 para cada uma das 21 categorias de produtos ou serviços, depois de corrigir por outros fatores que também afetam o consumo. Podemos também comparar relativamente os gastos de um estrato específico em relação a outro estrato. Por exemplo, em "vestuário", o estrato 1 apresentou gastos médios de R$ 5.001 a mais do que os valores gastos pelo estrato 7, enquanto o estrato 2 evidencia gastos superiores ao estrato base em R$ 2.886. Isso revela que o gasto relativo do estrato 1 é superior ao gasto do estrato 2 em cerca de 73%; ou ainda, na mesma categoria de vestuário, que o estrato 1 (gasto de R$ 5.001 a mais que o estrato 7 em vestuário) e o estrato 2 (gasto de R$ 2.886 a mais que o estrato 7), gastam a mais que o estrato 5 (gasto de R$ 516 a mais que o estrato 7), aproximadamente 9,7 vezes (R$ 5.001/R$ 516) e 5,6 vezes (R$ 2.886/R$ 516), respectivamente. Esse mesmo raciocínio pode ser estendido em relação às demais variáveis geodemográficas. É o caso, por exemplo, dos gastos efetuados em cada categoria de produto segundo a faixa etária do chefe da família. Observamos que consumidores com menos de 25 anos, gastam em média R$ 707 a mais que consumidores da faixa etária base, com idade acima de 69 anos. Para consumidores entre 40 e 49 anos, os gastos anuais médios com vestuário são de R$ 461 a mais que o gasto médio da faixa etária base (mais de 69 anos). No caso de "investimentos", observamos que as categorias que mais investem correspondem às faixas etárias entre 30 e 39 anos (R$ 4.885 a mais em média que a faixa etária base) e entre 25 e 29 anos (R$ 4.828 a mais em relação à categoria base). Os resultados dessa tabela, portanto, mostram os impactos nos gastos líquidos com os 21 tipos de produtos ou serviços decorrentes da estratificação socioeconômica efetuada e dos fatores geodemográficos considerados neste estudo. O mais importante aqui é que os resultados da Tabela 4.2 revelam o consumo marginal que pode ser atribuído a cada fator, incluindo a estratificação socioeconômica. Em outras palavras, esses resultados isolam o efeito de cada fator no consumo, mostrando o efeito líquido do estrato socioeconômico no consumo para famílias de composição e localização equivalentes.

Como o foco do nosso estudo é a estratificação socioeconômica do mercado brasileiro, procuramos representar visualmente na Figura 4.2 o efeito líquido dos sete estratos socioeconômicos no consumo.

Figura 4.2 – Efeito marginal da estratificação socioeconômica no consumo

Painel A

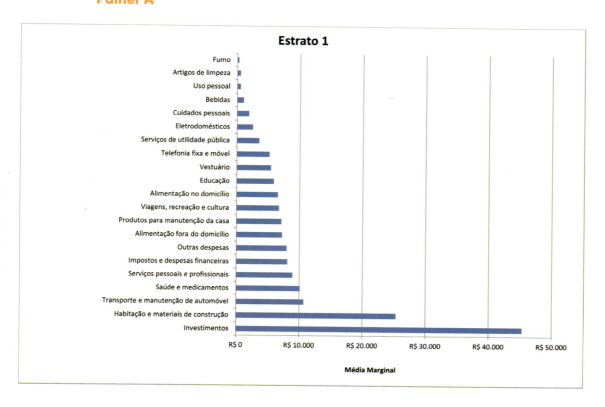

Figura 4.2 – **Painel B**

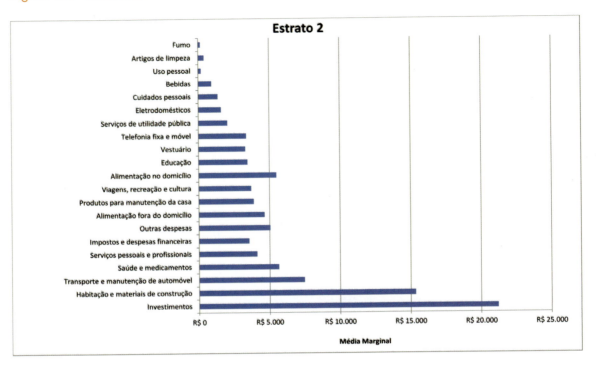

Figura 4.2 – **Painel C**

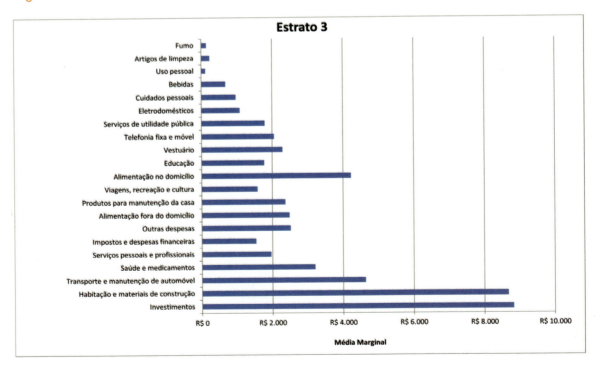

Classes Socioeconômicas e Consumo no Brasil

Figura 4.2 – **Painel D**

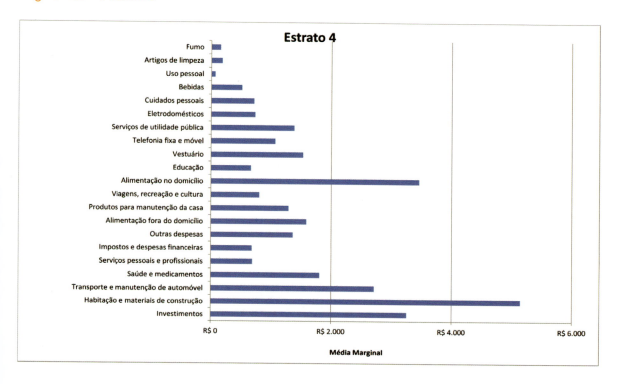

Figura 4.2 – **Painel E**

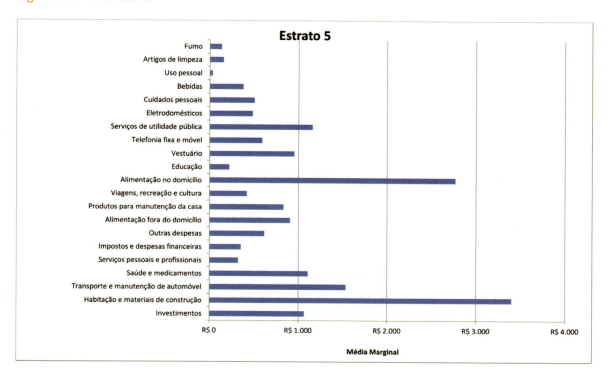

Figura 4.2 – **Painel F**

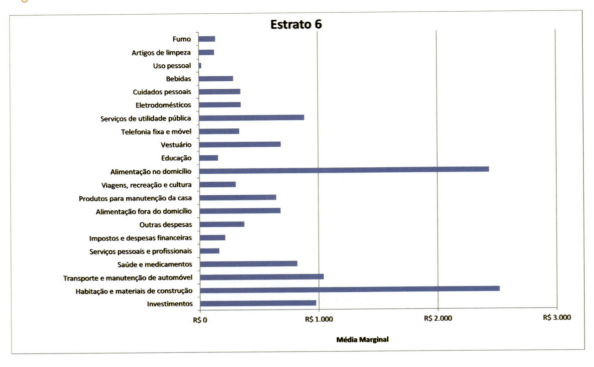

Figura 4.2 – **Painel G**

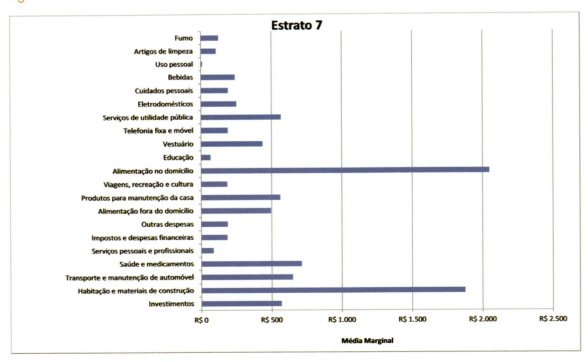

Os resultados expressos na Figura 4.2 mostram como famílias de composição familiar e localização similares alocam os seus gastos com itens de consumo pessoal ou domiciliar, revelando, portanto, o efeito líquido da posição socioeconômica no consumo depois de levar em conta outros fatores que afetam o mesmo. Nos estratos mais abastados (1 e 2), parcela substantiva é alocada nas categorias de "investimentos" e "habitação e materiais de consumo", respectivamente. Isso decorre em função dessas famílias terem um orçamento financeiro mais elevado e, consequentemente, condições de alocar recursos em investimento e habitação, melhorando sua condição de vida atual e assegurando recursos para o futuro. No estrato 3, podemos verificar que duas outras categorias assumem importância relativa maior: gastos com "transporte e manutenção de automóvel" e despesas com "alimentação no domicílio". Observando agora os resultados do estrato 4, notamos uma inversão na prioridade da alocação de recursos: em primeiro lugar temos o consumo de itens relativos à "habitação e materiais de construção", vindo a seguir "alimentação no domicílio", "investimentos" e "transporte e manutenção de automóvel". Em relação aos estratos 1, 2 e 3, onde "investimentos" ocupa a primeira posição no montante de gastos, no estrato 4 a primeira posição é ocupada por gastos com "habitação e materiais de construção", seguida por gastos com "alimentação no domicílio". No estrato 4, "investimentos" passa a ocupar a terceira posição. Analisando a figura referente ao estrato 7, o de menor nível socioeconômico na sociedade brasileira, observamos que a categoria que absorve o maior volume de recursos é a de "alimentação no domicílio", vindo a seguir "habitação e materiais de construção", gastos com "saúde e medicamentos", "transporte e manutenção de automóvel" e "serviços de utilidade pública", compreendendo basicamente gastos com água, gás e energia elétrica. Desse modo, verificamos que as prioridades na alocação do orçamento domiciliar variam de acordo com cada estrato, em que aqueles de menor nível socioeconômico evidenciam maior gasto em produtos de subsistência, de primeira necessidade; em contraposição, nos estratos de maior nível socio-econômico, as prioridades direcionam-se para o asseguramento financeiro e de moradia para desfrutar boas condições de vida no futuro.

4.3 DIFERENÇAS NAS PRIORIDADES DE CONSUMO ENTRE OS ESTRATOS SOCIOECONÔMICOS

Embora tenha havido uma preocupação em discernir o efeito da estratificação socioeconômica dos outros fatores que afetam o consumo através do modelo linear geral multivariado, os resultados mostrados na Tabela 4.2 e na Figura 4.2 ainda confundem dois efeitos distintos. Como analisamos o valor em reais gasto em cada categoria, não sabemos se as diferenças entre os estratos são causadas por limitações orçamentárias, ou se por diferenças em prioridades ou preferências de consumo. Dado que a renda é um dos critérios importantes na definição dos estratos, é óbvio que os estratos mais abastados operam com um orçamento familiar maior e, portanto, têm mais liberdade de consumo, independente de suas prioridades, podendo utilizar uma boa porção de seu orçamento em categorias menos essenciais. Os estratos menos abastados têm um consumo menor nas categorias menos essenciais, mas não podemos assumir que isso seja somente devido ao fato de terem um orçamento mais limitado; em algumas categorias o consumo mais baixo pode também ser devido a uma menor prioridade dada a essas categorias (em outras palavras não sabemos se gastam menos porque não podem ou porque não querem). Portanto, para melhor entender as diferenças no consumo entre os estratos socioeconômicos, devemos isolar o efeito do orçamento do efeito das prioridades de consumo.

4.3.1 Modelo de alocação orçamentária

Para distinguir entre esses dois efeitos – restrição orçamentária ou prioridades de consumo – utilizamos um modelo mais sofisticado (e complexo!) que o modelo linear geral, ou seja, o modelo de alocação de recursos limitados, recentemente aplicado por Du e Kamakura (2008) e Kamakura e Du (2012). Esse modelo de alocação de recursos tenta emular o processo de decisão de um consumidor racional na alocação de seu orçamento de consumo.

Para melhor entender como o modelo de alocação orcamentária funciona, considere a seguinte situação: no meio da aventura dos seus sonhos, navegando solitário no seio da selva amazônica, a sua canoa choca-se com um tronco e naufraga, mas você consegue nadar até uma aldeia somente com R$ 90 na carteira. Na aldeia, que é completamente isolada, fica sabendo que a única saída é um barco, que daqui a três dias o levará para uma cidade maior (onde você poderá se comunicar com a família e amigos) por R$ 20 na segunda classe, ou R$ 30 na primeira classe. Uma cama na única pensão custa R$ 10 (você pode dormir na beira do rio, se não se importar com cobras, insetos e outros inconvenientes); uma refeição custa R$ 10, e um banho de chuveiro R$ 5 (o rio é cheio de piranhas). Certamente, a primeira decisão que tomará é reservar a passagem do barco, mas na primeira ou segunda classe? Provavelmente, vai garantir um lugar no barco, e depois decidir pelo *upgrade* se o valor marginal da primeira classe for maior que o valor marginal de uma refeição, uma cama ou um banho de chuveiro. A segunda prioridade é garantir pelo menos uma refeição para cada um dos três dias; o valor marginal da segunda refeição em cada dia deve ser menor que o valor marginal de dormir protegido nas três noites, que seria a próxima prioridade. O dilema agora é como usar os R$ 10 restantes. No *upgrade* do barco? Ou em uma refeição extra em um dos três dias? Ou dois banhos de chuveiro? Isso dependerá do valor marginal dessas opções, depois do que você já consumiu. Essa história mostra exatamente como o modelo de alocação orçamentária restrita funciona. Assumimos que o valor marginal do consumo em qualquer categoria diminui quanto mais é consumido naquela categoria. Em outras palavras, à medida que consumimos, ficamos saciados. Também assumimos que cada real é gasto na categoria que produz o maior valor marginal, dado o que já foi consumido. Como na história de seu naufrágio, os primeiros reais vão à categoria de maior valor marginal. Quando o valor marginal dessa categoria é suplantado pelo valor marginal de outra categoria, essa nova categoria recebe os reais extras, até que seu valor marginal é suplantado por outra, e assim por diante.

Para modelar esse processo de alocação de um orçamento limitado entre múltiplas categorias competindo por cada real disponível, assumimos que o domicílio h maximiza a função de utilidade $G(x_h)$ sobre um conjunto de J quantidades consumidas $x_h = (x_{1h}, x_{2h}, ..., x_{Jh})$, sujeitas a um orçamento restrito $p'x_h \leq m_h$, com preços $p = (p_1, p_2, ..., p_j)' > 0$ para cada categoria e m_h é o orçamento total do domicílio h. Seguindo a especificação de Du e Kamakura (2008), utilizamos a função de Stone-Geary para esse propósito:

$$G(x_h) = \sum_{i=1}^{J} \alpha_{ih} \ln(x_{ih} - \beta_i) \tag{4.1}$$

onde $\alpha_{ih} > 0$, $(x_{ih} - \beta_i) > 0$, e J é o número de categorias de consumo concorrendo pelo orçamento do domicílio. Como ilustramos com o caso de seu naufrágio no Amazonas, esse processo de alocação assume que o domicílio distribui sua renda disponível incrementalmente à categoria que produz a maior utilidade marginal por real, $\dfrac{\partial G(x_h)}{\partial x_{ih}} \dfrac{1}{p_i} = \dfrac{\alpha_{ih}}{(p_i x_{ih} - p_i \beta_i)}$, dado o nível atual de consumo x_h, até que o orçamento se esgota ou $\sum_{i=1}^{J} p_i x_{ih} = m_h$. A solução desse problema de otimização produz um sistema de demanda que é linearmente dependente do orçamento e dos preços das categorias,

$$p_i x_{ih} = p_i \beta_i + \theta_{ih}^* \left(m_h - \sum_{j=1}^{J^*} p_j \beta_j \right), \ i=1, 2, \ldots, J^*, \tag{4.2}$$

sendo $\theta_{ih}^* = \alpha_{ih} \Big/ \sum_{j=1}^{J^*} \alpha_{jh}$, e J^* é o conjunto de categorias consumidas pelo domicílio.

É importante notar que em nossa aplicação do modelo de alocação orçamentária não há variação de preços dentro de cada categoria (porque não temos dados dos preços pagos por cada domicílio, e somente utilizamos dados do ano de 2009); portanto, temos que fixar todos os preços (ao valor unitário, sem nenhum impacto na generalidade dos resultados) e, com isso, não podemos estimar o impacto dos preços no consumo.

Para levar em conta que há diferenças em preferências ou prioridades de consumo dentro de cada estrato, utilizamos a formulação de componentes principais de Du e Kamakura (2008), de maneira que:

$$\alpha_{ih} = \exp(\gamma_i + \lambda_i Z_h + \varepsilon_{ih}), \ \text{e} \tag{4.3}$$

$$\beta_i = \min(x_i) - \exp(\eta_i), \text{ para garantir que } x_{ih} - \beta_i > 0 \text{ para } \forall h, \tag{4.4}$$

em que:

- $(e^{\gamma_i}$ é a média geométrica do parâmetro de preferências α_{ih} para a categoria i para toda a amostra;

- Z_h é um vetor p-dimensional de escores normais padronizados independentes para o domicílio h;

- λ_i é um vetor p-dimensional de carga de fatores para a categoria i;

- ε_{ih} é um resíduo aleatório distribuído normalmente com média zero e desvio padrão σ_i.

Além dos fatores ortogonais Z_h capturando as diferenças em preferências não observáveis, também incorporamos as diferenças observadas por meio de características geodemográficas de cada domicílio (W_h),

$$\alpha_{ih} = \exp(\gamma_i + \lambda_i Z_h + \delta_i W_h + \varepsilon_{ih}). \tag{4.5}$$

Para que o modelo seja identificável, as preferências por uma categoria (habitação, que é consumida por todos os domicílios) são fixadas ao valor unitário ($\alpha_{1ht} = 1$). Portanto, preferências são estimadas em relação a essa categoria básica. Estimativas dos parâmetros desse modelo são obtidas pelo método de maximização de verossimilhança simulada. Detalhes técnicos sobre o processo de estimação estão fora do escopo deste livro e podem ser encontrados no artigo de Du e Kamakura (2008).

Como discutimos, o principal propósito desse modelo de alocação orçamentária é separar as diferenças de pressão orçamentária (que é menor nas classes mais abastadas) das diferenças de prioridade de consumo. Em outras palavras, queremos levar em conta que as classes menos abastadas gastam menos em educação privada ou entretenimento por várias razões: primeira, porque como o "bolo" a ser repartido é menor, todas as categorias acabam sendo menos consumidas; segunda, como o orçamento é mais apertado, a maior parte dele vai para o consumo essencial básico, sobrando pouco para os gastos menos prioritários; e terceira, é possível que as estruturas de preferências dos mais pobres sejam diferentes dos mais ricos, independente do orçamento que têm sua disposição. Esses três efeitos ficam mais distinguíveis quando os orçamentos são apresentados na forma de curvas de Engel, que mostram a participação de cada categoria no orçamento, para cada valor do orçamento total. Portanto, queremos estimar como as curvas de Engel para cada categoria se comparam entre os estratos sociais, depois de levar em conta outros fatores que também afetam as prioridades de consumo, como composição familiar, localização geográfica etc. No modelo de alocação orçamentária descrito nas equações (4.1)-(4.4), a curva de Engel (medida como a proporção do orçamento, S_{ih}) é inversamente proporcional ao orçamento m_h:

$$s_{ih} = \frac{1}{m_h}\beta_i + \theta_{ih}^* \left(1 - \Sigma_{j=1}^{J^*} \frac{\beta_j}{m_h}\right)$$

(4.6)

em que $\theta_{ih}^* = \frac{\exp(\gamma_i + \lambda_i z_h + \delta_i W_h)}{\Sigma_{j=1}^{J^*} \exp(\gamma_j + \lambda_j z_h + \delta_j W_h)}$, e J^* é o conjunto de categorias consumidas pelo domicílio h.

Construímos as curvas de Engel "teóricas" primeiro estimando as parcelas do orçamento gastas por cada domicílio h em cada categoria i, $(\hat{S}_{ih})$, como mostrado na equação (4.5), com base nas preferências individuais em função do perfil geodemográfico do domicílio $\hat{\alpha}_{iht} = \exp(\gamma_i + \lambda_i Z_h + \delta_i W_h)$ e dos outros parâmetros ($\hat{\beta}_i$). Uma vez obtidas essas alocações esperadas, calculamos a média dentro de cada estrato socioeconômico para domicílios com orçamentos totais semelhantes (agrupados em percentis).

Os parâmetros estimados para o modelo de alocação orçamentária também podem ser utilizados para simulações de política social e econômica, gerando o consumo esperado para cada domicílio em nossa amostra, sob diferentes cenários, definidos por mudanças no orçamento dos domicílios, ou mudanças nos valores alocados em certas categorias. Um exemplo do primeiro tipo de cenário seria a redistribuição do orçamento domiciliar, como consequência da redistribuição de renda. Um exemplo do segundo tipo de cenário seria a redução do consumo de energia em razão de uma mudança de preços ou subsídios a certos estratos socioeconômicos. Para essa simulação, basta aplicar uma heurística simples diretamente obtida do modelo nas equações (4.1)-(4.4), para cada domicílio:

1. Inicie com um orçamento completo, alocando R$ 0 a cada categoria ($m_{ih} = $ R$ 0$).

2. Calcule as utilidades marginais $\frac{\partial U_{ih}}{\partial m_{ih}} = \frac{\exp(\alpha_{ih})}{m_{ih} - \beta_i}$ para cada categoria.

3. Designe um real à categoria i que oferece a maior utilidade marginal ($m_{ih} = m_{ih} + $ R$ 1$).

4. Deduza um real do orçamento total.

5. Repita os passos 2-4 até que o orçamento se esgote.

4.3.2 Aplicação do modelo de alocação orçamentária aos dados da POF 2008-2009

Para um melhor entendimento das diferenças entre os estratos socio-econômicos em termos de consumo, aplicamos o modelo descrito acima aos dados de consumo domiciliar da POF 2008-2009, utilizando como previsores os estratos socioeconômicos, além das outras características geográficas, demográficas e sociais não utilizadas diretamente na estratificação. As variáveis dependentes foram os gastos declarados por domicílio nas 21 categorias descritas no início do capítulo anterior.

A qualidade do ajuste do modelo aos dados de 55.685 domicílios considerados da amostra da POF 2008-2009 é analisada na Tabela 4.3. A segunda coluna da Tabela 4.3 analisa como o modelo conseguiu explicar a incidência de consumo em cada categoria, mostrando a proporção dos domicílios em que a incidência (ou não) do consumo foi corretamente prevista pelo modelo. A última coluna mostra o grau de ajuste entre o consumo previsto e o consumo atual, para os domicílios em que foi observado consumo na categoria. Como discutimos antes, os dados de consumo para várias das categorias fo-

Classes Socioeconômicas e Consumo no Brasil

ram coletados somente durante o período de uma semana. Portanto, ao nível do domicílio, os dados contêm uma incidência de consumo mais baixa do que se espera para o período de um ano. Em geral, considerando o grande número de domicílios na amostra e a baixa incidência de várias categorias, o grau de ajuste do modelo aos dados pode ser considerado bem razoável.

As estimativas obtidas para o modelo de alocação orçamentária aplicado aos dados de consumo da POF estão listadas na Tabela 4.4. Como discutimos na descrição do modelo, os seis fatores latentes foram utilizados apenas para levar em conta que há outros fatores, não observáveis, que também afetam a prioridade de consumo de uma família e, portanto, a interpretação das cargas desses fatores não é relevante para nossos propósitos.

O que realmente nos interessa são as estimativas para os seis estratos (o último é usado como base) e para as variáveis que descrevem a composição familiar, a localização geográfica e o perfil sociocultural do domicílio. É bom lembrar que essas estimativas se referem às prioridades de consumo, em vez do valor consumido. Em outras palavras, o modelo de alocação trata o orçamento como dado (exógeno) e foca nas preferências do domicílio pelas categorias, em função de seu *status* socioeconômico e perfil geodemográfico. Temos também que levar em conta que todas as estimativas se referem à prioridade da categoria em relação à habitação, tomada como base.

4.3.2.1 As prioridades de consumo dos estratos socioeconômicos

Os resultados expressos na Tabela 4.4 podem ser avaliados de duas formas: no sentido vertical, comparando diferenças nas prioridades de consumo de um dado tipo de produto ou serviço segundo o estrato socio--econômico (tomando-se por base o estrato 7 e os gastos com habitação) ou segundo variáveis geodemográficas (tomando uma categoria de cada variável por base, além dos gastos com habitação); e, no sentido horizontal, olhando para um determinado estrato socioeconômico ou uma específica categoria de variável, podemos verificar que tipos de produtos ou serviços têm maior ou menor prioridade no consumo desse estrato ou categoria de variável. Assim, por exemplo, considerando o primeiro caso – análise vertical –, tomemos a categoria "alimentação fora do domicílio". Os estratos que mais importância ou prioridade atribuem à alimentação fora do domicílio correspondem ao terceiro (coeficiente 0,24) e quarto (0,23), ao passo que o estrato 6 é aquele que menor prioridade atribui a esse tipo de gasto, depois do estrato base (7). Podemos observar que todos os estratos apresentam coeficientes positivos nessa categoria, revelando que os estratos de 1 a 6 atribuem maior prioridade do que o estrato 7 em relação à alimentação fora do domicílio. Em contraposição, vemos que na variável "alimentação no domicílio" esses seis estratos apresentam coeficientes negativos, evidenciando que todos eles atribuem menor importância à alimentação no domicílio relativamente à prioridade atribuída pelo estrato 7.

Tomemos agora como exemplo a categoria "serviços de utilidade pública". Podemos observar que os coeficientes referentes aos estratos 1 a 4 apresentam sinal negativo, mostrando que a relevância atribuída por esses segmentos aos serviços de utilidade pública é menor do que a importância dada pelos segmentos 5 e 6, que apresentam coeficientes com sinal positivo, e do segmento 7 utilizado como base. Isso sugere que os quatro primeiros estratos dão menor prioridade aos serviços de utilidade pública que os domicílios dos estratos 5 e 6, provavelmente porque podem facilmente atender a suas necessidades nesse aspecto. Tomando agora como exemplo a categoria "investimentos", podemos notar que os estratos de 1 a 6 apresentam coeficientes com sinal positivo, revelando que todos eles atribuem maior prioridade à aquisição de imóveis e automóveis relativamente ao estrato 7 (de menor nível socioeconômico). É razoável que este último estrato atribua maior prioridade à aquisição de produtos de subsistência, como a alimentação no domicílio. Os seis estratos referidos, contudo, embora apresentem todos coeficientes positivos, não têm a mesma magnitude. Ou seja, cada estrato atribui prioridade distinta em termos dessa variável. O estrato 3 é aquele com maior coeficiente (0,59), seguido do estrato 4 (0,51), revelando assim serem aqueles que maior prioridade atribuem à aquisição desses bens. Os estratos 1, 2 e 5 apresentam coeficientes iguais (0,34), demonstrando que têm menor prioridade para gastar recursos para aquisição de imóveis e automóveis do que os estratos 3 e 4.

O mesmo raciocínio se aplica quando analisamos os resultados segundo variáveis geodemográficas. Tomando por base a região Centro-Oeste e a categoria habitação, podemos constatar que a região Norte-Nordeste atribui maior prioridade na alocação dos recursos orçamentários para a categoria "alimentação no domicílio" (0,22), seguida da região Sul-Sudeste (0,03). Ainda em relação a essa categoria de consumo, verificamos que domicílios situados em capitais ou regiões metropolitanas atribuem menor prioridade a gastos com alimentação no domicílio (-0,12) do que aqueles localizados em cidades do interior (-0,06). Portanto, domicílios localizados em áreas urbanas atribuem menor importância na alocação dos recursos orçamentários à alimentação no domicílio do que aqueles localizados na zona rural.

Outro exemplo pode ser dado em relação a gastos com "educação privada" segundo a faixa etária dos filhos. Podemos constatar que a categoria formada por domicílios sem filhos ou com filhos com idade até 4 anos apresenta um coeficiente com sinal negativo (-0,11), o que denota uma menor prioridade na alocação de recursos a serem gastos com educação privada. A partir da existência de filhos com 5 ou mais anos de idade, os coeficientes apresentam sinal positivo, significando que é dada prioridade maior na alocação do orçamento de consumo para colocar filhos em escola particular. O maior coeficiente está associado à categoria filhos na faixa etária entre 10 e 14 anos – que corresponde a adolescentes matriculados no segundo nível do Ensino Fundamental, do 6º ao 9º ano. Aqui é onde se dá mais importância a que os filhos estudem em escolas privadas. Notamos, ainda, que a importância atribuída a essa característica decresce para filhos com idade a partir de 25 anos morando no domicílio (coeficiente de 0,03).

Tomemos agora como exemplo uma análise horizontal dos resultados da Tabela 4.4, focando no estrato mais abastado (1). Com exceção de "alimentação no domicílio" (em que o coeficiente é -0,02), todas as vinte outras categorias de produtos e serviços apresentam coeficientes com sinal positivo, mostrando assim que esse estrato atribui maior importância a gastos nesses produtos comparativamente ao estrato 7. Os coeficientes têm magnitudes distintas, o que significa que esse estrato atribui prioridade maior a alguns produtos ou serviços em relação a outros. É o caso de gastos com aquisição de imóveis e automóveis (0,34), com educação particular (0,33), com serviços pessoais e profissionais (0,33), com impostos e despesas financeiras (0,28) – afinal, esse é o segmento com maior renda corrente familiar. Esse estrato atribui menor prioridade em relação a gastos com serviços de utilidade pública (-0,05), fumo (-0,03) e alimentação no domicílio (-0,02), vindo a seguir as categorias de bebidas (0,05), vestuário (0,07), cuidados pessoais (0,07), artigos de limpeza (0,07), saúde/medicamentos (0,08), eletrodomésticos (0,10), transporte e manutenção de automóvel (0,11), manutenção da casa (0,12), alimentação fora do domicílio (0,13), telefonia (0,14), viagens recreativas e culturais (0,18) e produtos de uso pessoal (0,19). É importante ressaltar, por exemplo, que as menores prioridades atribuídas a serviços de utilidade pública e alimentação no domicílio não significam que os domicílios desse estrato não valorizem essas categorias, mas sim que não veem problemas com a satisfação de suas necessidades atuais.

De outra parte, se focarmos no estrato 3, as maiores prioridades de consumo estão associadas à aquisição de imóveis e automóveis (0,59), gastos com educação particular (0,57), gastos com impostos e despesas fie despesas com serviços profissionais (0,49). Em um nível intermediário de prioridade, podemos constatar gastos com produtos de uso pessoal (0,32), viagens recreativas e culturais (0,31), telefonia (0,29), transporte e manutenção de veículos (0,26), alimentação fora do domicílio (0,24), manutenção da casa (0,21) e gastos com eletrodomésticos (0,20). As menores prioridades de consumo do estrato 3 estão relacionadas a gastos com fumo (-0,09), serviços de utilidade pública (-0,06), alimentação no domicílio (-0,03), bebidas (0,11), artigos de limpeza (0,11), vestuário (0,14), cuidados pessoais (0,15) e saúde/medicamentos (0,16). Comparando os resultados das prioridades atribuídas pelo estrato de maior nível socioeconômico com um de classe média mais elevada (estrato 3), verificamos que eles são distintos, seja em decorrência do fato de as necessidades existentes em algumas dessas categorias estarem satisfeitas, seja de necessidades relativas a outras categorias de produtos e serviços ainda não estarem satisfeitas.

Tomando-se agora a variável demográfica "adultos", podemos observar que quanto maior a quantidade de adultos em um domicílio, maior é a prioridade atribuída a gastos com educação particular (0,19), seguida de despesas com fumo (0,17) e com planos de saúde/medicamentos (0,14). Em contraposição, quanto maior o número de crianças e adolescentes no domicílio, maior a prioridade na alocação do orçamento para educação particular (0,40), produtos de uso pessoal (0,16) e vestuário (0,14). Podemos verificar que ambas as variáveis – número de adultos e número de pessoas com menos de 18 anos no domicílio – têm um efeito positivo na prioridade da educação em escola particular, em que o coeficiente referente à quantidade de crianças e adolescentes (0,40) é maior que aquele associado à quantidade de adultos (0,19), revelando que essa prioridade é maior em residências com maior quantidade de pessoas com menos de 18 anos de idade.

Analisemos, agora, os impactos do modelo de alocação orçamentária em termos de região geográfica. Os coeficientes positivos mais expressivos referem-se à região Norte-Nordeste, refletindo, pois, maior prioridade na alocação do orçamento para as seguintes categorias: produtos de uso pessoal (0,35), produtos para manutenção da casa (0,28), educação em escola particular (0,25), bebidas (0,20) e artigos de limpeza doméstica (0,20), comparados à categoria demográfica base que é a região Centro-Oeste e os gastos com habitação e materiais de construção. Já as maiores prioridades verificadas na região Sul-Sudeste correspondem à alocação do orçamento para aquisição de produtos para manutenção da casa (0,09), produtos para uso pessoal, fumo, alimentação fora do domicílio e produtos para uso pessoal, todos com coeficiente 0,08 – inferiores aos respectivos coeficientes

Classes Socioeconômicas e Consumo no Brasil

175

referentes à região Norte-Nordeste –, denotando que a região Sul-Sudeste apresenta um grau de atendimento dessas necessidades maior do que o verificado na região Norte-Nordeste. Cabe ressaltar que, para alguns tipos de produtos ou serviços, as prioridades entre essas duas regiões apresentam sinais invertidos dos coeficientes, como é o caso de investimentos em imóveis e automóveis (NO-NE = 0,09; S-SE = -0,05); produtos para cuidados pessoais (N-NE = 0,18; S-SE = -0,02) e gastos com serviços pessoais e profissionais (N-NE = 0,09; S-SE = -0,05), revelando maior prioridade de alocação do orçamento doméstico para esses produtos ou serviços na região Norte-Nordeste que na região Sul-Sudeste. E assim, sucessivamente, essa análise pode ser estendida para cada estrato e variável geodemográfica.

Tabela 4.3 – Qualidade de ajuste do modelo de alocação orçamentária aos dados da POF 2008-2009

Categoria	Taxa de acerto	R quadrado
Habitação e construção	100%	87%
Serviços de utilidade pública	98%	58%
Alimentação no domicílio	90%	80%
Vestuário	86%	47%
Saúde e medicamentos	86%	39%
Serviços pessoais e profissionais	84%	34%
Produtos para manutenção da casa	74%	22%
Cuidados pessoais	72%	40%
Transporte e manutenção de automóvel	69%	55%
Viagens, recreação e cultura	67%	34%
Eletrodomésticos	67%	23%
Telefonia fixa e móvel	66%	44%
Outras despesas	65%	30%
Alimentação fora do domicílio	64%	35%
Bebidas	60%	47%
Impostos e despesas financeiras	55%	39%
Educação	52%	26%
Artigos de limpeza	35%	59%
Produtos de uso pessoal	30%	28%
Aquisição de imóveis ou automóveis	27%	49%
Fumo	20%	24%

Tabela 4.4 – Estimativas do modelo de alocação orçamentária aplicado à POF 2008-2009

Previsor	Alimentação no domicílio	Alimentação fora do domicílio	Bebidas	Artigos de limpeza	Produtos de manutenção casa	Eletrodomésticos	Vestuário	Cuidados pessoais	Saúde/ medicamentos	Educação	Viagens, recreação e cultura	Fumo	Uso pessoal	Telefonia fixa e móvel	Transporte e automóvel	Impostos/ despesas financeiras	Serviços de utilidade pública	Serviços pessoais e profissionais	Outras despesas	Investimentos (aquisição imóveis e automóveis)	Habitação/ construção
Intercepto	-0,33	-3,09	-3,00	-2,81	-3,13	-3,10	-2,18	-2,70	-1,83	-6,48	-3,45	-3,27	-5,84	-2,35	-1,86	-4,34	-1,88	-4,46	-4,28	-4,17	
Estrato_1	-0,02	0,13	0,05	0,07	0,11	0,10	0,07	0,07	0,08	0,33	0,18	-0,03	0,19	0,14	0,11	0,28	-0,05	0,33	0,27	0,34	
Estrato_2	-0,01	0,14	0,06	0,07	0,11	0,10	0,07	0,08	0,10	0,34	0,18	-0,03	0,18	0,14	0,13	0,28	-0,06	0,29	0,28	0,34	
Estrato_3	-0,03	0,24	0,11	0,11	0,21	0,20	0,14	0,15	0,16	0,57	0,31	-0,09	0,32	0,29	0,26	0,54	-0,06	0,49	0,51	0,59	
Estrato_4	-0,02	0,23	0,10	0,10	0,19	0,19	0,14	0,16	0,13	0,46	0,29	-0,08	0,28	0,29	0,25	0,50	-0,03	0,38	0,50	0,51	
Estrato_5	-0,02	0,16	0,06	0,06	0,12	0,15	0,10	0,12	0,08	0,28	0,20	-0,08	0,19	0,22	0,18	0,36	0,02	0,25	0,34	0,34	
Estrato_6	-0,03	0,06	0,02	0,02	0,07	0,10	0,04	0,07	0,05	0,14	0,10	-0,07	0,10	0,13	0,08	0,20	0,04	0,13	0,21	0,16	
Adultos	0,05	0,08	0,07	0,05	0,02	0,02	0,09	0,09	0,14	0,19	0,10	0,17	0,12	0,08	0,10	0,09	0,08	0,09	0,11	0,14	
Menores 18	0,10	0,12	0,09	0,09	0,09	0,13	0,14	0,11	0,03	0,40	0,11	0,13	0,16	0,05	0,06	-0,04	0,07	0,01	0,09	0,14	
Cidade_interior	-0,06	-0,01	-0,04	-0,04	-0,08	-0,04	-0,02	-0,01	-0,01	0,06	-0,01	-0,04	-0,02	0,05	-0,15	0,04	0,18	0,10	-0,01	0,14	
Capital_ metropolitana	-0,12	-0,01	-0,09	-0,10	-0,21	-0,12	-0,10	-0,07	-0,11	0,00	-0,09	-0,07	-0,09	0,04	-0,09	-0,05	0,10	0,00	-0,14	-0,33	
Norte_Nordeste	0,22	0,16	0,20	0,20	0,28	0,15	0,15	0,18	0,08	0,25	0,17	0,07	0,35	0,01	0,08	-0,04	-0,03	0,09	0,29	0,09	
Sul_Sudeste	0,03	0,08	0,05	0,03	0,09	0,03	0,02	-0,02	0,04	0,03	0,04	0,08	0,08	-0,03	0,02	0,03	-0,03	-0,05	0,10	-0,05	
Idade_25	0,02	0,22	0,09	0,05	0,11	0,18	0,16	0,15	-0,11	0,25	0,16	0,06	0,20	0,07	0,14	0,00	0,01	0,07	-0,02	0,26	
Idade_25_29	0,02	0,24	0,10	0,05	0,10	0,17	0,18	0,16	-0,17	0,32	0,18	0,08	0,21	0,07	0,17	0,03	0,01	0,07	-0,01	0,32	
Idade_30_39	0,00	0,29	0,11	0,05	0,08	0,18	0,19	0,18	-0,25	0,42	0,20	0,11	0,23	0,08	0,21	0,04	0,01	0,05	-0,01	0,37	
Idade_40_49	0,00	0,21	0,09	0,03	0,03	0,12	0,13	0,12	-0,23	0,36	0,13	0,15	0,17	0,06	0,17	0,04	0,01	-0,01	-0,03	0,26	
Idade_50_59	0,00	0,13	0,05	0,01	-0,01	0,06	0,06	0,05	-0,16	0,20	0,07	0,12	0,06	0,03	0,11	0,03	0,00	-0,06	-0,03	0,17	
Idade_60_69	0,01	0,07	0,03	0,02	0,01	0,04	0,03	0,03	-0,07	0,09	0,05	0,06	0,04	0,02	0,07	0,03	0,01	-0,03	0,03	0,11	
Casal	0,07	0,05	0,09	0,07	0,08	0,07	0,03	0,02	0,04	-0,02	0,06	0,09	0,02	0,04	0,13	0,14	0,01	0,07	0,11	0,26	
Solteiro	-0,01	0,09	0,09	-0,02	-0,07	-0,03	-0,02	-0,04	-0,11	-0,11	0,04	0,12	-0,05	0,00	0,05	0,04	-0,04	0,09	0,07	0,11	
Branco	0,04	0,11	0,06	0,09	0,16	0,10	0,10	0,10	0,15	0,07	0,08	0,06	0,07	0,09	0,12	0,19	0,18	0,21	0,10	0,16	
Negro	0,01	0,05	0,03	0,04	0,10	0,07	0,05	0,05	0,07	0,05	0,04	0,06	0,04	0,04	0,05	0,05	0,10	0,10	0,08	0,06	
Oriental	0,00	0,01	0,01	0,01	0,01	0,00	0,01	0,01	0,01	-0,01	0,01	0,01	0,04	0,01	0,02	0,03	0,02	0,02	0,01	-0,01	
Mulato	0,06	0,13	0,08	0,11	0,20	0,13	0,12	0,12	0,14	0,11	0,10	0,10	0,09	0,10	0,13	0,16	0,19	0,21	0,15	0,19	
Filhos_0_4	0,03	-0,05	-0,01	0,02	0,00	-0,01	-0,01	-0,02	0,05	-0,11	0,00	-0,03	0,02	-0,02	-0,02	0,00	0,00	0,01	-0,04	0,00	
Filhos_5_9	-0,01	-0,07	-0,03	-0,03	-0,05	-0,06	-0,06	-0,06	-0,03	0,07	-0,06	-0,06	-0,10	-0,04	-0,04	-0,03	-0,01	-0,02	-0,11	-0,06	
Filhos_10_14	0,02	0,01	0,00	0,02	-0,01	0,00	0,00	-0,01	-0,02	0,13	-0,02	-0,04	-0,03	-0,01	-0,01	0,00	0,00	0,00	-0,05	-0,01	
Filhos_15_19	0,01	0,04	0,02	0,02	0,01	0,00	0,04	0,05	0,01	0,07	0,02	0,00	0,05	0,03	0,02	0,01	0,01	0,00	-0,02	0,02	
Filhos_20_24	0,01	0,03	0,01	0,02	0,00	0,02	0,04	0,03	-0,05	0,05	0,02	-0,03	0,05	0,01	0,01	-0,02	-0,01	0,02	-0,03	0,02	
Filhos_25_29	0,01	0,04	0,02	0,02	0,02	0,03	0,04	0,03	-0,02	0,03	0,04	0,00	0,05	0,01	0,01	0,00	0,00	0,02	-0,03	0,05	
Filhos_30_34	0,01	0,03	0,01	0,01	0,00	0,01	0,02	0,02	-0,02	0,03	0,02	0,00	0,04	0,01	0,02	0,01	0,00	0,02	-0,01	0,03	
Sigma	0,39	0,78	0,64	0,44	1,15	0,95	0,52	0,55	0,91	1,38	0,67	0,89	0,78	0,49	0,55	0,88	0,58	1,00	1,29	1,26	
fac1	-0,66	-0,38	-0,79	-0,77	-0,44	-0,32	-0,31	-0,51	-0,28	-0,28	-0,32	-0,47	-0,39	-0,28	-0,34	-0,27	-0,19	-0,25	-0,40	-0,47	
fac2	0,20	0,50	0,29	0,23	0,26	0,27	0,36	0,30	0,23	0,37	0,39	0,34	0,29	0,31	0,50	0,52	0,11	0,24	0,52	0,84	
fac3	0,28	0,35	0,22	0,25	0,26	0,29	0,36	0,32	0,44	0,35	0,32	0,25	0,24	0,38	0,36	0,34	0,34	0,47	0,23	0,20	
fac4	-0,26	-0,49	-0,30	-0,32	-0,72	-0,47	-0,56	-0,49	-0,43	-0,75	-0,63	-0,29	-0,80	-0,32	-0,29	-0,38	-0,13	-0,51	-0,81	-0,62	
fac5	-0,04	0,15	0,05	-0,04	-0,02	0,00	0,09	0,06	-0,08	-0,10	0,04	0,14	0,12	0,05	0,08	-0,11	0,00	0,08	-0,10	-0,01	
fac6	0,06	-0,08	-0,01	0,09	0,28	0,29	0,01	0,04	0,07	0,01	0,01	0,04	0,01	0,05	-0,03	0,05	0,05	-0,08	0,12	0,27	
Beta	-0,11	-0,04	-0,02	-0,04	-0,01	-0,02	-0,04	-0,03	-0,02	0,00	-0,02	-0,04	-0,01	-0,05	-0,09	-0,01	-0,01	0,00	-0,01	-0,10	-0,03

Estimativa não significativa estatisticamente ao nível 0,05

Classes Socioeconômicas e Consumo no Brasil

177

4.3.2.2 O impacto do orçamento no consumo entre os estratos socioeconômicos (curvas de Engel)

Como nosso interesse principal são os estratos socioeconômicos, os resultados listados na Tabela 4.4 referentes às diferenças na prioridade de consumo entre os estratos ficam mais fáceis de interpretar depois de transformados em curvas de Engel, utilizando a equação 4.2 em participação de cada categoria no orçamento total e plotando essa participação contra o orçamento total de cada domicílio. Como queremos comparar as prioridades de consumo dos sete estratos socioeconômicos, primeiro classificamos os domicílios em decis de orçamento total e apresentamos as participações médias de cada categoria para cada decil de orçamento e estrato socioeconômico. As curvas de Engel que resultam dessa agregação por decil de orçamento e estrato socioeconômico são apresentadas na Figura 4.3. Podemos verificar que os estratos mais pobres têm um orçamento mais limitado e, portanto, suas curvas de Engel somente abrangem os decis de orçamento mais baixos. O contrário ocorre com os estratos mais abastados, que alcançam somente os decis mais elevados de orçamento doméstico.

Com o propósito de mostrar como podemos analisar as curvas de Engel, tomemos, por exemplo, a categoria de "produtos para manutenção da casa", como gastos com produtos de decoração, cama, mesa, banho, utensílios diversos etc., mostrada na Figura 4.3 – Painel A em sete curvas ou trajetórias, uma para cada estrato socioeconômico. Os dez pontos que formam a trajetória da curva para um estrato mostram a proporção do orçamento total alocado pelo estrato à categoria para os dez decis de orçamento. Portanto, à medida que uma curva se desloca da esquerda para a direita, significa que estamos indo de um decil de domicílios com um orçamento mais baixo para um decil de domicílios com um orçamento mais elevado; cada um dos dez pontos na curva de Engel para um estrato socioeconômico mostra, no eixo vertical, a proporção do orçamento gasto nessa categoria pelos domicílios desse estrato. Assim, as curvas de Engel mostram a proporção do orçamento domiciliar gasta na categoria, para cada nível do orçamento.

Consideremos, por exemplo, a curva azul referente ao estrato 7 da categoria "produtos para manutenção da casa" no quadrante inferior esquerdo da Figura 4.3 – Painel C. O ponto inicial dessa curva corresponde ao orçamento médio dos domicílios do estrato 7 que pertencem ao primeiro decil de orçamento (ou seja, os domicílios do estrato 7 que têm um orçamento entre os 10% mais baixos da população de domicílios), mostrando que 2,8% do orçamento doméstico são gastos na aquisição de produtos dessa categoria. A porcentagem estimada de gastos nessa categoria aumenta para 3,2% do orçamento doméstico ao considerarmos o orçamento médio dos próximos 10% de domicílios com orçamento mais elevado, correspondente ao segundo decil. Ao considerarmos o terceiro decil orçamentário no mesmo estrato 7, a participação estimada dos gastos com produtos de manutenção para a casa aumenta para 3,6%, e assim sucessivamente. Isso sugere que, dentro do estrato socioeconômico mais pobre, a participação de "produtos para manutenção da casa" no orçamento aumenta à medida que esse orçamento cresce, um comportamento esperado para produtos considerados não essenciais. Os produtos não essenciais são consumidos somente depois que as necessidades básicas estejam satisfeitas e, portanto, sua participação tende a crescer com o orçamento.

Podemos notar também que nessa mesma categoria ("produtos para manutenção da casa" na Figura 4.3 – Painel C) existe um comportamento similar das curvas relativas aos estratos 7, 6 e 5, os de menor nível socioeconômico, com um aumento na participação dessa categoria à medida que o orçamento aumenta. Em contraposição, as curvas referentes aos estratos de maior nível socioeconômico (1 e 2, nas cores roxa e verde) da mesma categoria ("produtos de manutenção da casa" na Figura 4.3 – Painel C) mostram que a participação da categoria no orçamento muda pouco quando o orçamento aumenta do penúltimo ao último decil (com os maiores orçamentos da população). Ou seja, aumentos de orçamento para domicílios que pertençam aos estratos 1 e 2 praticamente não alteram a proporção do orçamento de consumo que será gasta com produtos para a manutenção da casa, resultado oposto ao que se verificou para os estratos mais pobres (7, 6 e 5), em que o comportamento é típico de bens não essenciais. Comparando a participação dessa categoria no mesmo nível (decil) de orçamento entre os estratos socioeconômicos, podemos, contudo, ver que a proporção alocada para produtos de manutenção da casa diminui consideravelmente desde a classe mais pobre (7) à mais abastada (1). Isso indica que entre os estratos socioeconômicos essa categoria tem o padrão de consumo de um bem essencial, com os estratos mais pobres devotando uma parcela maior de seu orçamento do que as classes

Classes Socioeconômicas e Consumo no Brasil

mais ricas. Esse padrão de consumo, de bem essencial *entre* estratos, mas não essencial *dentro* de um estrato, pode ser visto nas oito categorias de consumo mostradas nas Figuras 4.3 desde o Painel A até o Painel H.

Um caso mais extremo e claro dessa diferença de padrão dentro de um estrato socioeconômico e entre os estratos é o de "serviços pessoais e profissionais," (Figura 4.3 – Painel I) que praticamente não se altera quando há variação no orçamento total dento de cada estrato, mas mostra um dramático aumento de sua participação no orçamento domiciliar quando comparamos as classes mais pobres (7, 6 e 5) e mais ricas (1, 2 e 3), indicando que, entre os estratos socioeconômicos, "serviços pessoais e profissionais" têm um padrão típico de bens não essenciais, ao passo que, dentro de cada estrato, seu consumo não é afetado pelo orçamento. Duas outras categorias mostradas na Figura 4.3 – Painel K e L ("habitação e material de construção" e "telefonia fixa e móvel") mostram o mesmo tipo de comportamento. Dentro de cada estrato socioeconômico a participação dessas categorias diminui ou não se altera com o aumento do orçamento, indicando um bem essencial, ou quase essencial. Para um mesmo orçamento, porém, os estratos mais pobres dedicam uma parcela menor dele a essas categorias que os estratos mais ricos, indicando um bem não essencial.

As curvas de Engel nas Figuras 4.3 – Painéis de M a T mostram o que se espera para bens não essenciais, com a participação da categoria no orçamento domiciliar aumentando com o orçamento e para os domicílios (estratos) mais abastados. Uma olhada rápida nas categorias mostradas nessas duas figuras ("alimentação fora do domicílio", "viagens, recreação e cultura", "educação privada", "impostos e despesas financeiras", "investimentos" etc.) confirma sua natureza não essencial. Já a Figura 4.3 – Painel U mostra a curva padrão para bens essenciais, com sua participação diminuindo à medida que o orçamento aumenta, para todos os estratos socioeconômicos.

Figura 4.3 – Curvas teóricas de Engel, baseadas no modelo de alocação orçamentária

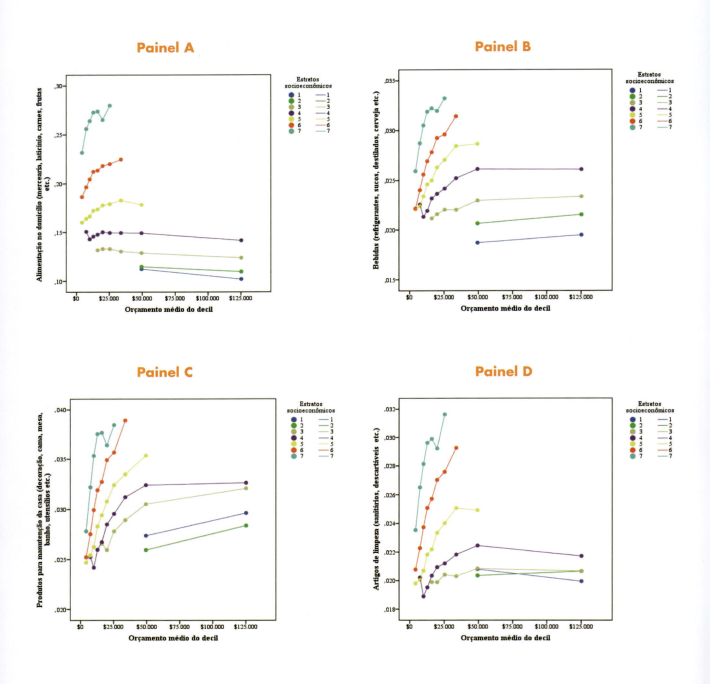

Classes Socioeconômicas e Consumo no Brasil   **181**

Figura 4.3 – Curvas teóricas de Engel, baseadas no modelo de alocação orçamentária

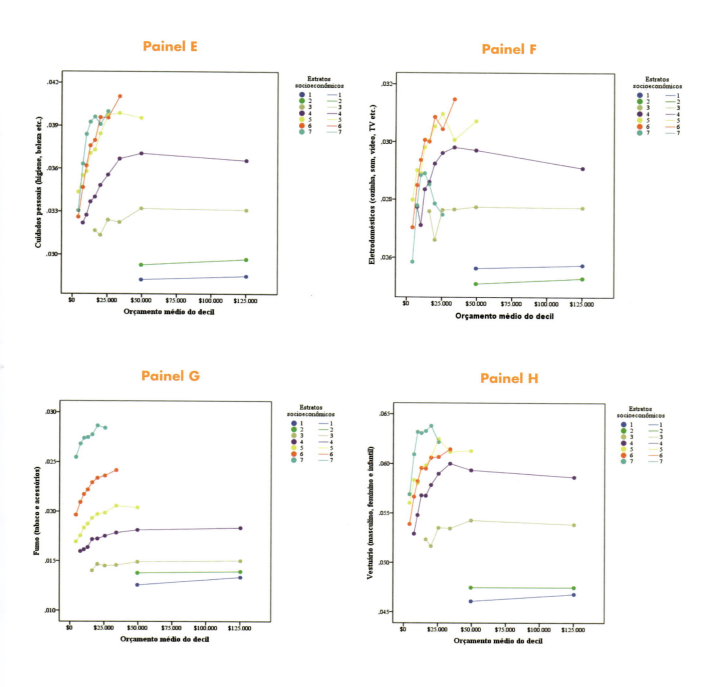

182 — Estratificação Socioeconômica e Consumo no Brasil

Figura 4.3 – Curvas teóricas de Engel, baseadas no modelo de alocação orçamentária

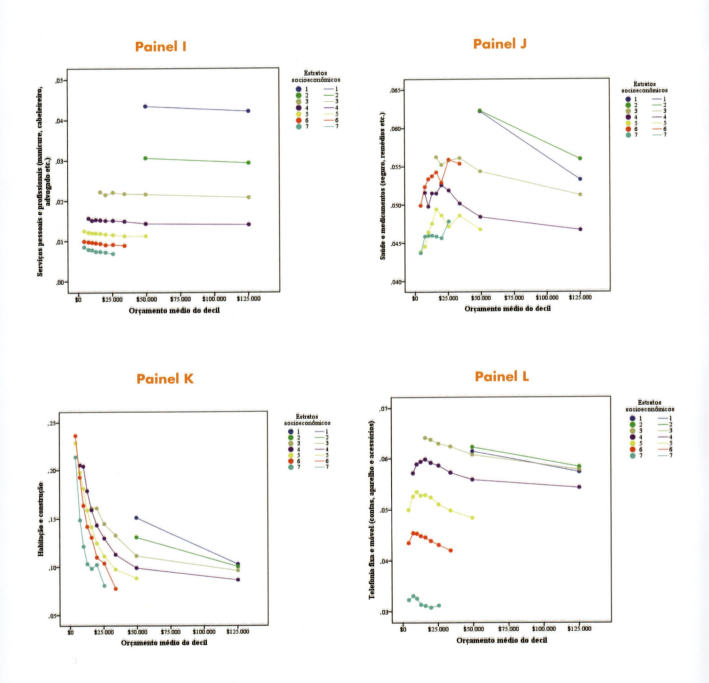

Classes Socioeconômicas e Consumo no Brasil

Figura 4.3 – Curvas teóricas de Engel, baseadas no modelo de alocação orçamentária

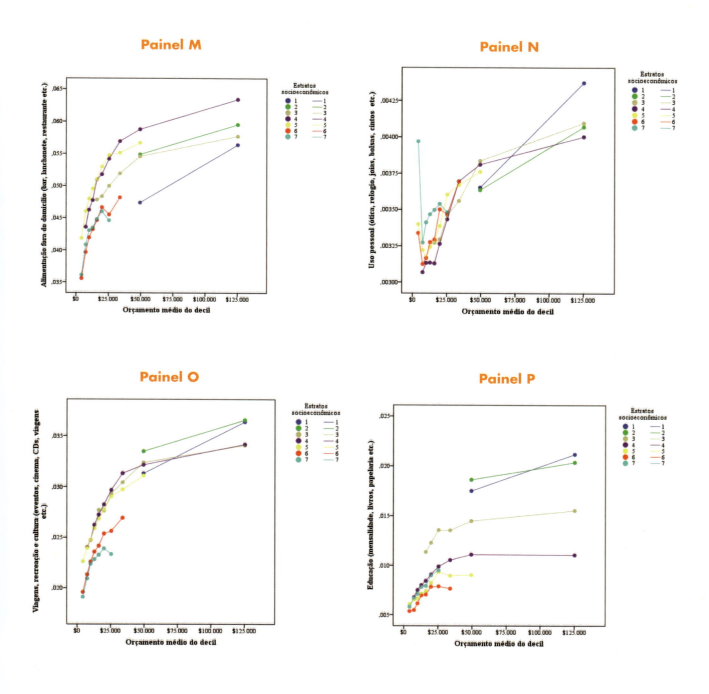

Figura 4.3 – Curvas teóricas de Engel, baseadas no modelo de alocação orçamentária

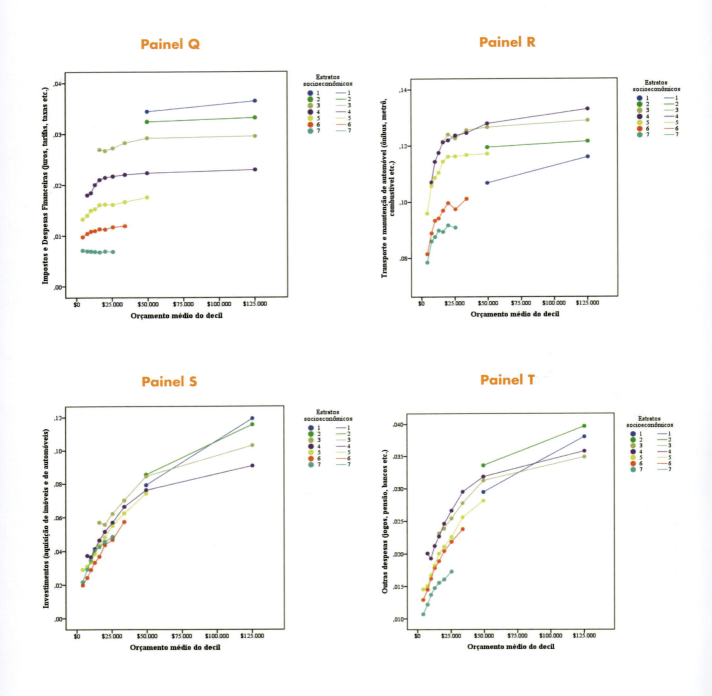

Figura 4.3 – Curvas teóricas de Engel, baseadas no modelo de alocação orçamentária

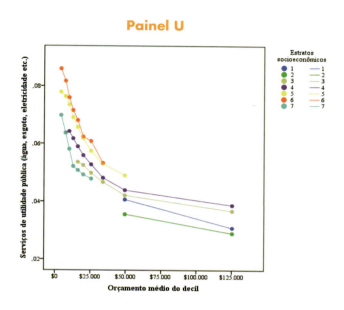

Painel U

Em síntese, as curvas de Engel da Figura 4.3 mostram a alocação do orçamento doméstico médio dentro de cada estrato socioeconômico, estimado por nosso modelo de alocação orçamentária, para cada nível de orçamento total. A curva de Engel típica para bens essenciais (por exemplo, comida consumida em casa, serviços de utilidade pública, habitação) deveria mostrar a participação dessas categorias no orçamento total, caindo à medida que o orçamento cresce, porque essas categorias essenciais são prioritárias e, portanto, recebem os primeiros reais disponíveis ao domicílio. À medida que o orçamento cresce, o domicílio começa a gastar nas categorias menos essenciais, e a participação dos bens essenciais no orçamento diminui. Em contraste, as curvas de Engel dos bens não essenciais devem crescer com o orçamento; os domicílios somente alocam recursos para essas luxúrias quando as necessidades básicas já foram atendidas.

As curvas para certas categorias essenciais (alimentação no domicílio, produtos para a manutenção da casa, produtos de limpeza, cuidados pessoais) nas Figuras 4.3 – Painéis A a E mostram um comportamento diferente do que se espera para bens essenciais, como já discutido. Por um lado, a participação dessas categorias essenciais no orçamento diminui à medida que o estrato socioeconômico é mais abastado, com as curvas dos estratos mais pobres (7, 6 e 5) acima das curvas para os estratos mais abastados (3, 2 e 1), como se espera que aconteça com bens essenciais. Por outro lado, essa participação cresce com o orçamento dentro das classes menos abastadas (7, 6 e 5), mostrando um padrão que se espera para os bens não essenciais. Uma possível explicação para esse comportamento inesperado, que merece ser investigado em estudos futuros, é que os estratos mais pobres respondem a um aumento em seu orçamento, elevando a quantidade utilizada ou melhorando a qualidade dos bens essenciais consumidos, em vez de alocar a folga do orçamento para categorias menos essenciais, resultando em curvas de Engel semelhantes a bens não essenciais nesses estratos.

As curvas de Engel mostradas na Figura 4.3 – Painéis I a L também parecem inusitadas, pois, por um lado, as curvas dos estratos mais pobres (7, 6 e 5) estão abaixo daquelas para os estratos mais ricos (1, 2 e 3), mas dentro de cada estrato as curvas não mostram o mesmo padrão. Mais uma vez, entre os estratos, a alocação é típica de bens supérfluos, com maior alocação pelos estratos mais ricos do que pelos mais pobres. Dentro de cada estrato, porém, a alocação é atípica para bens supérfluos. Já as Figuras 4.3 – Painéis M a P são típicas dos bens supérfluos ou não essenciais, mostrando uma alocação que cresce com o orçamento total, tanto dentro de cada estrato quanto entre eles.

As curvas de Engel na Figura 4.3 sugerem que as diferenças em alocação entre os estratos socioeconômicos são mais influenciadas pelas diferenças na prioridade de consumo entre os estratos do que pelas diferenças no orçamento total. Para confirmar esse fato, utilizamos uma simulação contrafactual, assumindo que cada um dos domicílios da POF tivesse exatamente o mesmo orçamento para consumir, igual ao orçamento mediano anual da amostra (R$ 17.800). Com essa simulação, podemos comparar as alocações baseadas no modelo e o orçamento real de cada domicílio com as alocações de um orçamento padrão (mediana da amostra) para ver se as diferenças observadas entre os estratos são causadas por limitações orçamentárias ou por diferenças em prioridades de consumo.

As dramáticas diferenças entre os estratos socioeconômicos nas curvas de Engel apresentadas na Figura 4.3 também podem ser, em parte, causadas pelo fato de os domicílios em cada estrato terem uma composição familiar e localização geográfica distintas, como já comprovamos. Em outras palavras, um determinado estrato socioeconômico pode alocar mais de seu orçamento para certas categorias simplesmente porque as necessidades são maiores, em razão de seu perfil geodemográfico (família maior, clima diferente etc.). Para testar essa hipótese, conduzimos uma segunda simulação contrafactual estimando as alocações médias em cada estrato socioeconômico, assumindo o perfil médio geodemográfico da amostra da POF. Em outras palavras, nessa segunda simulação assumimos que todos os domicílios da amostra da POF alocam seu orçamento atual mas têm as necessidades típicas do domicílio médio (em termos geodemográficos) da amostra.

Os resultados dessas duas simulações estão listados na Tabela 4.5; dentro de cada categoria de consumo, essa tabela mostra, na primeira linha, como o orçamento atual seria alocado de acordo com as estimativas de nosso modelo, definindo a base para comparações entre estratos e cenários. A segunda linha mostra como os estratos socioeconômicos alocariam o mesmo orçamento (mediano da amostra), permitindo isolar o efeito orçamentário das diferenças de prioridades de consumo. Comparando essa linha com a primeira, é fácil concluir que as diferenças de consumo entre os estratos socioeconômicos são causadas principalmente pelas diferenças nas prioridades, confirmando que as prioridades de consumo variam substancialmente entre os estratos socioeconômicos de uma sociedade, seja pelas distinções sociais de "gosto" (Bourdieu, 1984), seja pelo valor simbólico do consumo conspícuo (Hirsch, 1976; Shor, 1999; Kamakura e Du, 2012).

A terceira linha em cada categoria da Tabela 4.5 mostra o consumo esperado em cada estrato socioeconômico alocando o orçamento atual, mas assumindo domicílios com o mesmo perfil geodemográfico. Comparando essa terceira linha com a base (primeira linha), notam-se pequenas diferenças nas alocações orçamentárias em relação à base, mais uma vez confirmando que as fontes principais das diferenças percentuais de consumo entre os estratos socioeconômicos são as diferenças em prioridade de consumo, em vez das restrições orçamentárias.

Tabela 4.5.a – Simulações contrafactuais para testar os efeitos do orçamento e do perfil geodemográfico no consumo dos estratos socioeconômicos

Categoria	Cenário	Estrato socioeconômico							Total
		1	2	3	4	5	6	7	
Alimentação no domicílio (mercearia, laticínio, carnes, frutas etc.)	Base (estimativas do modelo)	10%	11%	13%	15%	17%	21%	25%	18%
	Orçamento mediano	10%	11%	13%	15%	17%	21%	25%	18%
	Perfil geodemográfico médio	11%	12%	14%	16%	19%	21%	24%	18%
Alimentação fora do domicílio (bar, lanchonete, restaurante etc.)	Base (estimativas do modelo)	6%	6%	5%	5%	5%	4%	4%	5%
	Orçamento mediano	6%	6%	5%	5%	5%	4%	4%	5%
	Perfil geodemográfico médio	5%	6%	5%	5%	5%	4%	4%	5%
Bebidas (refrigerantes, sucos, destilados, cerveja etc.)	Base (estimativas do modelo)	2%	2%	2%	2%	3%	3%	3%	3%
	Orçamento mediano	2%	2%	2%	2%	3%	3%	3%	2%
	Perfil geodemográfico médio	2%	2%	2%	3%	3%	3%	3%	3%
Artigos de limpeza (sanitários, descartáveis etc.)	Base (estimativas do modelo)	2%	2%	2%	2%	2%	2%	3%	2%
	Orçamento mediano	2%	2%	2%	2%	2%	2%	3%	2%
	Perfil geodemográfico médio	2%	2%	2%	2%	2%	2%	3%	2%
Produtos para manutenção da casa (decoração, cama, mesa, banho, utensílios etc.)	Base (estimativas do modelo)	3%	3%	3%	3%	3%	3%	3%	3%
	Orçamento mediano	3%	3%	3%	3%	3%	3%	3%	3%
	Perfil geodemográfico médio	3%	3%	3%	3%	3%	3%	3%	3%
Eletrodomésticos (cozinha, som, vídeo, TV etc.)	Base (estimativas do modelo)	3%	3%	3%	3%	3%	3%	3%	3%
	Orçamento mediano	3%	3%	3%	3%	3%	3%	3%	3%
	Perfil geodemográfico médio	3%	3%	3%	3%	3%	3%	3%	3%
Vestuário (masculino, feminino e infantil)	Base (estimativas do modelo)	5%	5%	5%	6%	6%	6%	6%	6%
	Orçamento mediano	5%	5%	5%	6%	6%	6%	6%	6%
	Perfil geodemográfico médio	5%	5%	6%	6%	6%	6%	6%	6%
Cuidados pessoais (higiene, beleza etc.)	Base (estimativas do modelo)	3%	3%	3%	4%	4%	4%	4%	4%
	Orçamento mediano	3%	3%	3%	4%	4%	4%	4%	4%
	Perfil geodemográfico médio	3%	3%	4%	4%	4%	4%	4%	4%
Saúde e medicamentos (seguro, remédios etc.)	Base (estimativas do modelo)	5%	6%	5%	5%	5%	5%	5%	5%
	Orçamento mediano	5%	6%	5%	5%	5%	5%	4%	5%
	Perfil geodemográfico médio	5%	5%	5%	5%	5%	5%	5%	5%
Educação (mensalidade, livros, papelaria)	Base (estimativas do modelo)	2%	2%	1%	1%	1%	1%	1%	1%
	Orçamento mediano	2%	2%	1%	1%	1%	1%	1%	1%
	Perfil geodemográfico médio	2%	2%	1%	1%	1%	1%	0%	1%

Tabela 4.5.b – Simulações contrafactuais para testar os efeitos do orçamento e do perfil geodemográfico no consumo dos estratos socioeconômicos

Categoria	Cenário	Estrato socioeconômico							
		1	2	3	4	5	6	7	Total
Viagens, recreação e cultura (eventos, cinema, CDs, viagens etc.)	Base (estimativas do modelo)	4%	4%	3%	3%	3%	2%	2%	3%
	Orçamento mediano	4%	4%	3%	3%	3%	2%	2%	3%
	Perfil geodemográfico médio	4%	4%	3%	3%	3%	2%	2%	3%
Fumo (tabaco e acessórios)	Base (estimativas do modelo)	1%	1%	1%	2%	2%	2%	3%	2%
	Orçamento mediano	1%	1%	1%	2%	2%	2%	3%	2%
	Perfil geodemográfico médio	1%	1%	1%	2%	2%	2%	3%	2%
Uso pessoal (ótica, relógio, joias, bolsas, cintos etc.)	Base (estimativas do modelo)	0%	0%	0%	0%	0%	0%	0%	0%
	Orçamento mediano	0%	0%	0%	0%	0%	0%	0%	0%
	Perfil geodemográfico médio	0%	0%	0%	0%	0%	0%	0%	0%
Telefonia fixa e móvel (contas, aparelho e acessórios)	Base (estimativas do modelo)	6%	6%	6%	6%	5%	4%	3%	5%
	Orçamento mediano	6%	6%	6%	6%	5%	4%	3%	5%
	Perfil geodemográfico médio	5%	5%	6%	5%	5%	4%	4%	5%
Transporte e manutenção de automóvel (ônibus, metrô, combustível etc.)	Base (estimativas do modelo)	12%	12%	13%	12%	11%	9%	8%	11%
	Orçamento mediano	11%	12%	13%	12%	11%	9%	8%	11%
	Perfil geodemográfico médio	11%	11%	12%	12%	11%	10%	9%	11%
Impostos e despesas financeiras (juros, tarifas, taxas etc.)	Base (estimativas do modelo)	4%	3%	3%	2%	2%	1%	1%	2%
	Orçamento mediano	4%	3%	3%	2%	2%	1%	1%	2%
	Perfil geodemográfico médio	3%	3%	2%	2%	1%	1%	1%	2%
Serviços de utilidade pública (água, esgoto, eletricidade etc.)	Base (estimativas do modelo)	3%	3%	4%	5%	7%	7%	6%	6%
	Orçamento mediano	3%	3%	4%	5%	7%	7%	6%	6%
	Perfil geodemográfico médio	3%	3%	4%	5%	6%	7%	7%	6%
Serviços pessoais e profissionais (manicure, cabeleireiro, advogado etc.)	Base (estimativas do modelo)	4%	3%	2%	1%	1%	1%	1%	1%
	Orçamento mediano	4%	3%	2%	1%	1%	1%	1%	1%
	Perfil geodemográfico médio	4%	3%	2%	1%	1%	1%	1%	1%
Outras despesas (jogos, pensão, bancos etc.)	Base (estimativas do modelo)	4%	4%	3%	3%	2%	2%	1%	2%
	Orçamento mediano	4%	4%	3%	3%	2%	2%	1%	2%
	Perfil geodemográfico médio	4%	4%	3%	3%	2%	2%	1%	2%
Investimentos (aquisição de imóveis e de automóveis)	Base (estimativas do modelo)	11%	11%	8%	6%	4%	3%	3%	5%
	Orçamento mediano	11%	11%	8%	6%	4%	3%	3%	5%
	Perfil geodemográfico médio	14%	13%	9%	6%	5%	3%	3%	6%
Habitação e material de construção	Base (estimativas do modelo)	11%	11%	12%	13%	15%	16%	16%	14%
	Orçamento mediano	11%	11%	12%	13%	15%	16%	17%	14%
	Perfil geodemográfico médio	10%	10%	11%	12%	14%	15%	17%	14%

Por último, gostaríamos de destacar como esse conjunto de resultados pode ser útil para um gerente de marketing ou um gestor de programa público. Como exemplos destacamos algumas aplicações:

a) Uma primeira aplicação refere-se à segmentação do mercado das categorias de produto nas quais a empresa opera. Quanto representa o mercado total dos sete estratos socioeconômicos e qual é a taxa de penetração e de participação de mercado da empresa em cada um dos estratos? Para responder a isso, torna-se necessário classificar a base de clientes da empresa nos estratos socioeconômicos (utilizando um dos classificadores descritos no capítulo sexto) e levantar os dados internos sobre o volume de vendas para cada cliente por categoria de produto. Como se espera que as prioridades de consumo sejam homogêneas dentro de cada estrato socioeconômico, a comparação de vendas por cliente em relação à média do respectivo estrato socioeconômico pode revelar clientes que estejam abaixo de seu potencial de vendas.

b) Para uma empresa diversificada, é comum avaliar que categorias de produtos devem ser priorizadas em termos de esforços de marketing. Essa é uma decisão relevante e precisa ser eficiente face a restrições de recursos financeiros na empresa e os riscos a serem assumidos em cada categoria de produto. Os resultados de nosso estudo mostram que categorias de produtos e serviços são as mais prioritárias dentro do orçamento doméstico de cada estrato socioeconômico. Representam, assim, importante subsídio para uma decisão dessa natureza, haja vista que as categorias mais relevantes são aquelas em que os consumidores revelam necessidades ainda por satisfazer e maior preocupação em adquirir produtos e serviços que lhes assegurem satisfazê-las.

c) Uma estratégia usual de marketing relaciona-se com a adoção de mecanismos visando estimular os consumidores a aumentar a taxa de consumo de um dado produto. Por exemplo, aumentar o consumo de refrigerante de 0,5 litro *per capital* semana para 0,6 litro, um aumento percentual de 20%. Em quais estratos socioeconômicos deveria o fabricante focar seus esforços? Sem dúvida, naqueles em que a prioridade de consumo nessa categoria de produtos é maior.

d) Estudos de potencial de mercado ou de demanda agregada também são comuns na maioria das empresas, até mesmo porque eles são base para a elaboração do orçamento anual, demonstrativo de resultados e do fluxo de caixa anual. Com base no consumo marginal, podemos fazer uma simulação por estrato socioeconômico de quanto cada estrato consome no total e por categoria. Utilizando os resultados das curvas de Engel, podemos estimar quanto deve ser o aumento na participação dos gastos em uma dada categoria de produto fabricada pela empresa, verificando assim quanto essa mudança de participação vai representar em termos de crescimento da demanda dessa categoria.

e) Os resultados também são úteis para a formulação de estratégias visando aumentar a participação de mercado de uma empresa em uma categoria específica de produto ou serviço. Em que categorias a empresa deve concentrar mais seus esforços de marketing? Naquelas em que os consumidores atribuem maior grau de prioridade à aquisição de produtos e serviços (e em que a margem de contribuição é satisfatória). Nesse caso, esforços na distribuição do produto, fazendo que esteja presente e visível aos olhos do consumidor; com material de promoção nos pontos de vendas, de forma a levar os compradores a fazerem associação com as mensagens de propaganda na mídia eletrônica e impressa; fazendo promoções de vendas, principalmente para levar à experimentação de novos produtos ou de marcas dentro de categorias de produto existentes.

f) Em relação a estratégias de comunicação, os apelos devem estar centrados em temas que realçam as qualidades dos produtos ou marcas de uma categoria como capazes de atender às necessidades e desejos dos consumidores nos bens e serviços com maior escala de prioridade para alocação do orçamento doméstico, ou ainda naqueles com maior incremento na participação da categoria no orçamento total de consumo dos estratos socioeconômicos.

g) Os índices de concentração de Gini são relevantes para a empresa identificar que categorias de produtos ou serviços são mais desconcentradas ou mais concentradas, base para uma estratégia de marketing concentrado. Nas categorias em que há concentração de consumo, os esforços de marketing devem ser canalizados para os estratos de nível socioeconômico mais elevado. Nas categorias desconcentradas, a empresa deve avaliar as vantagens e desvantagens de uma estratégia de comoditização ou de posicionamento de marca diferenciado, entre agregações dos estratos de maior e menor nível socioeconômico.

h) Outra importante área de estudos de marketing é a seleção e a definição de uma estratégia de entrada em novos segmentos de mercado. É o caso, por exemplo, de empresa que atualmente esteja atuando nos estratos mais abastados e queira entrar nos estratos intermediários, que caracterizam a "classe média". As categorias de produto ou serviço que deveriam ser priorizadas são aquelas que apresentam para esses estratos maior demanda agregada e maiores perspectivas de aumento da participação de gastos da categoria no consumo total em decorrência de aumentos de renda, reduzindo com isso os riscos de entrada nesse novo mercado.

i) Estratégias de extensão de marca são também comuns no meio empresarial. Um subsídio que a pesquisa proporciona é que a extensão seja direcionada para produtos em que o mercado evidencia necessidades ainda não plenamente satisfeitas. Dependendo do perfil dos segmentos em que a empresa atua, ela pode decidir pela seleção de categorias de produto que apresentem sinergia produtiva ou de distribuição, por exemplo, mas que sejam prioritárias em termos de consumo pelos estratos socioeconômicos em que atua.

j) Na área governamental, inúmeras aplicações podem ser associadas ao consumo de produtos ou serviços públicos. Estudos como identificação dos consumidores desses bens públicos; quantificação dos públicos-alvo que estão sendo atendidos em determinados programas sociais, como o Bolsa Família, o Renda Cidadã, o Seguro Defeso para pescadores, por exemplo; seleção de estratos como objeto de programas sociais ou incentivos; avaliação do impacto socioeconômico de programas sociais, dentre outros.

APÊNDICE: QUAL É SEU ESTRATO SOCIOECONÔMICO E COMO VOCÊ GASTA SEU DINHEIRO?

Caro Leitor,

Acessando o *site* <www.pesquisasocioeconomica.com.br> você poderá saber a qual estrato socioeconômico pertence. Responda a cada uma das questões que forem apresentadas e, ao final, obterá dois resultados:

a) a qual estrato socioeconômico pertence;

b) qual é o perfil típico de consumo anual dos domicílios de seu estrato socioeconômico.

Vale lembrar que essa classificação socioeconômica, bem como os gastos com consumo, leva em conta o tipo de composição de sua família (número de adultos e de crianças/adolescentes com menos de 18 anos), bem como o local de moradia (região geográfica e o tipo de cidade em que você reside).

O perfil típico de consumo pode auxiliá-lo no planejamento de seus gastos, com 21 categorias de produtos e serviços. Você poderá comparar seus gastos familiares anuais com os gastos médios anuais de famílias pertencentes a seu estrato e que têm perfil similar ao seu em termos de composição familiar e geografia.

Esperamos, com isso, poder ajudá-lo a repensar o planejamento de seu orçamento doméstico.

CAPÍTULO 5

CLASSES SOCIOECONÔMICAS, ESTILO DE VIDA E EXPOSIÇÃO À MÍDIA

O objetivo da POF, realizada pelo IBGE, está centrado na coleta e análise de dados relacionados fundamentalmente com rendimento e consumo de domicílios. Contudo, para estudos de segmentação de mercado com o propósito de estabelecer estratégias de marketing, é importante o conhecimento de outros aspectos que afetam o comportamento do consumidor brasileiro, como atividades, interesses e opiniões (AIO) e exposição a mídias, valores, entre outros.

Com o intuito de demonstrar como nosso critério de estratificação socioeconômica pode ser utilizado em uma pesquisa de estilo de vida, procuramos coletar dados a respeito dessas características, limitados em função de tamanho de amostra, apenas à cidade de São Paulo. Objetivamos, com isso, mostrar como a estratificação socioeconômica é útil para traçar um perfil mais amplo de características diversificadas de cada estrato identificado. Evidentemente, esperamos que novas pesquisas venham a coletar dados para todo o Brasil, utilizando amostras representativas em nível nacional.

Para a realização da coleta de dados dessa pesquisa sobre estilo de vida e exposição a mídias e valores na cidade de São Paulo, contamos com o apoio da Livra Panels, empresa especializada no provimento de acesso via internet a panelistas residentes na América Latina. Essa pesquisa foi realizada em maio de 2013 e a coleta de dados compreendeu o autopreenchimento de um questionário eletrônico por uma amostra composta de 597 respondentes. A entrevista foi composta de duas partes: na primeira, de qualificação, utilizamos o classificador adaptável (Capítulo 6) para determinar o estrato socioeconômico do respondente e decidir se a entrevista atendia a uma cota mínima pré-especificada, para garantir uma boa amostragem dos sete estratos. A segunda parte consistiu de uma entrevista padrão de estilo de vida cobrindo atividades, interesses e opiniões. Dada ainda a baixa penetração de computadores e acesso à internet nos estratos de menor nível socioeconômico, realizamos também uma coleta de dados dirigida especificamente ao sétimo segmento que compõe a estratificação socioeconômica proposta. Essas entrevistas foram realizadas por meio de entrevista pessoal com uso de *tablet*.

Por ser a maior cidade do país, principal centro financeiro, corporativo e mercantil e concentrar moradores com origens de praticamente todas as regiões e Estados do Brasil, São Paulo apresenta uma distribuição diferente de seus domicílios, nos estratos socioeconômicos, quando comparada com a distribuição para todo o país. O município de São Paulo apresenta percentuais maiores de domicílios em cada um dos quatro estratos de maior nível socioeconômico e percentuais menores nos três estratos de menor nível socioeconômico. A tabela a seguir mostra a distribuição dos domicílios nos estratos estudados para todo Brasil e para o município de São Paulo isoladamente, a partir de dados da POF 2008-2009.

Tabela 5.1 – Distribuição da população de domicílios por estrato socioeconômico no Brasil e na cidade de São Paulo

Estrato	Domicílios brasileiros		Domicílios na cidade de São Paulo	
	Quantidade	%	Quantidade	%
1	1.611.731	2,8	132.440	4,1
2	2.064.400	3,6	361.829	11,1
3	8.748.843	15,1	714.565	21,9
4	11.910.497	20,6	963.249	29,5
5	11.889.847	20,6	608.448	18,6
6	13.187.503	22,8	398.632	12,2
7	8.403.782	14,5	83.651	2,6
Total	57.816.604	100,0	3.262.814	100,0

Classes Socioeconômicas, Estilo de Vida e Exposição à Mídia

A análise descritiva dos estratos socioeconômicos, apesar de interessante, pode levar a conclusões errôneas. As diferenças entre os estratos observados em uma análise descritiva não levam em conta que o perfil demográfico da amostra não é necessariamente o mesmo dentro de cada estrato. Sabe-se que o estilo de vida é influenciado pela idade, gênero e outras características da pessoa. Por exemplo, o interesse no futebol e pela decoração da casa são diferentes entre mulheres e homens. O fato de o perfil demográfico diferir entre os estratos socioeconômicos dentro da amostra dessa pesquisa feita na cidade de São Paulo pode ser visto em uma simples tabulação dos dados, como apresentado na Tabela 5.2, indicando que cada estrato contém um *mix* demográfico distinto dos outros.

Tabela 5.2 – Composição demográfica e socioeconômica da amostra (número de entrevistas)

Características do respondente		Estrato socioeconômico							
Gênero	Faixa etária	1	2	3	4	5	6	7	Total
Masculino	até 25 anos	4	1	16	11	10	4	2	**48**
	26 a 30 anos	3	4	10	3	14	4	3	**41**
	31 a 40 anos	8	7	21	24	18	2	5	**85**
	41 a 50 anos	16	9	23	19	14	2	3	**86**
	51 anos ou mais	17	9	17	5	0	4	1	**53**
	Total	48	30	87	62	56	16	14	313
Feminino	até 25 anos	6	1	22	20	21	4	9	**83**
	26 a 30 anos	1	5	16	7	13	3	5	**50**
	31 a 40 anos	7	1	21	17	19	2	6	**73**
	41 a 50 anos	11	6	21	7	11	3	1	**60**
	51 anos ou mais	16	11	20	5	1	2	5	**60**
	Total	41	24	100	56	65	14	26	326
Total	até 25 anos	10	2	38	31	31	8	11	**131**
	26 a 30 anos	4	9	26	10	27	7	8	**91**
	31 a 40 anos	15	8	42	41	37	4	11	**158**
	41 a 50 anos	27	15	44	26	25	5	4	**146**
	51 anos ou mais	33	20	37	10	1	6	6	**113**
	Total	89	54	187	118	121	30	40	639

Os dados da Tabela 5.2 mostram que os resultados não podem ser generalizados para a população de domicílios da cidade de São Paulo, pois a amostra não está balanceada demograficamente dentro de cada estrato socioeconômico e, portanto, qualquer comparação entre os estratos deve ser corrigida pelas diferenças demográficas dentro da amostra. Nosso propósito, neste capítulo, é mostrar unicamente diferenças entre os estratos socioeconômicos em relação a questões de atividades, interesses, opiniões, valores e exposição a mídias, depois de corrigir pelas diferenças em razão de gênero e idade.

Levando em conta que a amostra não está balanceada em termos demográficos dentro de cada estrato, desenvolvemos um modelo linear geral, usando as atividades, interesses e opiniões (AIO) coletadas em nossa pesquisa como variáveis dependentes, e como previsores o gênero, a faixa etária e o estrato socioeconômico do respondente. Essa análise tem dois propósitos. Primeiro, permite comparar o impacto do gênero, faixa etária e estrato socioeconômico no estilo de vida (medido por AIOs) dos respondentes. Segundo, permite extrair o impacto do *status* socioeconômico no estilo de vida a partir dos dados coletados, depois de corrigidos os efeitos de gênero e idade, eliminando, portanto, o viés devido às diferenças demográficas entre os estratos dentro da amostra pesquisada na cidade de São Paulo.

Vamos apresentar os resultados em quatro partes: inicialmente, em termos de interesses e opiniões; após, em relação a atividades realizadas por consumidores moradores na cidade de São Paulo; em seguida, a análise será feita em relação à exposição a mídias; e, por último, em relação a valores.

5.1 INTERESSES E OPINIÕES DOS CONSUMIDORES E *STATUS* SOCIOECONÔMICO

Considerando o primeiro objetivo explicitado acima – comparar o impacto do gênero, faixa etária e estrato socioeconômico em interesses e opiniões relativos a estilo de vida –, indicamos na Tabela 5.3 os fatores que tiveram um impacto estatisticamente significante (ao nível de 0,01) nos indicadores de estilo de vida. Nessa tabela, o símbolo "+" significa que os grupos de respondentes definidos pelo fator da coluna são significativamente diferentes (em termos estatísticos, ao nível p = 0,01) em termos do indicador listado na respectiva linha. Por exemplo, na variável "sempre viajo nas férias", não se observaram diferenças significativas na média da escala de concordância, que varia de 1 (total discordância) a 7 (total concordância) entre homens e mulheres, nem entre as faixas etárias consideradas. Verifica-se, entretanto, a existência do sinal "+" na coluna SSE – *status* socioeconô-

Classes Socioeconômicas, Estilo de Vida e Exposição à Mídia

mico, denotando que viajar nas férias é um comportamento distinto entre alguns estratos socioeconômicos. Observamos que os segmentos de nível socioeconômico mais elevado, portanto, são aqueles que concordam mais fortemente com essa ideia.

A última linha da Tabela 5.3 mostra o número de indicadores em que os fatores gênero, idade e classe socioeconômica apresentaram diferenças estatisticamente significativas. Observando a tabela, verificamos que de 22 frases que denotam diferentes aspectos de interesses e opiniões relativos a estilo de vida, 5 delas apresentam diferenças estatisticamente significantes entre homens e mulheres, 8 entre faixas etárias e 9 entre estratos socioeconômicos. Portanto, a classe socioeconômica mostra diferenças significativas em um número maior de indicadores de interesses e opiniões relativamente às variáveis gênero e idade.

Tabela 5.3 – Indicadores de estilo de vida (interesses e opiniões) afetados pelo gênero, idade e *status* socioeconômico de consumidores da cidade de São Paulo

Interesses/opiniões	Gênero	Idade	SSE
Sempre viajo nas férias.			+
Geralmente não sobra tempo para eu descansar ou me divertir.			
Fico preocupado(a) com a opinião que as pessoas possam ter de mim.			
Tenho minha casa sempre cheia de amigos.	+		+
Planejo em detalhes tudo o que vou fazer.			
O bem-estar da família é mais importante que o meu próprio.			
Evito assumir compromissos financeiros.		+	+
Costumo deixar para depois uma decisão importante que tenho que tomar.			
Gosto de fazer serviços domésticos.		+	+
Geralmente converso sobre assuntos de sexo com amigos/amigas.	+	+	+
Sou uma pessoa que gosta de novidades.	+		
Sempre me preocupo em melhorar minha posição social.			
Gosto de usar coisas que chamem a atenção dos outros.		+	
Prefiro ficar tranquilo em casa do que ir a uma festa.		+	
Meus amigos sempre costumam me pedir conselhos e opiniões.	+	+	+
Gosto muito de ser elogiado(a) pelo que faço.	+		
Costumo me esquivar de enfrentar uma crise ou uma dificuldade.			
Sinto que não tenho controle suficiente sobre a direção que minha vida está tomando.			+
Ter sucesso é uma questão de trabalhar duro, sorte não tem nada a ver com isso.			+
Quero ser considerado(a) uma pessoa que anda na moda.		+	
As escolas deveriam ter aulas de religião.		+	+
Costumo trabalhar em projetos comunitários.			
	5	8	9

O segundo propósito da análise realizada é analisar o efeito líquido do *status* socioeconômico no estilo de vida, depois de corrigir os efeitos do desbalanceamento da amostra em termos de gênero e idade pelos estratos socioeconômicos. Para isso, focamos a análise nas médias marginais estimadas pelo modelo linear geral multivariado para os estratos socioeconômicos, apenas para os indicadores de interesses e opiniões a respeito de estilo de vida para os quais o *status* socioeconômico tem um impacto significativo. Essas médias marginais estimadas (além de seus intervalos de 95% de confiança) estão plotadas na Figura 5.1, apresentada em seguida. Já os nove painéis da Figura 5.2 mostram o quanto, percentualmente, a média marginal de cada estrato se posiciona acima ou abaixo da média geral de cada interesse ou opinião que apresentou diferença estatisticamente significativa, ressaltando-se o fato dessas porcentagens serem calculadas em uma escala intervalar, apenas para fins ilustrativos.

Em cinco interesses e opiniões diferenciados entre estratos socioeconômicos, as classes mais abastadas apresentam maior intensidade de concordância em relação a: "sempre viajo nas férias", "tenho minha casa sempre cheia de amigos", "geralmente converso sobre assuntos de sexo com meus(minhas) amigos(as)", "meus(minhas) amigos(as) sempre costumam me pedir conselhos e opiniões" e "sinto que não tenho controle suficiente sobre a direção que minha vida está tomando".

Em contraposição, outros quatro interesses e opiniões mostram-se mais fortemente concordantes com estratos socioeconômicos menos abastados, a saber: "evito assumir compromissos financeiros", "gosto de fazer serviços domésticos", "ter sucesso é uma questão de trabalhar duro, sorte não tem nada a ver com isso" e "as escolas deveriam ter aulas de religião".

É notável observarmos que os estratos mais pobres são menos propensos a conversar sobre sexo, um comportamento que não deveria ser diretamente relacionado com a renda ou educação formal. Outro aspecto interessante é que as classes menos abastadas tendem a ver o trabalho duro como a chave para o sucesso. Essas classes também têm uma tendência maior para fazer trabalhos domésticos para não incindir em gastos, de evitar assumir compromissos financeiros e têm a religião como elemento de apoio.

Podemos verificar, portanto, que essas nove características de estilo de vida mostraram-se associadas à dimensão de classe social e renda permanente.

Classes Socioeconômicas, Estilo de Vida e Exposição à Mídia

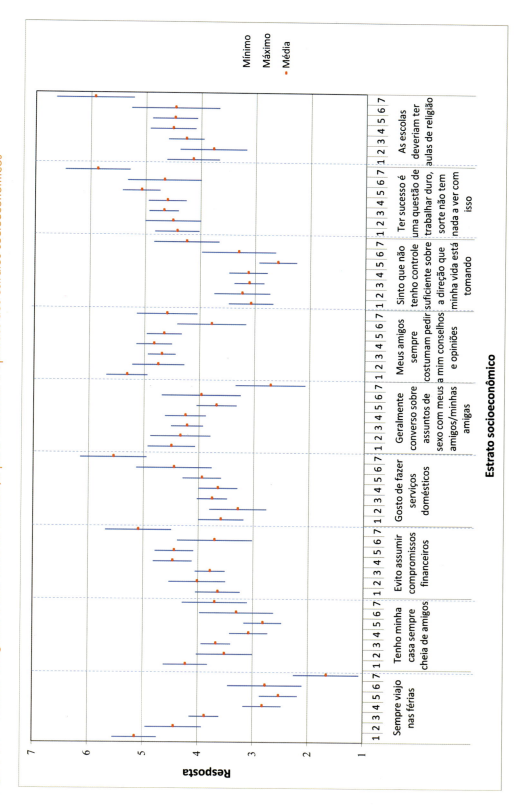

Figura 5.1 – Médias marginais e intervalos de confiança para interesses e opiniões dos estratos socioeconômicos

202 — Estratificação Socioeconômica e Consumo no Brasil

Figura 5.2 – Variação das médias para interesses e opiniões nos estratos em relação à média da amostra geral

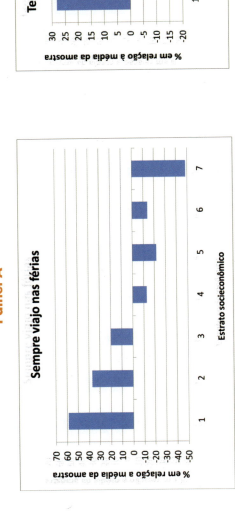
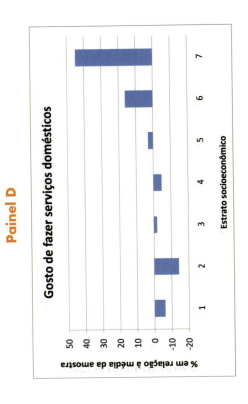
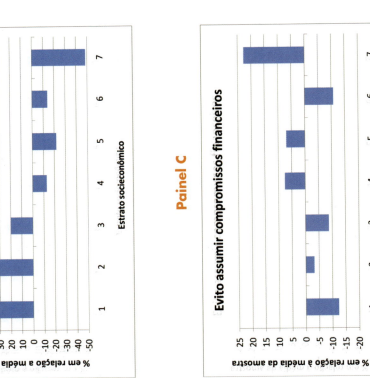

Classes Socioeconômicas, Estilo de Vida e Exposição à Mídia 203

Figura 5.2 – Variação das médias para interesses e opiniões nos estratos em relação à média da amostra geral

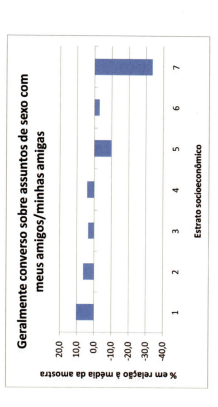
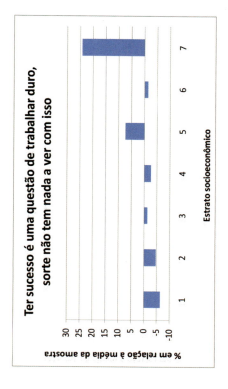
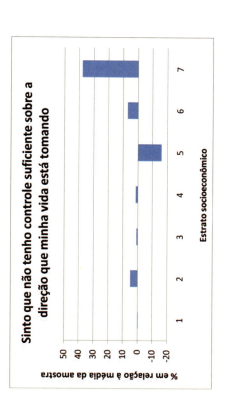

Figura 5.2 – Variação das médias para interesses e opiniões nos estratos em relação à média da amostra geral

Painel I

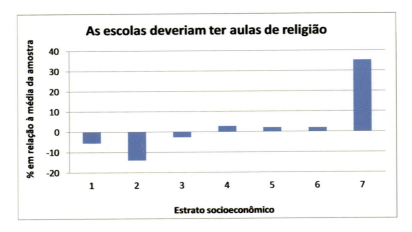

5.2 ATIVIDADES REALIZADAS E *STATUS* SOCIOECONÔMICO

Considerando agora a avaliação de um conjunto de 19 atividades, medidas por uma escala de intensidade de frequência, variando de 1 (raramente faz) a 7 (faz frequentemente), observamos que a variável faixa etária diferencia a intensidade média de 8 atividades; gênero diferencia em 10 atividades, ao passo que classe socioeconômica apresenta diferenças estatisticamente significativas em 16 atividades. Observamos, assim, maior poder de diferenciação da variável de segmentação classe socioeconômica no que se refere a comportamentos relacionados com diferentes tipos de atividades realizadas por consumidores em geral. Estes resultados são apresentados na Tabela 5.4 a seguir.

Classes Socioeconômicas, Estilo de Vida e Exposição à Mídia

Tabela 5.4 – Indicadores de estilo de vida (atividades) afetados pelo gênero, idade e *status* socioeconômico

Atividades	Gênero	Idade	SSE
Ir ao teatro.			+
Jogar cartas.			+
Ler jornais.		+	+
Ir a exposições de artes.			+
Praticar algum esporte.	+		+
Ir a *shows* musicais.		+	+
Acampar.	+	+	+
Ler revistas.	+	+	+
Navegar na internet.	+		+
Cuidar de plantas, jardins, hortas.	+	+	+
Sair com amigos para jantar.	+	+	+
Ir à igreja / cultos religiosos.	+		
Ler livros policiais, romances etc.	+		+
Ir a festas comunitárias.			
Assistir a jogos esportivos.	+		
Participar de discussões sobre livros.			+
Ir à academia de ginástica.			+
Fazer compras pela internet.	+	+	+
Ir a barzinhos ou discotecas.		+	+
	10	8	16

A Figura 5.3 em seguida, painéis "A" e "B", mostra as médias marginais e os intervalos de confiança calculados para cada uma das 16 atividades em que observamos diferenças estatisticamente significativas entre alguns dos estratos socioeconômicos, depuradas do efeito das variáveis demográficas gênero e idade.

Constatamos em todas essas 16 atividades que as médias marginais são maiores nos segmentos mais abastados e menores nos segmentos de níveis socioeconômicos inferiores. Esse resultado mostra claramente o impacto da classe social e da renda permanente como fator diferenciador da intensidade de frequência com que tais atividades são realizadas ou consumidas. Verificamos, ainda, que existem diferenças marcantes entre os estratos socioeconômicos, não apenas nos indicadores que requerem renda mais elevada e educação mais avançada (por exemplo, ler livros, revistas e jornais, ir ao teatro e a *shows* musicais) como também em atividades que não exigem maior educação formal ou alta renda (por exemplo, praticar esportes, jogar cartas e cuidar de plantas, jardins e hortas).

Os sete painéis da Figura 5.4 mostram a variação percentual da média marginal de cada atividade em cada estrato socioeconômico em relação à média marginal geral (mais uma vez ressaltamos o fato dessas porcentagens serem calculadas em uma escala intervalar, apenas para fins ilustrativos). Verificando os gráficos elaborados, podemos constatar que, para a maioria das atividades, os estratos socioeconômicos mais abastados apresentam médias marginais superiores à média geral, ao passo que os estratos 4, 5, 6 e 7 posicionam-se abaixo da média geral. As variações observadas oscilam de percentuais de até 50% a mais no estrato 1 em relação à média geral, até -70% para o estrato 7 em relação à média geral da amostra.

Essa acentuada diferenciação entre as classes socioeconômicas em termos do perfil de intensidade de realização de diferentes tipos de atividades evidencia a necessidade de estratégias distintas de marketing direcionadas a cada segmento ou grupos deles.

Classes Socioeconômicas, Estilo de Vida e Exposição à Mídia

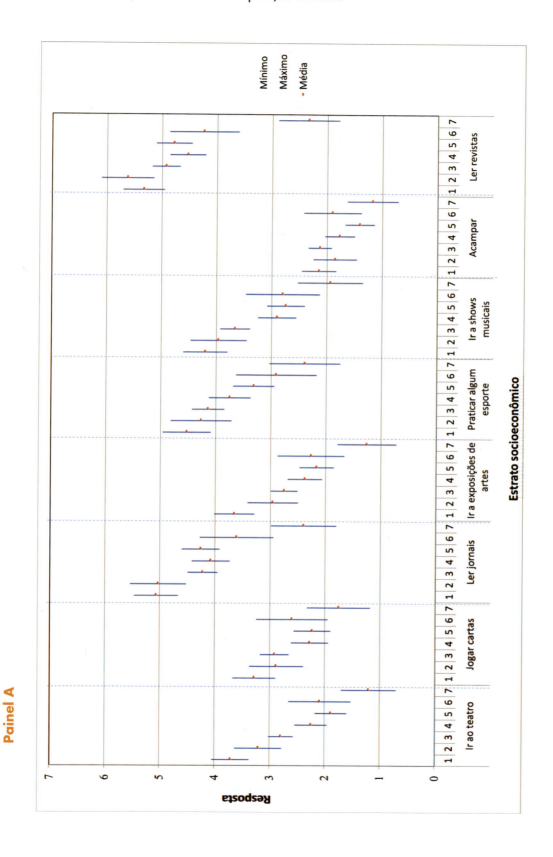

Figura 5.3 – Médias marginais (e intervalos de confiança) para as atividades por estrato socioeconômico

Painel A

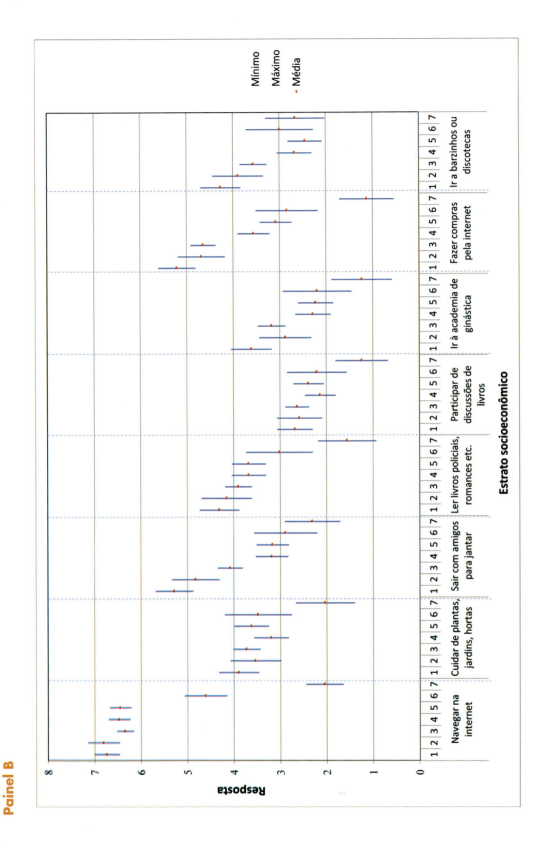

Figura 5.3 – Médias marginais (e intervalos de confiança) para as atividades por estrato socioeconômico
Painel B

Classes Socioeconômicas, Estilo de Vida e Exposição à Mídia

Figura 5.4 – Variação nas médias da frequência de realização de atividades nos estratos em relação à média da amostra geral

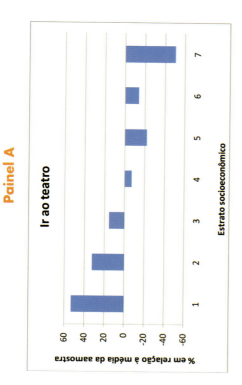

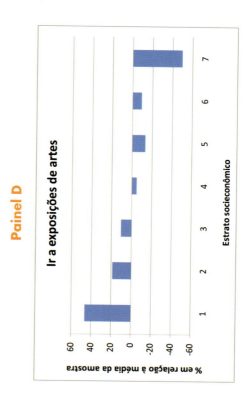

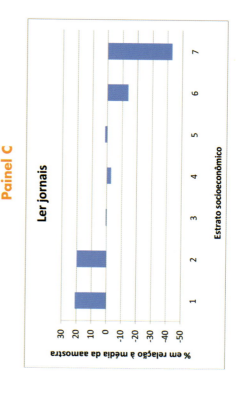

210   Estratificação Socioeconômica e Consumo no Brasil

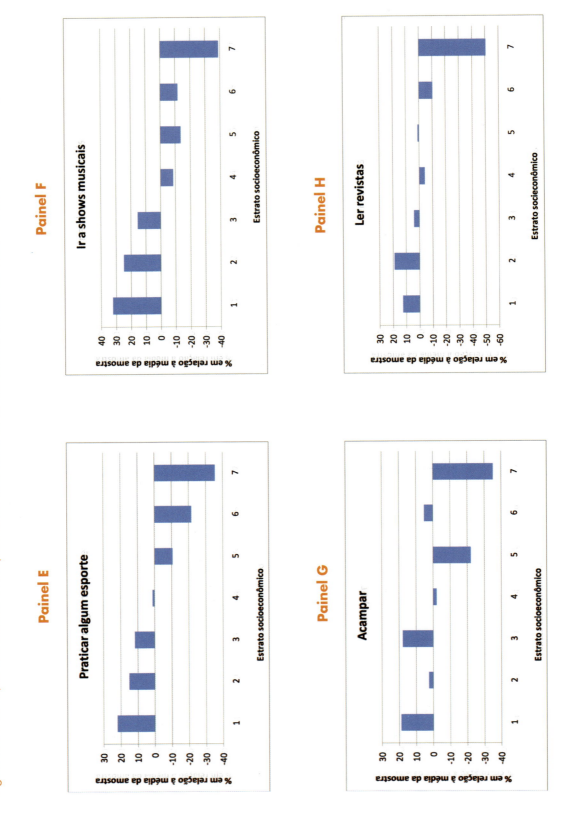

Figura 5.4 – Variação nas médias da frequência de realização de atividades nos estratos em relação à média da amostra geral

Classes Socioeconômicas, Estilo de Vida e Exposição à Mídia 211

Figura 5.4 – Variação nas médias da frequência de realização de atividades nos estratos em relação à média da amostra geral

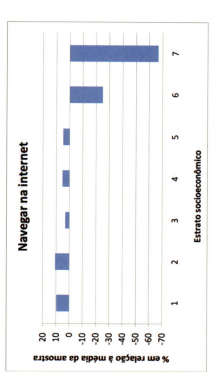
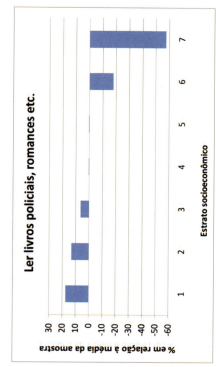
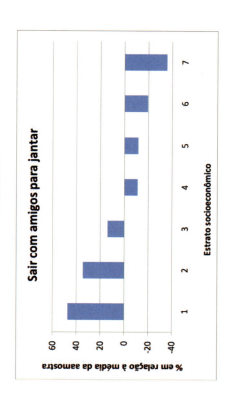

Figura 5.4 – Variação nas médias da frequência de realização de atividades nos estratos em relação à média da amostra geral

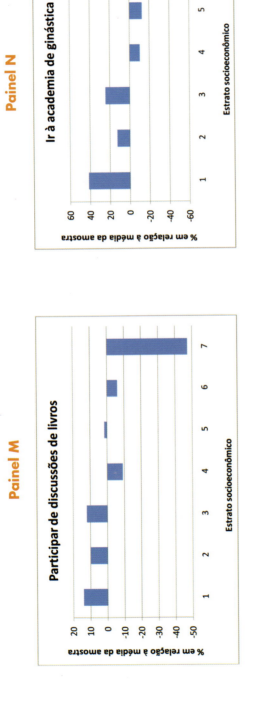
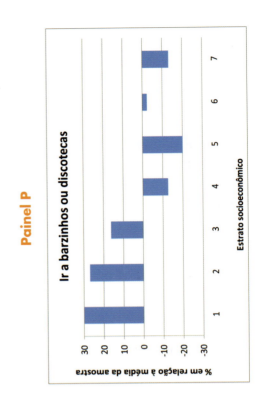
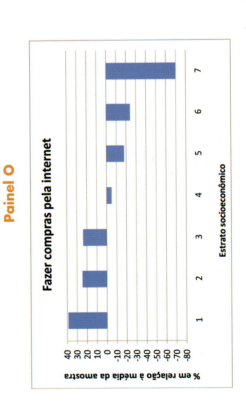

Classes Socioeconômicas, Estilo de Vida e Exposição à Mídia

5.3 ACESSO E USO DE MÍDIAS

A pesquisa também levantou, junto aos respondentes das diversas classes socioeconômicas no município de São Paulo, o número de horas gastas semanalmente consumindo cinco tipos diferentes de obtenção de informações (mídias), a saber: TV, rádio, jornais, revistas e livros não escolares.

A partir dos resultados descritos na Tabela 5.5, verificamos que o número de horas semanais dedicadas ao consumo de conteúdo nas diversas mídias estudadas não apresenta diferenças estatisticamente significantes entre homens e mulheres ou entre as diferentes faixas etárias. Novamente, o estrato socioeconômico dos respondentes apresenta maior poder de diferenciação no consumo das mídias, do que as características demográficas estudadas (gênero e idade). O nível socioeconômico impactou o tempo dedicado ao consumo de todas as mídias estudadas: TV, rádio, jornais, revistas e livros não escolares.

O número de horas semanais lendo livros, jornais e revistas é maior entre os estratos de maior nível socioeconômico e menor entre os estratos mais pobres. Os cinco estratos de maior nível socioeconômico dedicam mais tempo para a leitura de livros não escolares do que para a leitura de jornais e revistas, ao passo que os dois estratos mais pobres leem menos livros do que todos os demais e gastam menos horas semanais com esse tipo de leitura em relação à leitura de jornais e revistas. No estrato sete (7), o mais pobre, o tempo dedicado à leitura de livros é quase nulo.

O mesmo padrão é observado para o consumo das mídias TV e rádio, as mais consumidas em todos os estratos sociais. As classes mais altas consomem TV e rádio por mais horas, ao passo que o consumo decresce quanto menor a classe social, com a exceção do estrato socioeconômico 7 (sete), o de menor nível socioeconômico. Respondentes desse estrato gastam muito mais horas que os dos demais níveis socioeconômicos assistindo TV e ouvindo rádio. Esse é um resultado interessante que deve ser aprofundado e que pode estar associado à forte restrição orçamentária entre os indivíduos do estrato (7), cujos recursos financeiros disponíveis para outras atividades de lazer e de busca de informações é muito restrito. Dessa forma, a TV e o rádio, opções baratas, por seu caráter universal e aberto, podem representar, muitas vezes, uma das únicas opções de obtenção de informações e de lazer viáveis para respondentes dessa classe socioeconômica.

Tabela 5.5 – Indicadores de estilo de vida (horas de acesso/uso de mídias) afetados pelo gênero, idade e *status* socioeconômico

Atividades	Gênero	Idade	SSE
Horas semanais assistindo televisão			+
Horas semanais ouvindo rádio			+
Horas semanais lendo jornais			+
Horas semanais lendo revistas			+
Horas semanais lendo livros não escolares			+
	0	0	5

214 Estratificação Socioeconômica e Consumo no Brasil

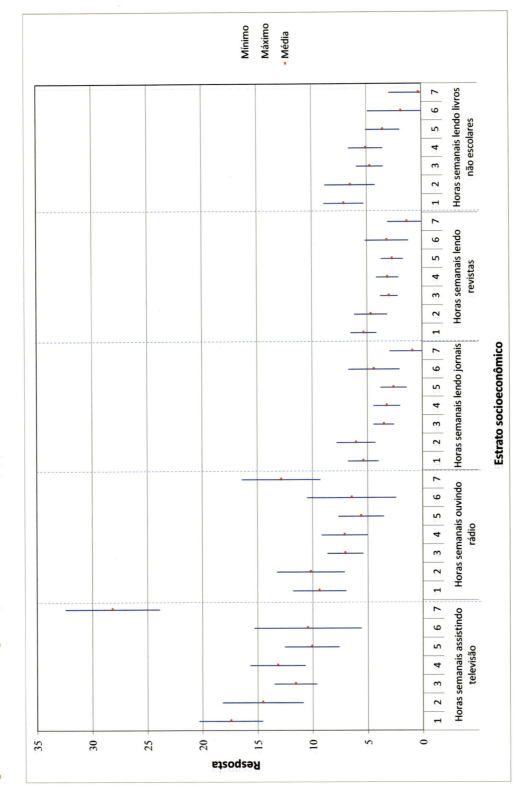

Figura 5.5 – Médias marginais (e intervalos de confiança) para as horas de acesso/uso de mídia dos estratos socioeconômicos

Classes Socioeconômicas, Estilo de Vida e Exposição à Mídia 215

Figura 5.6 – Médias marginais para horas de acesso e uso de mídias em relação à média da amostra geral

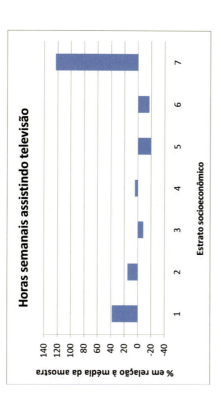

Figura 5.6 – Médias marginais para horas de acesso e uso de mídias em relação à média da amostra geral

Painel E

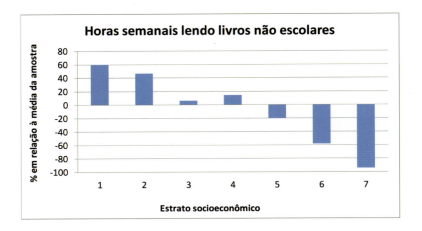

5.4 LEITURA DE JORNAIS

A pesquisa levantou também quais, entre 12 jornais de maior circulação em São Paulo, são lidos pelos respondentes, ou se eles simplesmente não leem jornais. As variáveis medidas são binárias (lê ou não lê) e englobam também uma variável para jornais não listados entre os 12 pesquisados e uma variável que indica que o respondente não lê nenhum jornal. Assim como para as demais dimensões estudadas (AIO e horas gastas com as diversas mídias), foi utilizado um modelo linear geral multivariado, usando os jornais listados como variáveis dependentes, e como previsores o gênero, a faixa etária e o estrato socioeconômico do respondente, permitindo comparar o impacto do gênero, faixa etária e estrato socioeconômico no hábito de leitura de jornais dos respondentes e extrair o impacto do *status* socioeconômico, depois de corrigidos os efeitos de gênero e idade, na penetração de cada jornal dentro dos sete estratos socioeconômicos.

Essa análise também resultou em um maior poder da variável de estratificação socioeconômica para diferenciar os respondentes de acordo com seu hábito de leitura de jornais, afetando a escolha de sete jornais, ao passo que o gênero do respondente impactou na leitura de três jornais e a idade não afetou nenhum dos jornais pesquisados.

Os jornais *Agora São Paulo*, *Metrô News* e *Diário de S.Paulo* apresentam maior incidência de leitura entre os estratos socioeconômicos intermediários (estratos 3, 4 e 5), sendo lidos por um contingente variando entre cerca de 30% e 60% dos respondentes nesses estratos, ao passo que os dois últimos jornais são lidos por menos de 10% dos respondentes do estrato mais pobre (estrato 7).

Os jornais *O Estado de S. Paulo*, *Folha de S.Paulo* e *Valor Econômico* apresentam maior penetração de mercado (são lidos por uma proporção maior dos respondentes) quanto maior o estrato social, sendo os dois primeiros os jornais mais lidos pela amostra como um todo. Em contraste com os estratos de maior nível socioeconômico, em que a quase totalidade dos respondentes leem jornais, mais de 60% dos respondentes do estrato sete (7) declarou não ler jornais.

Tabela 5.6 – Indicadores de estilo de vida (leitura de jornais) afetados pelo gênero, idade e *status* socioeconômico

Jornais	Gênero	Idade	SSE
Agora São Paulo	+		+
Hora do Povo			
Brasil Econômico			
Jornal Lance	+		
Destak	+		
Metrô News			+
Diário de S.Paulo			+
O Estado de S.Paulo			+
Diário de Notícias			
O Globo			
Folha de S.Paulo			+
Valor Econômico			+
Outros jornais			
Não leio jornais			+
	3	0	7

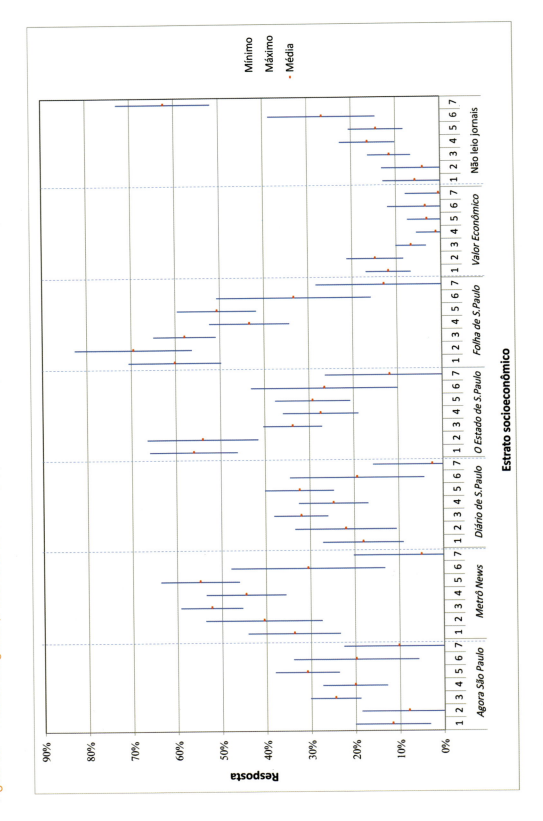

Figura 5.7 – Médias marginais (e intervalos de confiança) para leitura de jornais nos estratos socioeconômicos

5.5 LEITURA DE REVISTAS

O estudo da penetração de mercado de revistas junto aos respondentes seguiu os mesmos parâmetros da leitura de jornais. Foram pesquisadas nominalmente 39 diferentes revistas e se o respondente não lê revistas. Como descrito no início deste capítulo, o gênero do respondente tem fortíssimo impacto na leitura da maioria das revistas pesquisadas em função de boa parte delas ser direcionada a um ou outro gênero, tendo características marcantemente masculinas ou femininas.

O nível socioeconômico, embora desta vez não seja a variável com o impacto mais abrangente, também apresentou influência na leitura de dez revistas pesquisadas. Assim como o resultado observado para a leitura de jornais, mais de 60% dos respondentes do estrato mais pobre declararam não ler revistas. Para praticamente todas as revistas que apresentaram diferenças estatisticamente significativas entre os estratos, à exceção da revista *Tititi*, quanto maior o nível socioeconômico, maior a incidência de leitores entre os respondentes. Esse resultado se aplica principalmente às revistas *Veja*, *Exame*, *Viagem e Turismo*, *Você S/A* e *Arquitetura e Construção*.

A revista *Carta Capital*, no entanto, apresenta maior incidência de leitores nos estratos 6 e 2, com baixo percentual de leitores nos estratos 1, 3, 4 e 5 e incidência praticamente nula no estrato 7, ao passo que a revista *Tititi* é mais lida, proporcionalmente, por respondentes de estratos mais pobres, os estratos 6 e 5, apresentando baixa penetração entre os respondentes dos estratos mais ricos, os estratos 1 e 2.

Tabela 5.7 – Indicadores de estilo de vida (acesso a revistas) afetados pelo gênero, idade e *status* socioeconômico

Revistas	Gênero	Idade	SSE
Arquitetura & Construção			+
Auto Esporte	+		
Boa Forma	+		
Capricho	+		
Caras	+		
Carta Capital			+
Casa Cláudia	+		
Casa e Comida			
Casa e Jardim	+		
Casa Vogue	+		
Cláudia	+	+	
Contigo	+		
Crescer	+		
Elle			
Época	+		
Exame	+		+
Galileu			
Gastronomia			
Gente			
Info	+		
IstoÉ	+		+
IstoÉ Dinheiro	+		
Manequim	+		
Marie Clare	+		
Minha Casa			
Minha Novela	+		
Negócio	+		
Nova	+		
Plástica & Beleza	+		
Playboy	+		
Quatro Rodas	+		
Quem			
Saúde			
Superinteressante	+		
Titi	+		+
Veja		+	+
Viagem e Turismo			+
Você S/A			+
Vogue			
Outras revistas			+
Não leio revistas	+	+	+
	26	3	10

Classes Socioeconômicas, Estilo de Vida e Exposição à Mídia

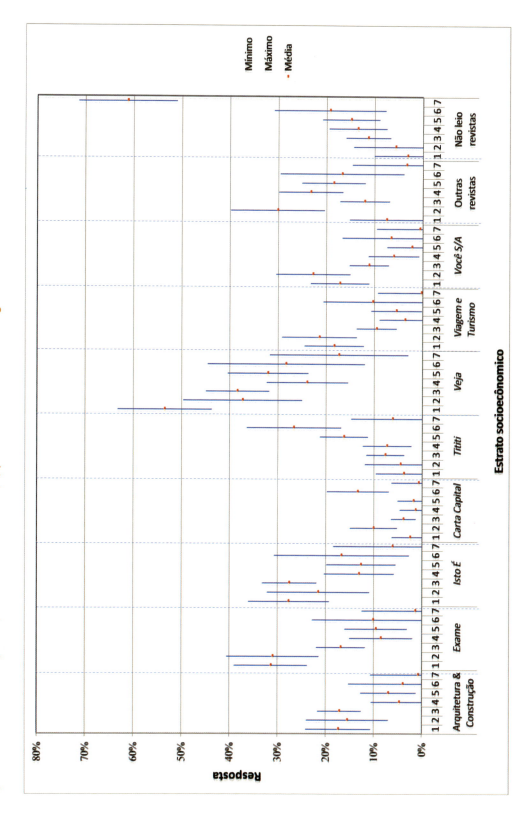

Figura 5.8 – Médias marginais (e intervalos de confiança) para a leitura de revistas segundo os estratos socioeconômicos

5.6 VALORES E *STATUS* SOCIOECONÔMICO

Os dois últimos conjuntos de variáveis pesquisadas junto aos respondentes do município de São Paulo foram relacionados com a escala de Rokeach (Rokeach, 1973; Kamakura e Mazzon, 1991), considerando a importância que atribuem a um conjunto de 18 valores de vida (denominados valores finais ou terminais) e também a 18 valores meio (denominados valores instrumentais), expressos em características pessoais ou traços de personalidade, que julgam mais importantes para se atingir os valores terminais.

Os respondentes indicaram cinco valores terminais mais importantes a serem almejados. Assim, indicaram qual dos 18 valores finais era o mais importante, o segundo mais importante e assim por diante até o quinto mais importante.

Em função da natureza da escala dessas variáveis dependentes, utilizamos a técnica de regressão ordinal para avaliar o impacto estatisticamente significativo (ao nível de 0,01) da estratificação socioeconômica e das variáveis demográficas pesquisadas (gênero e faixa etária) nos indicadores de nível de importância para cada valor terminal e instrumental avaliado. Analogamente ao procedimento utilizado para as demais dimensões de estilo de vida pesquisadas, na Tabela 5.8 a seguir, o símbolo "**+**" significa que os grupos de respondentes definidos pelo fator da coluna são significativamente diferentes (em termos estatísticos, ao nível p = 0,01).

Diferentemente do que foi observado para as demais dimensões descritas anteriormente (AIO e exposição à mídia), o gênero, a faixa etária e o estrato social dos respondentes dos diversos estratos da pesquisa têm impactos parecidos, em termos de abrangência, sobre os valores terminais por eles considerados mais importantes, cada um afetando 3 (três) ou 4 (quatro) dentre os valores terminais e instrumentais.

Classes Socioeconômicas, Estilo de Vida e Exposição à Mídia

Tabela 5.8 – Indicadores de níveis de importância dos valores terminais afetados pelo gênero, faixa etária e *status* socioeconômico

Valores terminais	Gênero	Idade	SSE
Amizade verdadeira (companheirismo)	+		+
Felicidade (contente, de bem com a vida)			
Harmonia interna (viver sem conflitos internos)		+	
Igualdade (fraternidade, oportunidades iguais para todos)			
Liberdade (independência, livre-arbítrio)			
Maturidade no amor (intimidade sexual, afetiva)		+	
Mundo belo (beleza da natureza e das artes)			
Mundo de paz (sem conflitos)		+	
Prazer (uma vida agradável)			
Reconhecimento social (respeito e admiração)	+		
Respeito próprio (autoestima)			
Sabedoria (entendimento da vida)			
Salvação eterna (ir para o céu)		+	
Segurança familiar (cuidados com os entes amados)	+		
Segurança nacional (proteção contra ataques)	+		
Senso de realização (contribuição duradoura)			
Vida excitante (estimulante)			+
Vida próspera (confortável)			+
	4	4	3

A Figura 5.9 em seguida, apresenta os resultados dos coeficientes (e seus intervalos de confiança) para os estratos socioeconômicos 1 a 6 em relação ao estrato 7, tomado como base de comparação na regressão ordinal, calculada para cada um dos três valores terminais em que observamos influência estatisticamente significativa dos estratos socioeconômicos, depurada do efeito das variáveis demográficas gênero e idade.

De acordo com os coeficientes observados na regressão ordinal, os respondentes nos estratos menos abastados, em especial nos estratos 6 e 7, diferenciam-se, por atribuir menor relevância, comparativamente aos respondentes dos demais estratos, para o valor terminal associado a uma vida mais excitante. O estrato 7, o de menor nível socioeconômico, se diferencia ainda dos demais por valorizar mais do que os respondentes de todos os demais estratos a busca por uma vida próspera e mais confortável, indicando que sua prioridade é a melhoria de sua condição de vida, em detrimento de outros valores menos prementes a uma vida de subsistência. Por outro lado, os respondentes nos estratos socioeconômicos intermediários (estratos 3, 4, 5 e 6) são mais propensos a valorizar a amizade verdadeira do que os estratos extremos (os mais ricos, estratos 1 e 2, e o mais pobre, estrato 7).

Classes Socioeconômicas, Estilo de Vida e Exposição à Mídia   225

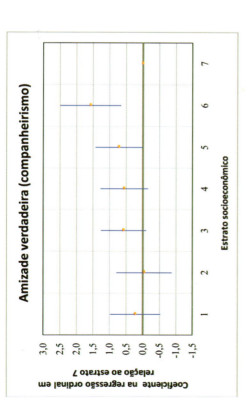
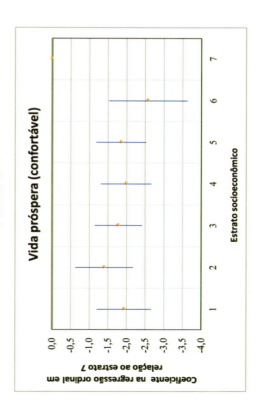

Figura 5.9 – Influência do *status* socioeconômico no nível de importância dos valores terminais

Vamos analisar agora os valores instrumentais ou meios pelos quais as pessoas procuram alcançar os valores terminais apresentados anteriormente.

Dentre o conjunto de 18 valores instrumentais, podemos observar pela Tabela 5.9 que existem diferenças estatisticamente significativas no grau de relevância de acordo com o gênero dos respondentes em somente um valor, o mesmo ocorrendo em relação a faixa etária; quando consideramos a estratificação socioeconômica, encontramos três valores com diferenças entre os estratos. Isso revela, novamente, que esse critério de segmentação é mais efetivo do que as duas variáveis demográficas consideradas.

Tabela 5.9 – Indicadores de níveis de importância dos valores instrumentais afetados pelo gênero, faixa etária e *status* socioeconômico

Valores instrumentais	Gênero	Idade	SSE
Alegre (animado)		+	
Ambicioso (trabalhar duro, ter aspirações)			
Amoroso (afetuoso)			
Autocontrolado (disciplinado, contido)			
Capaz (competente)			
Corajoso (defende suas crenças)			
Generoso (disposto a perdoar outras pessoas)			+
Honesto (sincero)			
Imaginativo (criativo)			
Independente (autossuficiente)			
Intelectual (estudioso, inteligente)			
Limpo (arrumado)			
Lógico (racional, consistente)			+
Mente aberta (cabeça aberta)			
Obediente (respeitoso, ciente dos deveres)			+
Polido (cortês, com boas maneiras)			
Prestativo (trabalha para o bem-estar dos outros)			
Responsável (confiável no que faz)	+		
	1	1	3

Vimos que as questões mais básicas relacionadas com as condições de vida orientam os valores terminais para os respondentes dos estratos mais pobres. Esses respondentes valorizam mais, comparativamente aos respondentes mais abastados, valores instrumentais como a generosidade, a predisposição em perdoar, a obediência, o respeito e a ciência de seus deveres como meio de atingir os valores terminais. No estrato mais pobre, ser lógico é um valor instrumental praticamente sem nenhuma relevância, quando comparado com os demais estratos socioeconômicos.

Classes Socioeconômicas, Estilo de Vida e Exposição à Mídia

Figura 5.10 – Influência do *status* socioeconômico no nível de importância dos valores instrumentais

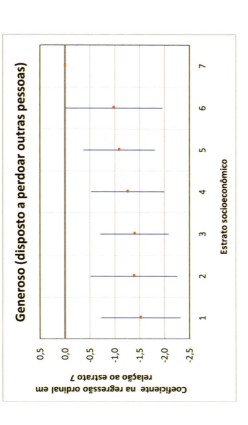

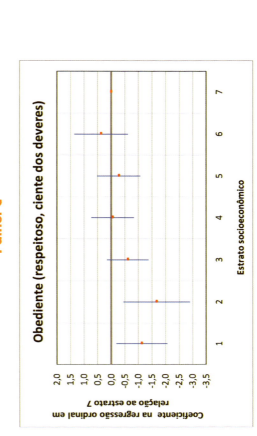

5.7 CONSIDERAÇÕES ADICIONAIS

Como colocamos no início deste capítulo, nosso propósito não foi o de descrever o perfil generalizado de cada estrato socioeconômico em termos psicográficos, porque a amostra utilizada abrange somente a cidade de São Paulo e não é necessariamente representativa da população, em termos demográficos. A finalidade foi ilustrar como o nosso critério pode ser utilizado em uma pesquisa típica de mercado, nesse caso focada no estilo de vida e acesso à mídia dos consumidores. Utilizamos o classificador adaptável no início da entrevista para determinar o estrato socioeconômico do consumidor para atender uma cota mínima de respondentes em cada estrato. O preenchimento do questionário pela internet tem um viés em relação ao estrato 7, tendo em vista que parcela substantiva dos domicílios desses estratos não dispõe de microcomputador com acesso à internet, o que requereu a complementação da amostra com entrevistas pessoais, utilizando o classificador adaptável para a qualificação dos entrevistados. Óbviamente, a utilização de um método diferente na coleta de dados no estrato mais pobre pode ter induzido um viés nesse estrato, em relação ao resto da amostra.

Embora os resultados não sejam generalizáveis para a população brasileira, sugerem diferenças marcantes e interessantes entre os estratos socioeconômicos em termos de suas atitudes e opiniões, atividades pelas quais eles se interessam e ao acesso às mídias eletrônica e impressa. A estratificação socioeconômica foi mais efetiva do que as variáveis demográficas gênero e idade como diferenciadora dos segmentos identificados em termos de atividades, interesses e opiniões (AIO), valores humanos e no acesso e uso de mídias. Por exemplo, nossos resultados sugerem que os estratos de menor nível socioeconômico são os que mais creem no trabalho duro como meio para alcançar o sucesso e uma vida mais próspera. Valores como generosidade, obediência e respeito são mais relevantes para esses estratos. São ainda os que menos controle sentem ter sobre sua própria vida, os que mais gostam de fazer serviços domésticos, que mais creem que as escolas deveriam ensinar religião, os menos propensos a falar sobre assuntos de sexo com amigos(as) e em assumir compromissos financeiros. Esses resultados evidenciam que os estratos de menor nível socioeconômico tendem a ser mais conservadores e mais avessos a risco do que estratos mais abastados.

De outra parte, os estratos de maior nível socioeconômico, além de denotar uma postura contraposta à descrita acima, são aqueles com mais interesse na realização de atividades que demandam recursos financeiros, como leitura de jornais e revistas, ida a teatros, *shows* musicais, exposições

Classes Socioeconômicas, Estilo de Vida e Exposição à Mídia

de artes, academia de ginástica e a bares e restaurantes. São ainda os que mais navegam e compram pela internet. Observamos que mesmo em atividades não ou pouco demandadoras de renda, como jogar cartas, praticar algum esporte e cultivar plantas, jardins e hortas, os segmentos mais abastados mostram maior propensão à realização dessas atividades.

Os resultados evidenciam que a estratificação socioeconômica tem uma associação tão (e em vários casos mais) forte com o estilo de vida do que a demografia. Mais importante, a estratificação socioeconômica complementa a geodemografia para explicar o comportamento do consumidor. Outra possibilidade de estudo seria utilizar os indicadores de atividades, interesses e opiniões para identificar diferentes tipos de estilo de vida (por exemplo, conservador, hedonista, esportista, intelectual etc.), e utilizar essas características em conjunto com a estratificação socioeconômica e a geodemografia para explicar o comportamento do consumidor.

CAPÍTULO 6

MODELOS DE CLASSIFICAÇÃO EM ESTRATOS SOCIOECONÔMICOS

Até o presente, definimos uma estratificação socioeconômica para a sociedade brasileira baseada nos dados da POF 2008-2009 e estudamos em detalhe o perfil de cada estrato, não só em termos dos indicadores de classe social e renda permanente, mas também em termos de outros fatores geodemográficos e culturais, além de suas prioridades de consumo. Portanto, sabendo a que estrato um domicílio pertence, temos uma boa ideia de seu provável perfil socioeconômico e de consumo. Para que se possa traçar o perfil provável de um domicílio, é necessário primeiramente classificar esse domicílio em um dos estratos socioeconômicos. Para tanto, precisamos de um instrumento de classificação que, por meio de alguns indicadores, possa identificar o estrato mais provável a que o domicílio pertence. Tal instrumento de classificação será de grande utilidade para múltiplos propósitos, seja para um instituto de pesquisa, empresa anunciante ou veículo de comunicação, seja para o próprio consumidor. Por exemplo, um pesquisador fazendo entrevistas por interceptação na entrada de um *shopping* tem uma cota de respondentes a ser cumprida para vários estratos socioeconômicos e, portanto, precisa qualificar *a priori* cada entrevistado potencial para cumprir sua cota. O pesquisador poderá entrar com os dados do modelo de classificação em um *tablet*, coletor de dados ou em um *smartphone* e ele indicará a qual estrato socioeconômico a pessoa pertence. Ou então o pesquisador poderá ligar para uma central de atendimento telefônico e ir digitando no celular as respostas do entrevistado para indicadores selecionados pelo modelo, ouvindo pelo telefone a resposta digital do estrato a que pertence o respondente. Isso poderá ser feito tanto pelo modelo completo (considerando todos os indicadores empregados para sua construção, embora não precise, necessariamente, contemplar/responder a todos eles), quanto pelo modelo adaptativo, em que face às respostas dadas a quatro perguntas iniciais (região geográfica e tipo de município em que está localizado o domicílio, número de adultos e número de menores de 18 anos que residem no domicílio), o pesquisador receberá, pelo telefone, a sequência de perguntas que deverá fazer ao entrevistado (demográficas, de acesso a serviços públicos e da quantidade de bens ou serviços existentes no domicílio), até atingir um grau de confiabilidade adequado para classificar um determinado entrevistado em um dos sete estratos socioeconômicos. Nessas circunstâncias, ganhamos tempo aplicando apenas um subconjunto de variáveis mais relevantes para o entrevistado em questão, para efeito da sua classificação nos estratos socioeconômicos.

Esse classificador adaptável está detalhado no Apêndice 6.2, sendo facilmente aplicável quando há necessidade do pesquisador fazer a classificação prévia do respondente em tempo bastante curto, mas dentro de um grau de confiabilidade aceitável. Esse é o caso, por exemplo, de um instituto de pesquisa que desejasse entrevistar pessoas pertencentes aos estratos 1 a 4. Pessoas de domicílios que pertencem aos estratos 5, 6 e 7 não seriam entrevistadas. Assim, é necessário, no início da entrevista, fazer essa classificação prévia para avaliar se um potencial entrevistado enquadra-se ou não na amostra visada pela pesquisa. Na prática de campo existem situações, também, em que o pesquisador não terá um *tablet*, um coletor de dados ou um *smartphone* disponível, nem mesmo acesso telefônico (locais de entrevista sem cobertura do celular), como é o caso de muitos domicílios na área rural. Para essa situação, ele terá que usar um questionário em papel. Visando esse tipo de contexto, elaboramos um exemplo de classificador reduzido, de forma que o pesquisador, com base em um número limitado de indicadores, poderia classificar rápida e facilmente o estrato socioeconômico em que se enquadra o entrevistado.

Sintetizando, a coleta de dados geodemográficos, de acesso a serviços públicos e da quantidade possuída de bens e serviços domésticos pode ser feita considerando três maneiras distintas: utilizando o classificador completo,

Modelos de Classificação em Estratos Socioeconômicos

o classificador adaptativo e um classificador reduzido, cada um deles com diferente grau de confiabilidade na classificação de um respondente de pesquisa em um dos sete estratos socioeconômicos. Esses três modelos de classificação de um domicílio poderão ser aplicados de acordo com diferentes formas de coleta dos dados:

- por entrevista pessoal presencial, por exemplo, na porta de uma residência ou em um local de conveniência, como uma estação de metrô;

- por entrevista por telefone, feita por um pesquisador no dia e horário de conveniência do entrevistado;

- por entrevista por telefone, utilizando técnica digitalizada em que as respostas dadas pelo respondente serão confirmadas eletronicamente e feita, em seguida, nova pergunta;

- por autopreenchimento de questionário disponível em uma página na internet;

- por autopreenchimento de questionário enviado pelo correio;

- por autopreenchimento de questionário respondido em um local de conveniência, como por pacientes que deixam um hospital.

Devido a essa vasta gama de aplicações da estratificação socioeconômica em diferentes contextos de pesquisa, é necessário criar mais do que um instrumento de classificação, cada um atendendo a necessidades distintas em termos de flexibilidade e simplicidade na coleta dos dados. Esses instrumentos, porém, devem ser razoavelmente consistentes, produzindo classificações socioeconômicas comparáveis com os outros instrumentos. Por esses motivos, produzimos dois instrumentos de classificação derivados diretamente do modelo de classes latentes ordinais utilizado para definir os estratos socioeconômicos, e um terceiro instrumento simplificado, baseado em uma regressão ordinal, que resultou em uma ponderação simples dos indicadores. Nesses três casos, é imprescindível que a coleta de dados para cada um dos indicadores, mesmo que não inclua todos os 35 indicadores utilizados na definição dos estratos, siga a mesma definição das variáveis e das categorias de resposta da POF 2008-2009, para que os dados estejam consistentes com os parâmetros estimados no nosso modelo de classes latentes ordinais.

6.1 CLASSIFICADOR POR VEROSSIMILHANÇA CONDICIONAL

Esse primeiro instrumento para classificação socioeconômica é uma aplicação direta do estimador utilizado no nosso modelo de classes latentes ordinais. Como discutimos antes, esse modelo tem a grande vantagem de ser robusto a dados faltantes. Se o pesquisador não pode coletar dados de alguns dos indicadores, ou se certos domicílios não responderam a certas perguntas relacionadas com os indicadores, o classificador por verossimilhança condicional simplesmente ignora esses dados faltantes, não requerendo nenhuma imputação ou substituição arbitrária desses dados. É óbvio que a qualidade da classificação dependerá da quantidade e qualidade dos dados coletados.

Como mostramos anteriormente na discussão da metodologia de classes latentes ordinais, a função de verossimilhança condicional (a que define que o domicílio i pertence ao estrato s) é calculada multiplicando as probabilidades condicionais para todos os indicadores $k = 1, 2, ..., K$,

$$L\{Y_i | \Theta_s, X_i\} = \prod_{k=1}^{K} p(y_{ik} | \Theta_{ks}, X_i) \,, \tag{6.1}$$

em que $p(y_{ik} | \Theta_{ks}, X_i)$ é a probabilidade associada com o indicador y_{ik}, dado que o domicílio i pertence ao estrato socioeconômico ou classe s. A especificação da função de probabilidade $p(y_{ik} | \Theta_{ks})$ depende do k-*ésimo* indicador ser binário, categórico, ordinal ou contínuo. Por exemplo, se o indicador for contínuo, a probabilidade decorre de uma distribuição normal; então temos:

$$p(y_{ik} | \Theta_{ks}) = \frac{1}{\theta_{k2s}\sqrt{2\pi}} \exp\left\{ -\frac{1}{2} \left(\frac{y_{ik} - \theta_k - \sum_{j=1}^{4} \theta_{js} x_{ij} - \theta_{k1s}}{\theta_{k2s}} \right)^2 \right\}$$

Por outro lado, se o k-*ésimo* indicador for categórico com M categorias, então a probabilidade é calculada utilizando uma função binomial expressa por:

$$p(x_{ik} | \Theta_{ks}) = \frac{\exp\left(\theta_{km} + \sum_{j=1}^{4} \theta_{jms} x_{ij} + \theta_{kms}\right)}{\sum_{m'=1}^{M} \exp\left(\theta_{km'} + \sum_{j=1}^{4} \theta_{jm's} x_{ij} + \theta_{km's}\right)}$$

Se, por outro lado, o indicador for uma contagem (por exemplo, número de televisores no domicílio), essa probabilidade é obtida de uma distribuição de Poisson. Se o domicílio i tem dado faltante para o indicador k', a multiplicação na equação 6.1 simplesmente pula o indicador k', sendo calculada somente para os indicadores disponíveis para aquele domicílio. Portanto, o produto $\prod_{k=1}^{K}(\ )$ só se aplica aos indicadores disponíveis para o domicílio i. Com isso, a probabilidade *a posteriori* de que o domicílio i

Modelos de Classificação em Estratos Socioeconômicos

pertence ao estrato *s* é obtida por meio da fórmula Bayesiana, em que o numerador é a verossimilhança condicional ao estrato *s* e o denominador é a verossimilhança não condicionada,

$$\tau_{is} = \frac{L\{Y_i|\Theta_s,X_i\}}{\sum_{s'=1}^{S} \pi_{s'} L\{Y_i|\Theta_{s'},X_i\}} = \frac{\prod_{k=1}^{K} p(y_{ik}|\Theta_{ks},X_i)}{\sum_{s'=1}^{S} \pi_{s'} \prod_{k=1}^{K} p(y_{ik}|\Theta_{ks'},X_i)}. \tag{6.2}$$

É importante ressaltar que as probabilidades *a posteriori* descritas acima são calculadas para o modelo original de 20 percentis (ou vintis) utilizando as estimativas do modelo de classes latentes ordinais, e depois agregadas para os sete estratos descritos nos capítulos anteriores. Devemos, portanto, esperar um certo erro de agregação na classificação de um respondente nos sete estratos baseados nas probabilidades agregadas para cada estrato. Em outras palavras, a classificação baseada nas probabilidades agregadas pode mostrar um pequeno grau de inconsistência em raros casos, quando a classificação já é incerta (com probabilidades semelhantes para dois ou mais estratos mais prováveis). Por exemplo, nos nossos testes de classificação, comparando os resultados obtidos da amostra da POF 2008-2009 com os mesmos dados, mas com a renda deflacionada de 15%, observamos que em 142 casos (dentro da amostra de 56.091 domicílios) o estrato socioeconômico melhorou com a redução da renda mensal, ao invés de cair, como esperado. De qualquer forma, a incerteza de classificação (definida pela medida de entropia apresentada a seguir) desses 142 casos era muito alta, levando à inversão na classificação, devido a erros de agregação e precisão no cálculo das probabilidades de classificação para os sete estratos.

Uma vez que uma amostra de domicílios $i = 1, 2,..., N$ é classificada, podemos avaliar o nível de incerteza (entropia) da classificação por um índice de sobreposição que compara a entropia da classificação com a entropia máxima (cada domicílio igualmente classificado em todos os sete estratos). O índice de sobreposição é dado por:

$$IS = 1 + \frac{\sum_{i=1}^{N} \sum_{s=1}^{7} \tau_{is} \ln(\tau_{is})}{N \ln(7)} \tag{6.3}$$

Esse índice de sobreposição assume o valor 0% quando cada domicílio é classificado perfeitamente (com probabilidade 100%) em um único estrato – um resultado pouco provável, considerando que o erro de classificação na estimação do modelo de classes latentes ordinais foi de 30%, como discutido anteriormente. Um valor igual ou próximo a 100% significa que cada domicílio é classificado em todos os 7 estratos com a mesma probabilidade (1/7), indicando que os indicadores não contêm nenhuma informação sobre o *status* socioeconômico dos domicílios.

O classificador descrito acima foi implementado em um aplicativo Excel, em que o pesquisador adiciona os dados disponíveis para um domicílio em cada linha, indicando dados faltantes ou indicadores não coletados com um código especial (-9) e, com um simples toque em uma tecla, obtém a classificação de sua amostra nos sete estratos socioeconômicos. Esse aplicativo, implementado dentro de uma planilha Excel com o gabarito específico para a entrada de dados dos indicadores disponíveis, está detalhado no Apêndice 6.1. Essa planilha está descrita em detalhes, incluindo um exemplo, conforme esse Apêndice.

6.2 CLASSIFICADOR BAYESIANO ADAPTÁVEL

O propósito desse segundo classificador, também derivado diretamente do modelo de classes latentes ordinais, é selecionar o conjunto de indicadores mais informativos sobre o *status* socioeconômico de cada domicílio em uma entrevista adaptável, de maneira que, a cada passo da entrevista, o classificador seleciona o indicador mais informativo para perguntar a seguir, dadas as atuais probabilidades de classificação do domicílio.

A entrevista adaptável inicia com as quatro perguntas definindo a composição familiar (número de adultos e de crianças) e geografia (tipo de urbanização e região geográfica) do domicílio. Combinando esses dados do respondente com as estimativas do modelo de classes latentes ordinais listadas nas Tabelas 3.6 e 3.7, obtemos as probabilidades de resposta para cada um dos 35 indicadores, condicionadas ao respondente pertencer a cada um dos sete estratos socioeconômicos ($p(y_{ik}|\Theta_{ks}, X_i)$), como indicado no início deste capítulo. Para iniciar a classificação do respondente, o pesquisador coleta o primeiro indicador. Provavelmente esse primeiro indicador será a renda familiar mensal, que é muito informativa para qualquer dos estratos. Como esse indicador é contínuo, a probabilidade condicional vem da distribuição normal e, portanto, a probabilidade posterior de o respondente pertencer à classe s, dada sua resposta y_1, é obtida por:

$$\tau_{1s} = \frac{\pi_s p(y_1|\Theta_{1s})}{\sum_{s=1}^{S} \pi_{s'} p(y_1|\Theta_{1s'})} = \frac{\pi_s \frac{1}{\theta_{12s}\sqrt{2\pi}} \exp\left\{-\frac{1}{2}\left(\frac{y_1 - \theta_1 - \sum_{j=1}^{4} \theta_{js} x_j - \theta_{11s}}{\theta_{12s}}\right)^2\right\}}{\sum_{s=1}^{S} \pi_{s'} \frac{1}{\theta_{12s'}\sqrt{2\pi}} \exp\left\{-\frac{1}{2}\left(\frac{y_1 - \theta_1 - \sum_{j=1}^{4} \theta_{js'} x_j - \theta_{11s'}}{\theta_{12s'}}\right)^2\right\}} \quad (6.4)$$

O passo seguinte da entrevista adaptável é selecionar o próximo indicador a ser coletado do entrevistado. Em qualquer momento da entrevista, o objetivo é reduzir a entropia de classificação $\left(\sum_{s=1}^{7} -\tilde{\tau}_s \ln(\tilde{\tau}_s)\right)$, em que τ_s é a probabilidade posterior do domicílio i pertencer ao estrato s. Precisamos, portanto, escolher o indicador que esperamos produza a maior redução nessa entropia de classificação. A entropia esperada para o indicador k depende do dado y_k, que obviamente não temos em mãos, pois a pergunta ainda não foi feita. Portanto, para estimar a entropia esperada para o indicador k precisamos primeiro calcular a probabilidade posterior de classificação do respondente, $\tilde{\tau}_{ks}$, dada a resposta esperada a esse indicador, e para isso temos que integrar a distribuição de frequências das respostas para esse indicador ($f(y_k)$), observada na POF:

$$\tilde{\tau}_{ks} = \int \frac{\tau_{1s} p(y_k|\Theta_{ks})}{\sum_{s'=1}^{S} \tau_{1s'} p(y_k|\Theta_{ks'})} f(y_k) dy_k \tag{6.5}$$

O indicador k que produz a maior entropia esperada ($\sum_{s=1}^{7} -\tau k_s \ln(\tau_{ks})$), será o próximo item a coletar do entrevistado. Uma vez que o dado desse próximo indicador for coletado, novas probabilidades de classificação são calculadas usando a equação 6.4, e o próximo indicador é selecionado utilizando a entropia esperada baseada nas probabilidades de classificação esperadas obtidas com a equação 6.5.

Esse processo é re-iterado até atingir um número limite de perguntas ao entrevistado, ou até alcançar a entropia de classificação desejada. Com esse processo, podemos obter para cada domicílio os indicadores que são os mais informativos sobre o seu *status* socioeconômico.

O processo descrito acima para a classificação adaptável otimiza a estratificação de uma amostra, pois obtém as informações necessárias de uma maneira customizada para cada domicílio, procurando a cada etapa o indicador que mais informa sobre seu *status* socioeconômico. Esse processo adaptável pode ser implementado em várias plataformas, dependendo da tecnologia disponível. Pode ser integrado em pesquisas em páginas *Web*, utilizando *Javascript* ou *Perl*, logo no início da entrevista para estratificar a amostra em termos socioeconômicos. Também pode ser implementado em aplicativos de *smartphone*, *tablets* ou coletores de dados utilizados por entrevistadores em pesquisa de campo. Pode, ainda, ser implementado em um servidor que responde a chamadas telefônicas, conduzindo a classificação socioeconômica automaticamente, selecionando e fazendo as perguntas de acordo com o processo Bayesiano descrito acima e coletando as respostas pelo teclado do telefone que está com o respondente ou com o pesquisador. O processo adaptável Bayesiano foi implementado em uma *dynamic link library* (*DLL*), que pode ser chamada por outros programas de *interface* com o pesquisador ou respondente. Os detalhes técnicos dessa *DLL* estão descritos no Apêndice 6.2 deste capítulo.

6.3 CLASSIFICADOR SIMPLICADO

Apesar dos avanços tecnológicos do século XXI, ainda há ocasiões, principalmente nas economias emergentes, em que a tecnologia não é disponível ou não tem a confiabilidade do papel e lápis. É necessário, portanto, viabilizar a classificação de domicílios nos estratos socioeconômicos por um processo simples de ponderação e cortes. É claro que essa simplificação traz certas desvantagens. Primeiro, para simplificar o processo de ponderação, não podemos corrigir os indicadores pela composição familiar e geográfica dos domicílios, como já descrito para os outros classificadores. Segundo, não há flexibilidade para dados faltantes – todos os indicadores têm que ser coletados e um domicílio não pode ser classificado na falta de algum indicador. Terceiro, haverá uma perda de precisão na classificação, como demonstraremos nos testes de classificação ao fim deste capítulo.

Para desenvolver esse classificador simplificado estimamos uma regressão ordinal com a classificação em vintis como variável dependente e os mesmos indicadores de classe social e renda permanente utilizados na definição dos estratos como previsores, seguindo um processo passo a passo na seleção de indicadores com um mínimo de colinearidade. Este é um critério pelo qual selecionamos as variáveis para compor um modelo simplificado. Outros critérios poderiam ser implementados considerando, por exemplo, dificuldades no processo de coleta de dados nos trabalhos de campo. Poderíamos eliminar a priori alguns itens como a renda corrente mensal familiar, em razão das dificuldades em coletar dados sobre esse indicador em uma entrevista de intercepção, já que ele pressupõe que todas as perguntas sejam respondidas, não podendo haver dados faltantes. Outra variável que em geral é mencionada como tendo dificuldade de obtenção de resposta poderia ser a de quantos rádios possui o domicílio, considerando inclusive os instalados em veículos. E assim por diante.

Com o propósito de mostrar como seria um modelo simplificado, estimamos um modelo com 15 variáveis. Nesse exemplo, os resultados dessa regressão ordinal estão listados na Tabela 6.2. Os coeficientes para o regressor, mutiplicados por 100 (para simplificar o processo de ponderação) são os pesos a serem aplicados às respostas colhidas para os respectivos indicadores. Os patamares estimados (também multiplicados por 100) para os vintis limites para cada estrato socioeconômico, como determinamos no capítulo que define os estratos, formam os níveis de corte para classificar um domicílio nos estratos, dependendo de seu escore ponderado. Por causa da agregação de vintis em estratos, seguindo o processo descrito anteriormente, os patamares relevantes, nesse exemplo, são os dos vintis 1, 2, 5, 9, 13 e 17; portanto, um domicílio é classificado nos sete estratos socioeconômicos dependendo de seu escore, tal como mostrado na Tabela 6.1 a seguir:

Modelos de Classificação em Estratos Socioeconômicos

239

Tabela 6.1 – Classificação de domicílios pelo modelo simplificado

Escore > 1.444	-> Estrato 1
1.171 < Escore < 1.444	-> Estrato 2
765 < Escore < 1.170	-> Estrato 3
497 < Escore < 764	-> Estrato 4
255 < Escore < 496	-> Estrato 5
24 < Escore < 254	-> Estrato 6
Escore < 24	-> Estrato 7

Tabela 6.2 – Resultados da regressão ordinal para a construção do classificador simplificado

Parâmetro de corte	Estimativa	Previsor	Estimativa
Vintil 1	1,444	Escolaridade_1	-355
Vintil 2	1,171	Escolaridade_2	-318
Vintil 3	972	Escolaridade_3	-263
Vintil 4	873	Escolaridade_4	-193
Vintil 5	765	Banheiros_4	136
Vintil 6	695	Água encanada	173
Vintil 7	624	Rede de esgoto	70
Vintil 8	561	Rua pavimentada	89
Vintil 9	498	Empregados domésticos_4	129
Vintil 10	434	*Freezer*_3	66
Vintil 11	372	Liquidificador_3	55
Vintil 12	300	Lava-roupa_3	68
Vintil 13	255	Ventilador_4	30
Vintil 14	202	Automóvel_4	103
Vintil 15	147	Motocicleta_2	47
Vintil 16	93	Microcomputador_4	106
Vintil 17	24	Micro-ondas_2	67
Vintil 18	-80	Batedeira_3	56
Vintil 19	-242		

Levando em consideração as dificuldades que poderiam existir para a coleta de dados de algumas variáveis com o uso de questionários aplicados por meio de entrevistas de interceptação, é possível excluir tais variáveis e elaborar um modelo simplificado possível dado esse contexto. Como já ressaltamos, o ideal é a utilização do modelo completo ou do Bayesiano adaptá-

que eles permitem levar em consideração na classificação socioeconômica de um domicílio tanto diferenças na composição familiar quanto da localização geográfica. No modelo simplificado, estas covariáveis não são levadas em conta, tendo-se um classificação única para todo o Brasil.

6.4 TESTES DE CLASSIFICAÇÃO

Fica claro que a performance dos classificadores dependerá da qualidade e da quantidade de informação disponível. No limite ideal, o pesquisador teria dados sobre os 35 indicadores de classe social e renda permanente utilizado em nosso modelo de estratificação (dos 36 indicadores considerados, excluímos a ocupação do chefe da família, que contém muitas categorias e não se mostrou relevante na estratificação socioeconômica, como demonstrado em capítulos anteriores). É razoável admitir, entretanto, que na prática o pesquisador terá a seu dispor um número limitado de indicadores.

Para termos uma ideia da qualidade de classificação que se pode esperar dos três classificadores que desenvolvemos, comparamos a classificação obtida para a amostra da POF, utilizando a classificação produzida com os 35 indicadores (a base mais completa de dados) como base de comparação. A Tabela 6.3 mostra a performance do classificador de verossimilhança condicional, tratando a renda corrente mensal familiar e a educação do chefe da família, indicadores normalmente difíceis de medir precisamente, como dados faltantes. O coeficiente de contingência obtido sem a renda familiar corrente foi de 0,86, e houve 31% de casos incorretamente classificados; sem a educação, os resultados foram 0,91 e 9%, respectivamente. Embora esses resultados pareçam desapontadores à primeira vista, notamos que os erros de classificação ocorrem em estratos adjacentes. A principal informação que se tira desses resultados é a de que a renda familiar corrente mensal é o indicador mais informativo (mas não suficiente) sobre o *status* socioeconômico.

Na Tabela 6.4, comparamos a performance de todos os classificadores, utilizando o coeficiente de contingência e a porcentagem de casos incorretamente classificados como medidas de performance. Nessa comparação, utilizamos as duas versões do classificador de verossimilhança condicional já discutidas, o classificador adaptável utilizando os melhores 10, 15, 20 e 25 indicadores para cada domicílio, assim como o classificador simplificado, utilizando 25 (incluída a renda mensal familiar) e 15 (excluindo a renda) indicadores.

Observamos, pela Tabela 6.4, que os melhores modelos classificadores de um novo domicílio correspondem ao de verossimilhança, sem considerar a variável educação (erro de classificação de 9%) e o adaptável, tomando por base 25 indicadores (com erro de classificação de 16%). Os piores modelos referem-se ao simplificado, contemplando 15 principais indicadores, excluindo a renda familiar corrente (erro de 42%) e o de verossimilhança, também sem levantar os dados dessa renda corrente (erro de classificação de 31%). Fica claro por esses resultados que a variável renda é importante para efeito de se obter uma classificação do domicílio em um nível de erro aceitável. Decorre daí que o pesquisador deve avaliar a relação custo-benefício que existe entre o número e os tipos de indicadores que devem fazer parte da coleta de dados e a margem de erro na classificação dos domicílios.

Como na quase totalidade das situações de pesquisas sociais e de marketing, a renda familiar corrente é levantada considerando o valor *declarado* pelo entrevistado; lembramos que a renda declarada é inferior à renda comprovada, de acordo com os resultados das pesquisas PNAD e POF, feitas pelo IBGE. Em função disso e dada a relevância da variável renda familiar corrente para uso nos classificadores, o modelo de estratificação que propomos apresenta uma inovação pelo uso de uma técnica denominada *Data Fusion*, que possibilita estimar a provável renda familiar comprovada a partir da renda declarada, tema este que será abordado na próxima seção.

Tabela 6.3 – Performance de classificação do classificador de verossimilhança condicional
Painel A – Sem a renda mensal familiar

		Classificação completa (35 indicadores)							Total
		1	2	3	4	5	6	7	
Classificação sem renda	1	**1.367.591**	307.625	196.776	0	0	0	0	1.871.992
		84,9%	14,9%	2,2%	0,0%	0,0%	0,0%	0,0%	3,2%
	2	86.028	**1.045.416**	582.391	16.194	0	0	0	1.730.029
		5,3%	**50,6%**	6,7%	0,1%	0,0%	0,0%	0,0%	3,0%
	3	149.218	593.965	**6.578.596**	1.321.483	399.303	0	0	9.042.565
		9,3%	28,8%	**75,2%**	11,1%	3,4%	0,0%	0,0%	15,6%
	4	5.254	112.006	1.233.178	**8.091.583**	3.812.963	338.092	0	13.593.076
		0,3%	5,4%	14,1%	**67,9%**	32,1%	2,6%	0,0%	23,5%
	5	2.142	4.334	102.444	1.587.562	**5.619.586**	2.171.659	197.483	9.685.210
		0,1%	0,2%	1,2%	13,3%	**47,3%**	16,5%	2,3%	16,8%
	6	1.498	1.054	47.527	869.812	1.761.052	**9.876.719**	1.114.385	13.672.047
		0,1%	0,1%	0,5%	7,3%	14,8%	**74,9%**	13,3%	23,6%
	7	0	0	7.930	23.864	296.943	801.033	**7.091.914**	8.221.684
		0,0%	0,0%	0,1%	0,2%	2,5%	6,1%	**84,4%**	14,2%
Total		1.611.731	2.064.400	8.748.842	11.910.498	11.889.847	13.187.503	8.403.782	57.816.603
		100,0%	100,0%	100,0%	100,0%	100,0%	100,0%	100,0%	100,0%

Painel B – Sem a educação do chefe do domicílio

		Classificação completa (35 indicadores)							Total
		1	2	3	4	5	6	7	
Classificação sem educação	1	**1.589.623**	0	61.413	0	0	0	0	1.651.036
		98,6%	0,0%	0,7%	0,0%	0,0%	0,0%	0,0%	2,9%
	2	0	**1.805.892**	234.772	0	0	0	0	2.040.664
		0,0%	**87,5%**	2,7%	0,0%	0,0%	0,0%	0,0%	3,5%
	3	22.108	258.508	**7.985.449**	285.869	14.673	0	0	8.566.607
		1,4%	12,5%	**91,3%**	2,4%	0,1%	0,0%	0,0%	14,8%
	4	0	0	443.115	**11.026.882**	539.489	29.779	0	12.039.265
		0,0%	0,0%	5,1%	**92,6%**	4,5%	0,2%	0,0%	20,8%
	5	0	0	24.094	573.318	**9.843.596**	822.289	22.425	11.285.722
		0,0%	0,0%	0,3%	4,8%	**82,8%**	6,2%	0,3%	19,5%
	6	0	0	0	24.428	1.442.191	**12.115.103**	207.297	13.789.019
		0,0%	0,0%	0,0%	0,2%	12,1%	**91,9%**	2,5%	23,8%
	7	0	0	0	0	49.899	220.331	**8.174.060**	8.444.290
		0,0%	0,0%	0,0%	0,0%	0,4%	1,7%	**97,3%**	14,6%
Total		1.611.731	2.064.400	8.748.843	11.910.497	11.889.848	13.187.502	8.403.782	57.816.603
		100,0%	100,0%	100,0%	100,0%	100,0%	100,0%	100,0%	100,0%

Tabela 6.4 – Comparação da performance de vários classificadores do *status* socioeconômico

Classificador	Coeficiente de contingência	Porcentagem de casos incorretamente classificados
Verossimilhança, sem educação	0,91	9,0%
Adaptável, *top* 25 indicadores	0,89	16,0%
Adaptável, *top* 20 indicadores	0,88	20,0%
Adaptável, *top* 15 indicadores	0,87	26,0%
Adaptável, *top* 10 indicadores	0,86	29,0%
Simplificado, 25 indicadores	0,86	29,0%
Verossimilhança, sem renda	0,86	31,0%
Simplificado, 15 indicadores	0,82	42,0%

6.5 CONVERSÃO DE RENDA DECLARADA EM RENDA COMPROVADA

Um problema prático que precisa ser contornado na implementação de qualquer dos classificadores discutidos neste capítulo que incluírem a renda familiar corrente mensal é o fato de termos definido os estratos socioeconômicos com base na renda familiar corrente mensal *comprovada*, obtida por um processo minucioso do IBGE para chegar ao valor total da renda obtida por todos os membros do domicílio e de todas as fontes possíveis. Em uma pesquisa típica de campo, a renda familiar corrente mensal é a renda *declarada*, que tende a ignorar certas fontes de renda. É comum em pesquisas perguntar sobre a renda familiar, sem contudo qualificar o que isso significa, o que ela inclui (salário, comissões, bicos, aluguéis, aposentadorias etc.). Da mesma forma, é comum solicitar a renda sem levantá-la para cada um dos residentes no domicílio (cônjuge, filhos, agregados etc.). Portanto, a renda familiar corrente mensal *declarada* tende a ser menor que a *comprovada*. Por isso temos que encontrar um meio de converter a renda declarada em renda comprovada *antes* de utilizar os dados nos classificadores.

Felizmente, contamos com uma boa fonte de dados para a renda declarada em 2009, que pudemos utilizar para construir um "conversor" de renda *declarada* em renda *comprovada*. Isso foi feito por meio de um modelo de fusão de dados (Kamakura & Wedel, 1997), relacionando a renda total da POF com a renda declarada da PNAD. Primeiro estimamos dois modelos multidimensionais de *Partial Least Squares* (Tenenhaus, Vinzi, Chatelin & Lauro, 2005): um relacionando a renda corrente comprovada da POF com uma vasta gama de variáveis geodemográficas mais suas interações de primeira ordem, e outro modelo similar explicando a renda declarada da PNAD com o mesmo conjunto de previsores. O modelo da PNAD produziu estimativas da renda declarada geradas pelo rico perfil geodemográfico utilizado na PNAD e na POF. Por outro lado, o modelo calibrado nos dados da POF, quando aplicado aos dados geodemográficos da amostra da PNAD, produziu estimativas de renda comprovada para a mesma amostra (da PNAD). Relacionando esses dois conjuntos de estimativas, temos um conversor de renda declarada em renda comprovada.

Os resultados dessa "fusão" de dados da renda comprovada da POF e da renda declarada da PNAD são mostrados na Figura 6.1, em que cada ponto representa um domicílio da amostra da PNAD, com a estimativa da renda mensal familiar declarada (em logarítmos) no eixo horizontal e a comprovada no eixo vertical. A linha vermelha mostra a regressão linear, com um R-quadrado de 0,94. A equação para essa regressão linear é:

$$ln\,(Comprovada) = 0{,}479 + 0{,}965 * ln\,(Declarada) \qquad \sigma^2 = 0{,}03 \qquad (6.6)$$

Portanto, a renda declarada pode ser convertida em renda comprovada estimada por:

$$ln\,(Comprovada) = e^{0{,}479}\,(Declarada)^{0{,}965}\,e^{\frac{0{,}03}{2}} = 1{,}639\,(Declarada)^{0{,}965} \qquad (6.7)$$

Com a equação 6.7, o pesquisador pode transformar a renda familiar corrente mensal declarada pelo entrevistado na renda comprovada estimada, que então pode ser utilizada como um dos indicadores de *status* socioeconômico. Essa transformação *já está* incorporada nos dois primeiros classificadores descritos nos Apêndices 6.1 e 6.2 deste capítulo, assumindo assim que o pesquisador somente tem acesso à renda declarada pelo entrevistado.

Gráfico 6.1 – Relação entre renda declarada (PNAD) e comprovada (POF)

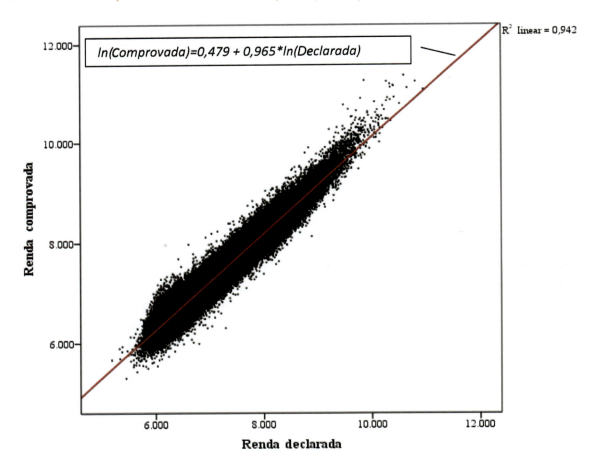

APÊNDICE 6.1 DESCRIÇÃO E EXEMPLO DA PLANILHA DE CLASSIFICAÇÃO DE DOMICÍLIOS PELO MODELO DE VEROSSIMILHANÇA CONDICIONAL COM DADOS FALTANTES

Nesta seção, apresentamos um exemplo de uso do Classificador Socioeconômico de Domicílios, adaptado e reestimado com dados da POF 2008-2009, por meio de um aplicativo em Excel. A implementação por meio desse aplicativo permite classificar até 10.000 domicílios, de uma única vez, por exemplo, de uma determinada pesquisa de marketing ou de um banco de dados de clientes de uma empresa, usando os 35 indicadores considerados na definição dos estratos socioeconômicos.

Um diferencial do modelo de estratificação social proposto é que ele não requer que haja dados para todos os 35 indicadores. É perfeitamente viável utilizar um subconjunto desses indicadores e fazer, assim, a classificação de um domicílio em um dos estratos identificados. Podemos, inclusive, fazer a classificação de domicílios, por exemplo, de várias pesquisas, sendo que em cada uma delas foram utilizados indicadores distintos dentre os 35 utilizados para a construção do modelo de classes latentes ordinais.

No caso da inexistência ou impossibilidade de uso de dados para alguns indicadores, deve ser indicado na planilha de entrada de dados que há dados faltantes, por meio da utilização do código -9 na célula correspondente. No caso de não haver informação sobre algum indicador para todos os domicílios da amostra, a coluna referente a esse indicador deve receber o código -9 para todos os domicílios. Nesse caso, toda a coluna deverá ter o código -9. É importante ressaltar, mais uma vez, que na ocorrência de dados faltantes as células correspondentes não podem ficar vazias ou em branco, pois, nesse caso, serão lidas como zero, que é um valor válido para diversas das variáveis do modelo. Por essa razão, qualquer dado faltante deve obrigatoriamente receber o valor -9 para que o modelo funcione corretamente. Entretanto, é altamente recomendado que se utilize no mínimo 20 indicadores para cada respondente, para uma classificação mais confiável, como demonstramos nos nossos testes de classificação.

O algoritmo de classificação ignora os dados faltantes, utilizando toda a informação disponível de cada domicílio para fazer a classificação. É óbvio que a qualidade da classificação dependerá da qualidade e da quantidade de informação utilizada. É importante ressaltar também que as quatro perguntas iniciais (covariáveis) que definem a composição familiar (número de adultos e de crianças/adolescentes), bem como as variáveis de localização do domicílio (tipo de município e região geográfica), devem conter informação para todos os domicílios a serem classificados, não podendo apresentar dados faltantes (não podem apresentar valores iguais a -9). Isso porque esses indicadores são aqueles utilizados para ajustar os parâmetros do modelo de estratificação segundo a natureza da composição familiar e da localização do domicílio. Ou seja, em vez de termos um único modelo de classificação para todo o Brasil (como é hoje o Critério de Classificação Econômica Brasil e o da SAE), nós temos vários modelos de acordo com as combinações das categorias de resposta dessas quatro covariáveis.

A figura a seguir apresenta o gabarito de entrada dos dados para o uso desse aplicativo de classificação de domicílios. Para realizar essa classificação, os dados devem ser previamente processados e transformados, pois precisam estar ajustados a esse gabarito, obedecendo a ordem das colunas e contendo valores dentro da faixa de valores válidos para cada indicador (ressaltamos que os comentários na etiqueta de cada indicador, na segunda linha do gabarito, indicam o significado de cada um deles e a faixa de valores válidos admitidos).

O leitor deve observar, na figura a seguir, que todas as colunas para cada domicílio têm que estar preenchidas, usando o código -9 para dados faltantes (a célula não pode ficar vazia nem conter o valor 0 para indicar dados faltantes), marcados em vermelho na planilha. Podemos observar, no exemplo da planilha a seguir, que o domicílio 11001101 não possui informação sobre a educação do chefe, assim como o domicílio 11001081 não possui informação sobre a pavimentação da rua e o domicílio 11002021 não apresenta a informação sobre a renda familiar corrente mensal. Para estes domicílios e indicadores, as três informações faltantes referem-se cada uma a um domicílio específico.

Ainda no exemplo dessa planilha, verificamos que a coluna referente à quantidade de rádios existentes nos domicílios pesquisados foi inteiramente preenchida com o código atribuído a dados faltantes (-9), indicando que essa variável não constou do questionário da pesquisa, não tendo sido levantada para nenhum domicílio. Como os dados de entrada devem obedecer rigorosamente ao gabarito desse aplicativo, observamos que todos os domicílios receberam o código -9 na coluna inteira da variável rádio (coluna X da planilha do gabarito de entrada de dados).

Modelos de Classificação em Estratos Socioeconômicos

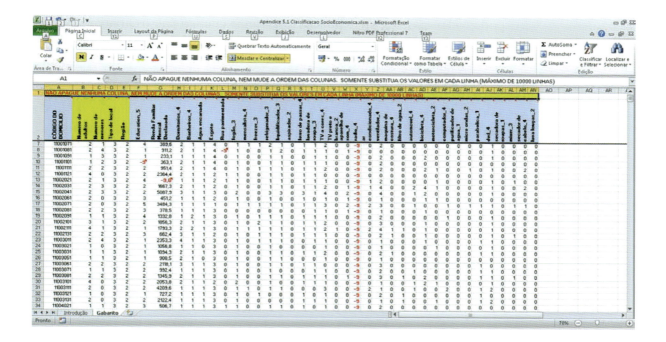

Para usar o aplicativo, o usuário deve substituir os dados do exemplo na planilha Gabarito com seus próprios dados, adicionando ou apagando linhas como necessitar, porém sem nunca mudar, adicionar ou apagar qualquer coluna. No caso de não possuir dados para alguns indicadores relativos a alguns domicílios, ou caso não tenha coletado dados para alguns indicadores em sua amostra, o código -9 deve ser utilizado para indicar esses dados faltantes, como já explicado. Além da codificação dos dados faltantes, a informação também deve ser pré-processada para garantir que os valores de cada célula estejam dentro das faixas de valores permitidos para cada indicador, apontadas nas etiquetas no topo de cada indicador da planilha Gabarito. Após preparar os dados segundo o Gabarito, o leitor deve se certificar de que o seu programa Excel esteja preparado para rodar macros e *add-ins*. Feito isso, deve procurar o aplicativo Classificação Socioeconômica no menu de *add-ins* e seguir as instruções.

Antes de utilizar o Classificador de Verossimilhança Condicional, é necessário assegurar que o Excel está preparado para utilizar macros em VBA (*Visual Basic for Applications*). Se o seu Excel não mostra o item *add-ins* no menu, é porque a linguagem VBA não está instalada e portanto não está capacitado para rodar o Classificador de Verossimilhança Para fazer essa instalação, siga os passos mostrados no Apêndice 6.3. Se o seu Excel não pode rodar *add-ins*, você poderá prosseguir com os passos abaixo somente após terminar essa instalação.

As figuras a seguir apresentam a sequência de telas a partir da seleção da *add-in* que implementa a aplicação até a tela para a definição do intervalo de dados a ser processado. Observe que, na tela de definição do intervalo, pode ser informado apenas um subconjunto das linhas (domicílios, entrevistados, respondentes da pesquisa ou do banco de dados) existentes na base de dados do leitor, tomando-se o cuidado de todas as colunas do gabarito estarem selecionadas. A sequência de telas que irá aparecer no monitor será a seguinte:

Podemos notar nas telas a seguir, que apenas 100 domicílios (da linha 3 à 102) foram selecionados para classificação (ou seja, a pesquisa do leitor – estudante, professor, pesquisador etc. – corresponde a 100 pessoas entrevistadas), mas todas as 35 colunas (de A à AN) foram incluídas na seleção.

Modelos de Classificação em Estratos Socioeconômicos

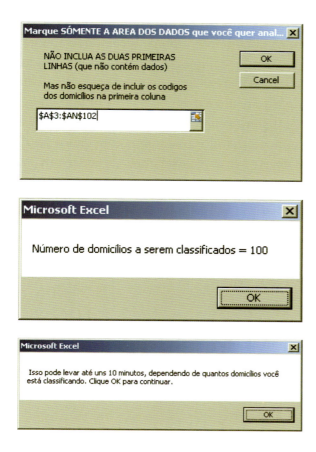

Podemos constatar na tela na sequência que, no exemplo apresentado, a aplicação interrompeu sua execução informando que pelo menos um valor inválido (fora da faixa de valores permitidos) foi informado para o domicílio de código 11001091.

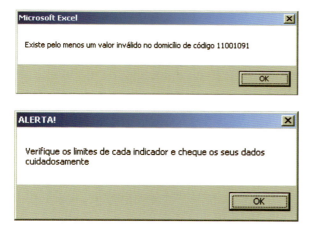

No arquivo de entrada de dados, o domicílio 11001091 apresenta o valor 8 para o indicador/campo "tipo de local", que admite apenas valores inteiros entre 1 e 3 (1=domicílio do entrevistado localizado em área rural; 2=domicílio localizado em município do interior; 3=domicílio localizado em capitais de estado ou áreas metropolitanas). Como o código 8 não existe, houve um erro de digitação na constituição da base de dados da pesquisa. Para executar a aplicação, todos os campos com dados fora do intervalo de códigos corretos devem ser corrigidos antes de rodar novamente a *add-in*.

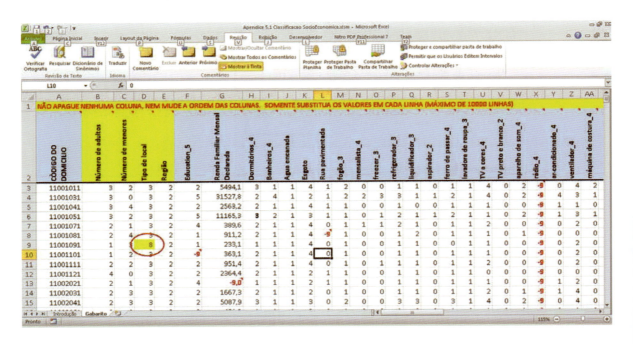

No caso desse exemplo, após a correção do dado para esse domicílio, ou caso o pesquisador decida eliminar o domicílio se não for possível obter a informação correta para esse indicador, podemos rodar a *add-in*. Observe que esse campo/variável "tipo de local" é uma das quatro covariáveis obrigatórias para a caracterização do domicílio, de modo que os parâmetros do modelo de classificação possam incorporar as dimensões composição familiar e localização do domicílio na estratificação socioeconômica. Feita a correção do código 8 para o código correto (1, 2 ou 3), o aplicativo é executado novamente e são obtidas as probabilidades de pertencimento de cada domicílio para cada um dos sete estratos socioeconômicos, sendo indicada na coluna "estrato social" o estrato que apresenta a maior probabilidade para o domicílio em questão, conforme visualizamos na tela a seguir.

Modelos de Classificação em Estratos Socioeconômicos

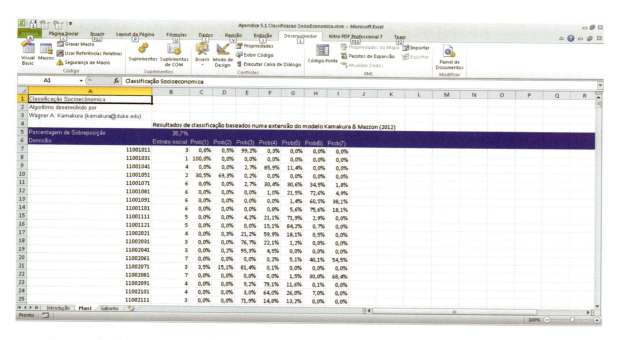

Os resultados apresentados na tela mostram a probabilidade (em porcentagem) de classificação dos domicílios nos sete estratos socioeconômicos, em função dos dados que foram coletados de cada um deles. Por exemplo, o domicílio 11001011 tem probabilidade zero de pertencer aos estratos 1, 5, 6 e 7. Tem probabilidade 0,5% e 0,3% de pertencer aos estratos 2 e 4, respectivamente. A maior chance desse domicílio é de pertencer ao estrato 3, com 99,2% de probabilidade. O domicílio 11001041, na nona linha dessa tela, apresenta maior probabilidade de pertencer ao estrato socioeconômico 4, com 85,9%, tendo ainda 11,4% de probabilidade de pertencer ao estrato contíguo 5, e probabilidade de 2,7% de pertencer ao estrato 3. Já o domicílio situado na décima sétima linha da tela, de número 11002021, evidencia uma qualidade de classificação relativamente menor, em vista de apresentar probabilidade de 59,9% de pertencer ao estrato 4, 21,2% de pertencer ao estrato 3 e 18,1% de pertencer ao estrato 5; para os outros estratos, a probabilidade é praticamente nula. Embora a probabilidade seja inferior ao que vimos nos outros domicílios dos exemplos, ainda assim tem um valor de cerca de 60%, o que é razoável[2].

---

[2] Como discutimos neste capítulo, as probabilidades *a posteriori* são calculadas para o modelo original de 20 percentis (ou vintis) e depois agregadas para os sete estratos. Portanto, podemos esperar um certo erro de agregação quando se classifica um domicílio em um dos sete estratos baseados nas probabilidades agregadas para cada estrato. Em outras palavras, a classificação baseada nas probabilidades agregadas pode mostrar um pequeno grau de inconsistência em raros casos, quando a classificação já é incerta (com probabilidades semelhantes para dois ou mais estratos mais prováveis).

APENDICE 6.2 DESCRIÇÃO TÉCNICA DO MÓDULO (*DYNAMIC LINK LIBRARY*) PARA ENTREVISTAS QUE VENHAM A UTILIZAR O MODELO BAYESIANO PARA A REALIZAÇÃO DE ENTREVISTA ADAPTÁVEL

Como vimos, uma das possibilidades para classificar um domicílio em um dos sete estratos socioeconômicos é utilizando um classificador baseado em um modelo de Bayesiano. Isso significa que, depois do entrevistado responder às 4 perguntas referentes às covariáveis (número de adultos, número de crianças/adolescentes, tipo de município e região geográfica do domicílio), o computador seleciona a pergunta mais apropriada a ser feita ao entrevistado, até atingir uma quantidade tal de perguntas que assegure uma classificação satisfatória do domicílio. Ou seja, cada nova pergunta ao entrevistado depende das respostas às perguntas anteriores dadas pelo respondente da pesquisa.

Para processar o aplicativo correspondente, torna-se necessário implementar um procedimento computacional denominado *dynamic link library* (*DLL*). Esta DLL foi programada para gerenciar a entrevista adaptável e pode ser chamada por qualquer aplicativo dentro do sistema operacional Windows. Essa DLL é chamada pelo comando *call* apresentado a seguir:

call tailorclass(item,resp,cov,probab,select,klass,sobrepos,erro)

onde as entradas e saídas são realizadas através das seguintes variáveis, passadas como referência para a função *tailorclass*:

item = número inteiro de 1 a 35. Na entrada, essa variável mostra o indicador a ser usado na classificação do entrevistado. Na saída, essa variável contém a próxima pergunta ao entrevistado.

resp = valor real da resposta ao indicador *item* (entrada).

cov = vetor de 4 elementos reais contendo os valores das quatro covariáveis iniciais da entrevista, listadas na tabela A6.2.1 (entrada).

probab = vetor de 20 elementos reais contendo a classificação atual do entrevistado (entrada e saída). Na primeira chamada da DLL, os elementos de *probab* devem ser fixados em 0.05. Os valores desse vetor devem ser mantidos de uma chamada a outra da DLL, pois eles contém a classificação corrente do entrevistado nos vintis.

select = vetor de 35 elementos inteiros, para os 35 indicadores. Na primeira chamada da DLL todos os elementos de *select* devem ser fixados em zero. Os valores desse vetor devem ser mantidos de uma chamada a outra da DLL, pois indicam (com valor igual a 1) se o respectivo indicador já foi utilizado. Depois de cada chamada, o elemento relacionado com o novo indicador selecionado é fixado no valor 1.

klass = número inteiro com a classificação do entrevistado em um dos sete estratos socioeconômicos, depois de considerar a resposta *resp* ao indicador *item*.

sobrepos = valor real medindo a sobreposição na classificação do domicílio nos sete estratos. Valores baixos (de 0,0 a 0,30) indicam que o domicílio é classificado em um estrato com razoável grau de confiança. Valores maiores que 0,70 indicam incerteza na classificação do domicílio.

erro = número indicador inteiro de erro. Se o valor é maior que 0, então a DLL não operou porque há erros nos dados.

Antes da primeira chamada da DLL, o entrevistado já deve ter fornecido as respostas para as quatro perguntas iniciais (veja lista da tabela A6.2.1) contidas no vetor *cov*, e para o primeiro indicador, selecionado pelo pesquisador. Sugerimos utilizar a renda familiar corrente mensal declarada (item=2) como a primeira pergunta para classificação porque esse indicador não é selecionado automaticamente pela DLL.

Suponhamos que o entrevistado tem três adultos e duas crianças no domicílio, e reside em uma capital do Nordeste. Suponhamos também que sua renda familiar corrente mensal declarada seja de R$ 2.000,00, a preços de 2009. Nesse caso, o processo de classificação inicia com:

cov(1)=3 ; cov(2)=2 ; cov(3)=3 ; cov(4)= 3 ; item=2 ; resp=2000 ;
(select(k),k=1 to 35)=0 ; (probab(k),k=1 to 20)=0.05

Esses valores são utilizados na primeira chamada da DLL, que responde com novos valores para *item*, *probab* e *select*. O valor de *item* define a próxima pergunta para o entrevistado, produzindo a resposta *resp*. Nas subsequentes chamadas da DLL, deve-se utilizar os valores atuais de *probab* e *select*. Com isso, o processo para a entrevista adaptável segue os seguintes passos:

1. Fazer as quatro perguntas iniciais sobre composição familiar e localização do domicílio.

2. Fazer a primeira pergunta classificatória (sugerimos a renda familiar corrente mensal), definindo *item* e *resp*.

3. Zerar os vetores *select* e definir os valores iniciais de *probab*=0.05.

4. Chamar a DLL como descrito acima.

5. Checar *erro* para assegurar que a DLL aceitou o dado mais recente (se o valor de *resp* era válido). Se o valor não era válido, repetir a pergunta.

6. Fazer a pergunta indicada por *item* (usando o número da primeira coluna da tabela A6.2.1) e coletar *resp*.

7. Se o número de perguntas é menor que o limite pré-estabelecido, repita os passos 4 e 5. Se a entrevista já atingiu o número máximo de perguntas, encerre-a com a classificação no estrato *klass*.

Modelos de Classificação em Estratos Socioeconômicos

Tabela 6.2.1 – Lista de variáveis e perguntas utilizadas na entrevista adaptável

Número		Variável	Texto da pergunta (valores válidos)	Descrição
		Número de adultos	Quantas pessoas de 18 anos de idade ou mais vivem no domicílio (1 a 19)	Número de residentes com 18 anos ou mais
		Número de menores	Quantas crianças com menos 18 anos de idade vivem no domicílio (0 a 19)	Número de crianças com menos de 18 anos
	Perguntas iniciais	Tipo de local	Tipo de localização do domicílio (1= zona rural, 2= cidade do interior, 3=capital ou área metropolitana)	Nível de urbanização
		Região	Região (1= Centro-Oeste, 2= Norte-Nordeste, 3= Sul-Sudeste)	Região geográfica
		Renda familiar mensal	Qual é a renda mensal de todo o domicílio (reais a preços de 2009)	Renda mensal familiar ajustada a preços de 2009
1		Educação_5	Quantos anos o (a) chefe da casa estudou (1= 0-3, 2= 4-7, 3= 8-10, 4= 11-14, 5= 15 ou mais)	Anos de escolaridade em 5 grupos
3		Dormitórios_4	Quantos dormitórios têm no domicílio (1 a 4, use 4 se há mais de 4 dormitórios)	Número de dormitórios no domicílio
4		Banheiros_4	Quantos banheiros têm no domicílio (0 a 4, use 4 se há mais de 4 banheiros)	Número de banheiros
5		Água encanada	O domicílio tem água encanada (0= não, 1= sim)	Acesso a rede pública de água
6		Esgoto	Que tipo de esgoto há no domicílio (1= rede pública, 2= fossa séptica, 3= tanque, 4= outro ou não tem)	Tipo de esgoto
7		Rua pavimentada	A rua do domicílio é pavimentada (0= não, 1= sim)	Pavimentação
8		Fogão_3	Quantos fogões têm no domicílio (0 a 4)	Número de unidades disponíveis no domicílio
9		Mensalista_4	Quantos empregados(as) trabalham no domicílio com salário mensal (0 a 4)	Número de unidades disponíveis no domicílio
10		Freezer_3	Quantos freezers têm no domicílio (0 a 3)	Número de unidades disponíveis no domicílio
11		Geladeira_3	Quantas geladeiras têm no domicílio (0 a 3)	Número de unidades disponíveis no domicílio
12		Liquidificador_3	Quantos liquidificadores têm no domicílio (0 a 3)	Número de unidades disponíveis no domicílio
13		Aspirador de pó_2	Quantos aspiradores de pó têm no domicílio (0 a 2)	Número de unidades disponíveis no domicílio
14		Ferro de passar_4	Quantos ferros de passar roupa têm no domicílio (0 a 4)	Número de unidades disponíveis no domicílio
15	Perguntas selecionadas	Lavadora de roupa_3	Quantas lavadoras de roupa têm no domicílio (0 a 3)	Número de unidades disponíveis no domicílio
16		TV em cores_4	Quantos televisores ema cores têm no domicílio (0 a 4)	Número de unidades disponíveis no domicílio
17		TV em preto e branco_2	Quantos televisores em preto e branco têm no domicílio (0 a 2)	Número de unidades disponíveis no domicílio
18		Aparelho de som_4	Quantos aparelhos de som têm no domicílio (0 a 4)	Número de unidades disponíveis no domicílio
19		Rádio_4	Quantos rádios têm no domicílio (0 a 4)	Número de unidades disponíveis no domicílio
20		Ar condicionado_4	Quantos aparelhos de ar condicionados têm no domicílio (0 a 4)	Número de unidades disponíveis no domicílio
21		Ventilador_4	Quantos ventiladores têm no domicílio (0 a 4)	Número de unidades disponíveis no domicílio
22		Máquina de costura_4	Quantas máquinas de costura têm no domicílio (0 a 4)	Número de unidades disponíveis no domicílio
23		Filtro de água_2	Quantos filtros de água têm no domicílio (0 a 2)	Número de unidades disponíveis no domicílio
24		Automóvel_4	Quantos automóveis têm no domicílio (0 a 4)	Número de unidades disponíveis no domicílio
25		Bicicleta_4	Quantas bicicletas têm no domicílio (0 a 4)	Número de unidades disponíveis no domicílio
26		Motocicleta_2	Quantas motocicletas têm no domicílio (0 a 2)	Número de unidades disponíveis no domicílio
27		Microcomputador_4	Quantos microcomputadores têm no domicílio (0 a 4)	Número de unidades disponíveis no domicílio
28		Purificador de água_1	Quantos purificadores de água têm no domicílio (0 a 1, use 1 se há mais)	Número de unidades disponíveis no domicílio
29		Micro-ondas_2	Quantos micro-ondas têm no domicílio (0 a 2)	Número de unidades disponíveis no domicílio
30		Parabólica_1	Quantas antenas parabólicas têm no domicílio (0 a 1)	Número de unidades disponíveis no domicílio
31		DVD_4	Quantos DVDs têm no domicílio (0 a 4)	Número de unidades disponíveis no domicílio
32		Secadora de roupa_4	Quantas secadoras de roupa têm no domicílio (0 a 1)	Número de unidades disponíveis no domicílio
33		Mixer_3	Quantas batedeiras têm no domicílio (0 a 3)	Número de unidades disponíveis no domicílio
34		Secador de cabelo_4	Quantos secadores de cabelo têm no domicílio (0 a 4)	Número de unidades disponíveis no domicílio
35		Lava-louças_2	Quantas lavadoras de louça têm no domicílio (0 a 2)	Número de unidades disponíveis no domicílio

APÊNDICE 6.3 PASSOS PARA A INSTALAÇÃO DO *VISUAL BASIC FOR APPLICATIONS* (VBA)

Esse apêndice somente é necessário para os leitores que não veem o item *add-ins* no menu de seu Microsoft Excel, pois ele mostra como instalar a capacidade de rodar *add-ins* em VBA. Para isso, acesse o Painel de Controle do Windows, clicando no botão iniciar do Windows e selecionando a opção *Painel de Controle* na lista à sua direita como mostrado na figura a seguir.

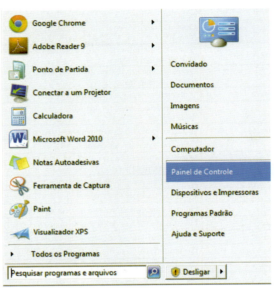

Em seguida, selecione a opção *Programas*, clicando no respectivo item do Painel de Controle.

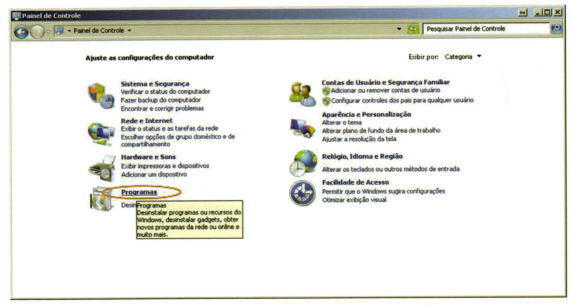

Em seguida, selecione a opção *Programas e Recursos*, clicando no respectivo item.

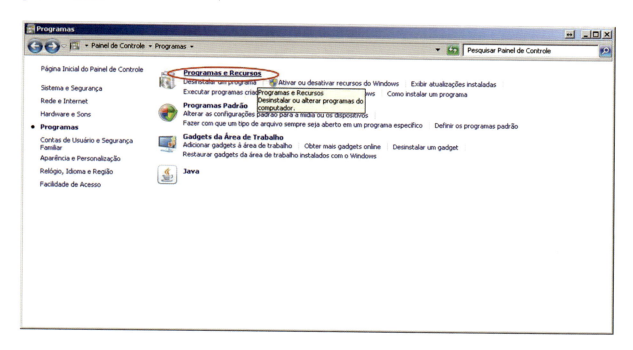

Na janela seguinte, selecione o Microsoft Office na lista de programas e clique no botão *Alterar* na parte superior da janela.

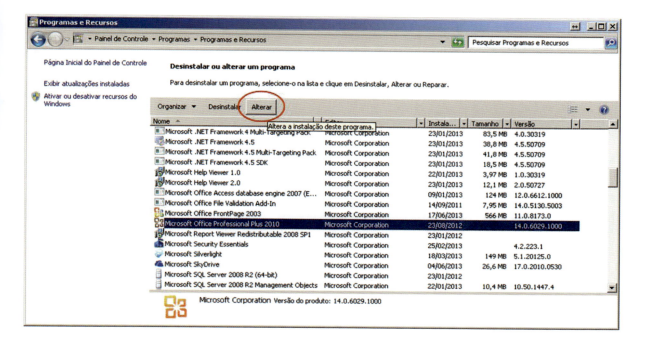

Certifique-se que o item *Adicionar ou Remover Recursos* esteja selecionado e clique em continuar.

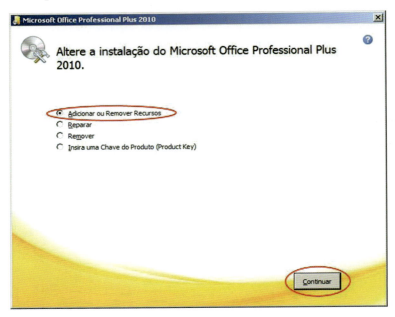

Na listagem de recursos do Microsoft Office, clique no sinal de "+" do lado esquerdo do item *Recursos Compartilhados do Office*, para expandi-lo.

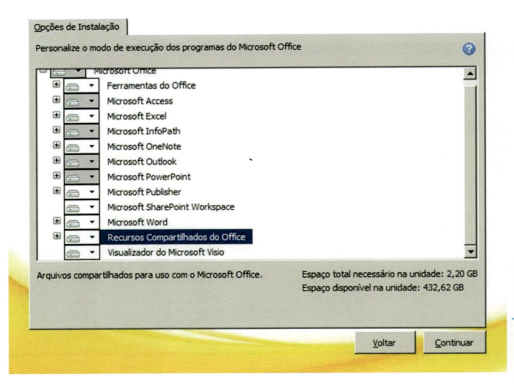

Modelos de Classificação em Estratos Socioeconômicos

Após expandi-lo, verifique se o item *Visual Basic for Applications* está marcado com o símbolo "X" do seu lado esquerdo, conforme apresentado na figura a seguir. Se não estiver marcado com este símbolo, o VBA já está instalado no seu Microsoft Office. Se estiver marcado, clique na setinha para baixo do item *Visual Basic for Applications* e em seguida, clique no item *Executar de Meu Computador* e no botão *Continuar*. O recurso VBA será instalado em seu computador para ser utilizado pelo Microsoft Office.

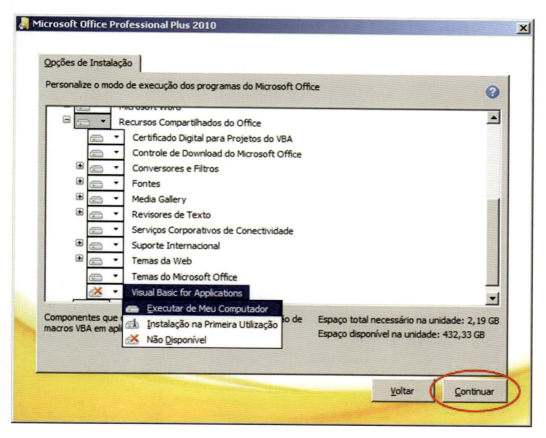

O programa de instalação do Office fará a instalação do módulo VBA.

Depois de assegurar que o módulo VBA do Microsoft Office está instalado em seu computador, é necessário verificar se a guia de *Desenvolvedor* do Microsoft Office está sendo exibida, para que seja possível selecionar e executar macros do Excel. A figura a seguir apresenta a guia de desenvolvedor do Microsoft Excel.

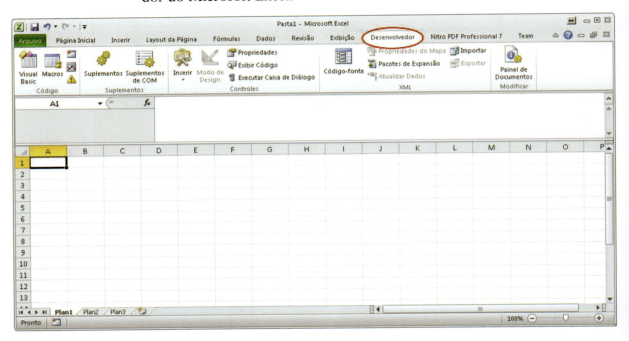

Modelos de Classificação em Estratos Socioeconômicos

Caso a guia desenvolvedor não esteja visível, é necessário habilitá-la. Para isso, clique na aba *Arquivo* na parte esquerda superior da janela do Microsoft Office e selecione o item *Opções* (o penúltimo item na lista de opções, à esquerda).

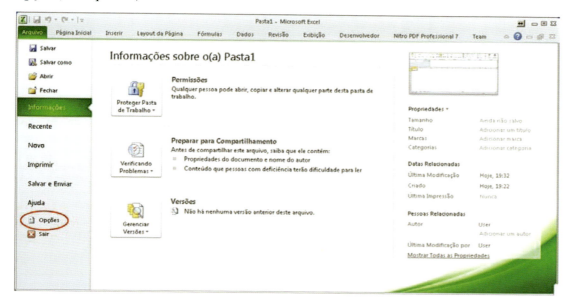

Na tela seguinte selecione a opção *Personalizar Faixa de Opções* na lista de opções à esquerda.

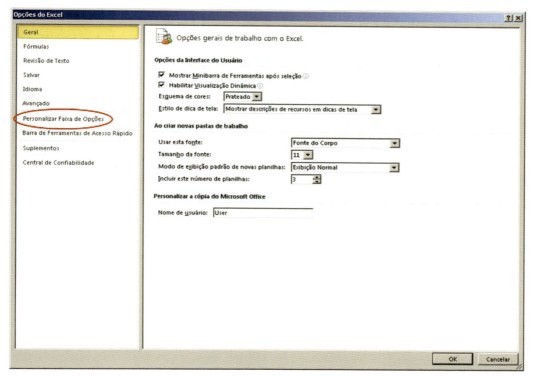

Na lista de Guias Principais, à direita, verifique se a guia *Desenvolver* está marcada. Caso esta opção não esteja marcada, marque-a e clique no botão *Ok*.

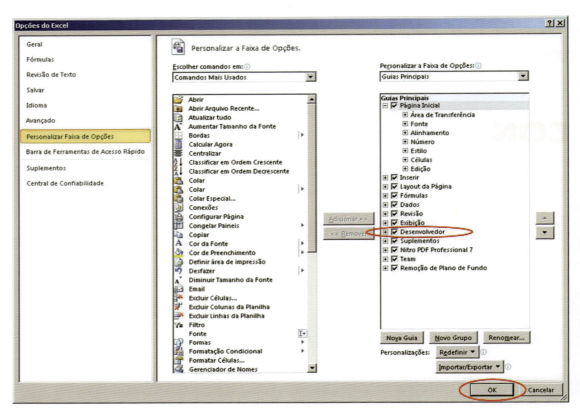

CAPÍTULO 7

CONCLUSÕES E DIRECIONAMENTOS FUTUROS

Nem mesmo na Antiguidade a ideia utópica de uma sociedade igualitária subsistiu. Desde os primórdios da humanidade as pessoas vivem em classes ou estratos sociais. Esse conceito sempre esteve presente, em maior ou em menor grau, no processo de desenvolvimento de uma sociedade. O reconhecimento dessa existência tem como implicação natural que as necessidades de cada classe são distintas de outras classes – ou, ao menos, que a capacidade de satisfazer essas necessidades é diferente em função de um grau maior ou menor do *status* socioeconômico de uma família ou indivíduo. A existência de um nível mais elevado de renda, de quantidade possuída maior de determinados itens de conforto doméstico, de maior tempo de escolarização e de acesso a múltiplos serviços públicos, por si só, tende a colocar uma unidade familiar em situação de vantagem em relação a outras unidades familiares. Essa posição de vantagem pode se manifestar pela capacidade de satisfazer algumas necessidades fisiológicas, de segurança, sociais, de autoestima e de realização pessoal.

Admitido o *fato* de que existem classes socioeconômicas e de que as necessidades de uma classe são distintas das necessidades de outras classes, fica evidente que uma parcela substantiva delas é satisfeita pela oferta de uma ampla gama de produtos e serviços para ser consumida por uma ou mais dessas classes. Fica evidente, ainda, o quão importante é esse conceito para empresas que atuam no setor privado, como as produtoras de bens ou serviços, varejistas e anunciantes (por exemplo, identificando as necessidades dos segmentos e colocando à venda produtos que melhor atendam a essas necessidades); para agências de propaganda (planejando uma campanha de mídia de forma a comunicar e persuadir os consumidores de determinados segmentos de que certos produtos ou marcas podem atender a necessidades específicas desses estratos sociais); para veículos de comunicação, por exemplo, desejando informar melhor sua audiência-alvo.

No caso de gestores públicos, essa importância pode ser percebida na possibilidade de melhorar a oferta de serviços para atingir determinados públicos, com o propósito de promover mudanças nos aspectos cognitivos, comportamentais e de valores quanto a determinadas práticas socialmente desejáveis. É o caso, por exemplo, de melhoria na forma de uma alimentação saudável, de dirigir com responsabilidade, de consumir água sem desperdício, de usar racionalmente energia elétrica etc. Daí decorre a relevância de uma organização pública ou privada ser orientada ao consumidor como agente social – vale dizer, de pesquisar o que as classes sociais necessitam e de ofertar bens e serviços que satisfaçam essas necessidades, promovendo mudanças para atingir práticas socialmente desejáveis. Nesse contexto, a empresa está exercitando não apenas seu papel empresarial de produzir e colocar à disposição dos estratos socioeconômicos produtos e serviços, mas também um papel social pelo atendimento responsável das necessidades que esses segmentos manifestam. Esse é o propósito de uma empresa que decide lançar um novo produto no mercado, visando atender a necessidades específicas de um determinado segmento de consumidores. Esse é também um dos objetivos visados pela Secretaria de Assuntos Estratégicos do governo federal: levantar as necessidades da "classe média brasileira" para efeito de formulação de políticas públicas e da oferta de serviços mais adequadas para satisfazer essas necessidades.

Levando em conta que esse é um dos papéis a serem exercidos, tanto pelo gestor de uma empresa privada quanto por um gestor público, a questão central a ser colocada é sobre *como* identificar e mensurar – de forma confiável, fidedigna e consistente – as classes ou estratos socioeconômicos em que se divide uma sociedade. Mais do que isso, de mensurar o *perfil* de

Conclusões e Direcionamentos Futuros

cada um dos estratos socioeconômicos identificados. Por exemplo, qual é o perfil de cada estrato em termos geodemográfico, cultural e de acesso a serviços públicos? Qual é o perfil de bens e serviços de conforto doméstico de cada segmento? Quanto cada estrato aloca do orçamento doméstico na aquisição de uma gama de produtos e serviços? Quais são as prioridades que cada estrato estabelece para a aquisição de diferentes categorias de bens e serviços? Qual é o perfil de exposição de cada segmento socioeconômico aos meios e veículos de comunicação? Qual é o perfil psicográfico de cada estrato? Quanto cada estrato aloca de seu tempo diário em atividades de trabalho, estudo, lazer, deslocamentos etc.? Qual é o padrão de vida de cada um dos estratos socioeconômicos? Respostas para essas e outras questões dependem de uma mensuração *correta* de como uma sociedade está estruturada em classes ou estratos socioeconômicos.

A análise de como essa questão tem sido tratada em muitos países evidencia um forte contraste tanto no aspecto conceitual do que é uma classe socioeconômica quanto no aspecto prático de como se mede a estratificação de uma sociedade. Não obstante a predominância da ideia de que a estratificação deve ser calcada em termos dos conceitos de classe social e de renda permanente, a forma como se tem mensurado esse conceito encontra-se distante disso. Há um descompasso entre o que propõe a teoria e o que se executa na prática.

No Brasil, dois critérios têm sido empregados com maior frequência para estratificação: o Critério de Classificação Econômica Brasil, da Associação Brasileira de Empresas de Pesquisa (Abep), e o critério SAE, da Secretaria de Assuntos Estratégicos da Presidência da República. O primeiro critério, embora utilize educação e bens de propriedade como indicadores, tem a pontuação das classes estabelecida por um modelo de regressão Minceriana da renda familiar declarada, que, em geral, é uma variável pouco fidedigna; o critério tem um viés elitista para estudar a minoria no topo da pirâmide populacional, com as classes A1, A2 e B1 representando 14% da população – apenas de regiões metropolitanas – em contraposição às três classes de menor nível, C2, D e E, que representam 66% dessa mesma população. Outra questão metodológica desse critério reside na definição arbitrária do número de classes e no intervalo de pontos que separam uma classe socioeconômica da outra. Por último, há que se destacar ainda a limitação metodológica de esse critério ser único para todo o Brasil, sem levar em consideração aspectos importantes, como localização geográfica e composição familiar, que afetam o custo e o estilo de vida. Sua aplicação ainda requer que os dados estejam disponíveis para *todas* as variáveis consideradas no critério, não suportando, assim, dados faltantes. Tendo em vista que o critério visa medir a capacidade de consumo de uma unidade familiar, ignorar essas condições representa uma séria limitação metodológica.

De outra parte, o critério SAE não tem boa aplicabilidade ao marketing, dado que ele foi proposto visando a formulação de políticas públicas voltadas principalmente para a "nova classe média" brasileira, baseado em indicador único. Outras limitações metodológicas também se aplicam a esse critério, como a de estar baseado apenas na renda corrente declarada (e não comprovada) das famílias, e não no conceito predominante de renda permanente. Como decorrência desse enfoque na renda corrente, o critério ignora o impacto da poupança, do crédito e do investimento no nivelamento e na suavização do orçamento das famílias ao longo do tempo, que vão resultar em uma renda permanente distinta da renda familiar corrente, conceito esse que não reflete o padrão de vida de uma família. A renda corrente é um indicador relevante, mas não é o único para definir o *status* socioeconômico de uma família. Como o critério proposto pela SAE é calcado unicamente na renda corrente, ele ignora que o consumo (e, portanto, o padrão de vida) em certos pontos no ciclo de vida de uma família pode ser financiado por poupanças ou investimentos feitos ao longo do tempo, ou ainda por crédito baseado em expectativas de renda futura.

Da mesma forma que o Critério de Classificação Econômica Brasil, o da SAE também não leva em consideração a localização geográfica nem a composição das famílias, sendo único para todo o Brasil, ignorando diferenças regionais no custo e estilo de vida. Como argumentamos anteriormente, a renda corrente como indicador único (no critério da SAE) e como variável dependente (no Critério de Classificação Econômica Brasil) tem implicações distintas, dependendo da composição familiar (uma pessoa solteira sem filhos necessita de um orçamento menor do que um casal com cinco filhos para manter o mesmo padrão de vida) e da localização geográfica (a mesma unidade familiar necessita de um orçamento maior na cidade de São Paulo do que no interior do Pará para manter o mesmo padrão de vida). Esses dois critérios também definem o número de classes socioeconômicas e dos pontos de corte entre as classes de maneira subjetiva e arbitrária do ponto de vista metodológico.

Esse conjunto de restrições metodológicas impõe um desafio para construir um modelo mais adequado. O modelo proposto neste livro considera que, para se estratificar a sociedade brasileira, devemos utilizar indicadores que reflitam os conceitos de classe social e de renda permanente. Alinhada com esses conceitos, a melhor base de dados disponível no Brasil é a da

Conclusões e Direcionamentos Futuros

Pesquisa de Orçamentos Familiares (POF) do IBGE, que combina dados geodemográficos, indicadores socioeconômicos e importantes informações sobre o orçamento familiar. Em nosso estudo utilizamos os dados da última pesquisa realizada, em 2008-2009. Um diferencial importante dessa pesquisa, da qual faz parte o levantamento da renda familiar, é a comprovação das informações fornecidas. Assim, a renda corrente não é simplesmente a declarada pelo chefe da família, mas a comprovada por este, por meio de documentos de salário, comissão, aluguel, aposentadoria etc., junto ao pesquisador desse órgão.

Nosso modelo considera 35 indicadores oriundos da POF, levando em conta, ainda, os ajustes necessários decorrentes da influência exercida pela composição familiar (dada pelo número de adultos e de crianças/adolescentes) e pela localização (região geográfica e tipo de município), para então classificar um domicílio em um dos estratos socioeconômicos. Um modelo estatístico adequado que se ajusta a todas essas características é o de classes latentes ordinais. Como vantagem adicional, esse modelo permite trabalhar simultaneamente os diferentes tipos de escalas com que são medidos os indicadores (nominais, ordinais, intervalares, de contagem e de razão); além disso, esse modelo é robusto a dados faltantes, seja pela inexistência do dado, seja por falta de resposta da pessoa entrevistada/respondente. Mesmo que para vários dos 35 indicadores não tenhamos dados disponíveis ou coletados no campo podemos, ainda assim, classificar um domicílio em um dos estratos socioeconômicos identificados. Outra vantagem do modelo de classes latentes ordinais reside na possibilidade de comparar diferentes pesquisas que tenham disponíveis subconjuntos distintos dentre os 35 indicadores utilizados para a estratificação efetuada.

Com o propósito de deslocar a discussão da evolução do tamanho de cada classe socioeconômica ao longo dos anos para a análise do perfil ou qualificação de cada estrato, adotamos o critério de dividir a sociedade brasileira, inicialmente, em vinte percentis ordenados por renda permanente. Esses percentis foram posteriormente agrupados em sete classes socioeconômicas, baseados em sua similaridade em termos dos indicadores de renda permanente e do perfil de consumo observado e nas necessidades da comunidade de profissionais de pesquisa de mercado. Assim, o foco passaria a ser, ao longo do tempo, analisar a evolução de cada um desses estratos em termos de suas características geodemográficas, culturais, de posse de bens e serviços e de acesso a serviços públicos.

Para validar a estratificação efetuada, utilizamos os dados de consumo da POF, agregados em 21 categorias de bens e serviços. Mostramos, assim, o perfil de consumo de cada um dos vinte percentis e dos sete estratos em que eles foram agregados, levando em consideração as influências da composição familiar e da localização do domicílio, bem como de diversas variáveis geodemográficas. Uma segunda forma de validação decorreu de uma pesquisa que realizamos na principal cidade do Brasil – São Paulo –, com a finalidade de mostrar como a estratificação socioeconômica diferencia, impacta, afeta distintamente um conjunto de atividades, interesses e opiniões (AIO), valores de vida e meios de atingi-los, bem como o grau de exposição à mídia, depois de ajustados os efeitos decorrentes do gênero e idade dos respondentes em cada um dos estratos considerados. Vale dizer, analisamos o efeito líquido da estratificação socioeconômica em relação a essas dimensões estudadas.

Mostramos inicialmente que a estratificação socioeconômica construída diferenciou significativamente o nível de consumo de 21 categorias de produtos. Mostramos ainda que um aspecto fundamental para o estabelecimento do perfil de cada estrato consistiu na elaboração das curvas de Engel para cada uma das categorias de bens e serviços levantados nos dados de consumo da POF. A simulação de um modelo de alocação orçamentária possibilitou que relacionássemos a participação no consumo de cada uma dessas 21 categorias segundo dez diferentes níveis de orçamento doméstico dentro de cada estrato socioeconômico. Em decorrência, pudemos constatar que as prioridades de consumo das famílias dentro de cada um dos estratos socioeconômicos são mais importantes para explicar variações na participação de cada categoria de produto ou serviço no consumo total do que variações no montante do orçamento doméstico ou da renda familiar. Em síntese, o modelo que propomos transpõe as deficiências metodológicas que encontramos nos modelos existentes de estratificação socioeconômica, tanto no Brasil como em inúmeros países da Europa, da Ásia e das Américas do Norte, Central e do Sul. Face, portanto, às características do modelo de classes latentes ordinais, ele pode ser situado na fronteira do conhecimento teórico e da modelagem estatística sobre o tema estratificação socioeconômica de uma sociedade.

Em relação ainda à questão de validação da estratificação efetuada, a pesquisa que realizamos na cidade de São Paulo permitiu constatar que o perfil dos estratos socioeconômicos é bastante distinto em termos de um amplo conjunto de atividades realizadas, de interesses e opiniões (AIO), que caracterizam distintos estilos de vida manifestados pelos consumidores que compõem os sete estratos socioeconômicos identificados em nosso estudo. Observamos também que os estratos socioeconômicos mostram diferenças

Conclusões e Direcionamentos Futuros

expressivas em relação à exposição a diferentes tipos de mídia (TV, rádio, jornais, revistas e leitura de livros). Apresentamos também os valores terminais que diferenciam estatisticamente os estratos socioeconômicos, assim como os valores instrumentais ou meios utilizados para alcançar esses valores de vida. O conjunto de resultados obtidos em nossa pesquisa evidencia consistência lógica e adequação teórica ao estudo de segmentação e comportamento do mercado consumidor. Os perfis apresentados para cada um dos estratos socioeconômicos nesses diversos aspectos psicográficos e de acesso e uso da mídia mostram a relevância prática que o critério de estratificação proposto pode propiciar para a formulação de estratégias de marketing, principalmente nas áreas de gestão de produtos e novos produtos e de comunicação e promoção.

Uma importante questão a ser respondida é como esse modelo pode ser utilizado na prática. Visando facilitar ao máximo sua aplicabilidade, implementamos três classificadores de domicílios que utilizam diferentes métodos estatísticos, mas que classificam os domicílios dentro da mesma estrutura dos sete estratos socioeconômicos identificados. Um instituto de pesquisa, uma empresa produtora de bens e serviços ou um gestor público poderão empregar um desses classificadores, dependendo das condições relativas do trabalho de coleta de dados: se existe condições de um pesquisador utilizar um coletor de dados, telefone, *smartphone*, *tablet* ou de acessar a internet na aplicação de um questionário de pesquisa, é possível utilizar dois tipos de classificadores: o de verossimilhança condicional e o Bayesiano adaptável. O primeiro foi elaborado visando classificar um domicílio usando todos ou apenas uma parte dos 35 indicadores considerados, incluindo a possibilidade de ocorrência de não respostas fornecidas pelo entrevistado ou respondente, como também de dados faltantes.

O segundo classificador permite utilizar sequências de perguntas distintas para cada entrevistado ou respondente, em função das respostas que forem dadas por estes para cada pergunta. Essa entrevista adaptável permite classificar um domicílio em um dos estratos socioeconômicos com determinado nível de confiança, utilizando um número menor de questões do que uma entrevista tradicional.

O terceiro classificador foi elaborado, como um exemplo, para possibilitar a classificação de um domicílio em casos extremos, que podem ocorrer na coleta dos dados no campo, em que não há possibilidade de usar um coletor de dados, telefone, *smartphone* ou *tablet* nem de ter acesso à internet. Ou seja, em condições extremas (por exemplo, em algumas localidades na área rural onde não há cobertura de telecomunicação), em que o opta por classificar um domicílio utilizando um questionário impresso e não um coletor de dados. Para essa situação, o pesquisador poderá utilizar um classificador simplificado, de fácil aplicação, desde que domine as operações aritméticas básicas. A desvantagem deste último classificador é que ele não incorpora o ajuste das covariáveis "composição familiar" e "localização do domicílio". Isso não impede, contudo, de posteriormente ser confirmado ou reclassificado o estrato socioeconômico de um domicílio levando em conta essas covariáveis.

Desejamos destacar que esses três classificadores cobrem *todas* as formas de coleta de dados e situações de dificuldade porventura existentes no processo de levantamento de dados no campo. Por último, queremos ressaltar ainda que, sendo a renda familiar corrente um dos indicadores do modelo proposto, os dois primeiros classificadores que elaboramos – de verossimilhança condicional e o Bayesiano adaptável – já incorporam uma importante inovação: a conversão da variável "renda familiar corrente declarada" para "renda familiar comprovada estimada", que decorreu da análise efetuada por meio da técnica de fusão de dados das pesquisas POF e PNAD do IBGE, realizadas no mesmo período. Isso significa que o questionário coletará a renda familiar corrente declarada e automaticamente os dois classificadores converterão o dado para renda familiar comprovada estimada.

Sintetizando as conclusões a respeito do modelo de estratificação socioeconômica proposto neste livro, notamos que o critério que elaboramos com os dados da POF situa-se o mais próximo possível do que propõe a literatura científica de vanguarda a respeito desse tema. As bases para a mensuração dos estratos socioeconômicos estão calcadas em variáveis relacionadas com os conceitos de classe social e de renda permanente, ou seja, em conceitos que expressam a capacidade de uma família manter seu *status* socioeconômico. Nossa modelagem foi efetuada considerando o modelo de classes latentes ordinais, que apresenta inúmeras vantagens em relação a outras formas de modelagem estatística, sendo os classificadores apresentados de fácil aplicação e extremamente flexíveis para acomodar diferentes situações de dificuldade no processo de coleta de dados.

Feitas as considerações a respeito de nosso modelo de estratificação socioeconômica da sociedade brasileira, compatível com o estado da arte teórico e de modelagem estatística, cabe-nos colocar uma questão adicional: como proceder para atualizar esse modelo ao longo do tempo e fazer comparações entre diferentes períodos?

Conclusões e Direcionamentos Futuros

A primeira questão se refere à base de dados relativa à Pesquisa de Orçamentos Familiares. O IBGE realiza a POF de cinco em cinco anos. A próxima pesquisa está prevista para ser executada no período 2013-2014, cujos resultados deverão estar disponíveis em 2015. Será importante analisar os questionários dessa pesquisa para verificar se dados sobre novos bens e serviços serão levantados, como o acesso das famílias à internet, uso de banda larga e posse de *smartphone*, *tablet* e impressora, dentre inúmeras outras possibilidades de levantamento de produtos duráveis existentes no domicílio ou de serviços utilizados, como levantamento de dados de aplicações financeiras ou de uso de cartões de crédito ou sobre novas alternativas de busca por educação, além daquelas pelo ensino fundamental, médio e superior. Enfim, é razoável esperar por alterações no questionário incorporando ou eliminando questões relativas a variáveis geodemográficas, culturais, de posse de bens e uso de serviços, de acesso a serviços públicos e de consumo, de acordo com os objetivos pretendidos pelo IBGE. O modelo de classes latentes ordinais permite tanto a inclusão quanto a exclusão de indicadores. Ocorrendo isso, haverá necessidade de se processar os dados utilizando os mesmos procedimentos metodológicos descritos neste livro.

Com relação à segunda questão (comparações da estrutura socioeconômica entre dois períodos), é necessário considerar como as classes socioeconômicas devem ser definidas nos dois períodos. Kamakura e Mazzon (2013), por exemplo, utilizam os mesmos indicadores obtidos da POF de 2003 e 2009 (com o devido ajuste inflacionário da renda corrente declarada), definindo as mesmas classes latentes ordinais para os dois períodos, para garantir consistência nas classes entre as duas coletas de dados, e permitindo que os tamanhos das classes variem entre esses períodos. Esse procedimento, entretanto, ignora a possibilidade de novos indicadores (por exemplo, acesso a internet ou TV de alta definição), ou mesmo a possibilidade de que a relação entre os indicadores utilizados para medir a renda corrente e os estratos socioeconômicos possa mudar entre os dois períodos.

Outra opção seria definir os estratos utilizando um modelo de classes latentes ordinais como o de Kamakura e Mazzon (2013), mas com diferentes indicadores medindo a renda corrente em cada ano. Nesse caso, a premissa seria de que o construto latente (renda permanente) é o mesmo nos dois períodos, mas medido por um conjunto diferente de indicadores levantado nos dois momentos. Isso é possível desde que haja um número de indicadores em comum em ambas as coletas, e que os indicadores inexistentes em cada período sejam tratados como dados faltantes, beneficiando-se da robustez do modelo de classes latentes a dados faltantes.

Por último, uma interessante extensão do modelo que propomos neste livro seria a de comparar a estratificação socioeconômica entre países das economias emergentes (BRICS), por exemplo, ou que compõem a América Latina. Imaginemos uma empresa multinacional desejando comparar a taxa de penetração de um produto ou de uma marca em vários mercados, o valor *per capita* consumido de um produto ou, ainda, o montante *per capita* gasto em um determinado tipo de serviço, por estrato socioeconômico entre países. Certamente essa empresa não conseguirá fazê-lo porque os critérios e a definição dos estratos socioeconômicos atualmente em uso são diferentes de um país para outro. Imaginemos que um governante deseja comparar o grau de acesso da população a determinados serviços públicos com o mesmo indicador em países vizinhos, dentro de cada estrato socioeconômico. É certo também que ele não conseguirá essa informação de uma forma consistente.

Existe, portanto, a necessidade de se elaborar um modelo multinacional de estratificação socioeconômica adequado, confiável e consistente. Para atingir esse objetivo – que seria de grande utilidade para comparar, por exemplo, indicadores de consumo, de qualidade de vida, de rendimento, de exposição à mídia etc. entre estratos socioeconômicos calculados de forma *uniforme* em diversos países –, é necessário tomar vários cuidados na compatibilização dos dados. Por exemplo, a renda familiar corrente deverá ser comparável entre os países, o que pressupõe o uso do conceito de paridade de poder de compra. Além do mais, os indicadores a serem selecionados devem ser definidos de forma consistente entre os países e a periodicidade da coleta de dados deve ser a mesma entre os países, e assim sucessivamente. Devemos destacar, no entanto, que existem inúmeros indicadores que são coletados pelos diversos órgãos governamentais de cada país, tal como o IBGE, que seguem um dado padrão internacional, característica que tem possibilitado ao Banco Mundial, por exemplo, elaborar relatórios comparativos de indicadores socioeconômicos entre países. É razoável admitir que cada país deva ter seus próprios indicadores relacionados com classe social e renda permanente, como ficou claro na exposição feita no primeiro capítulo. Um país desenvolvido certamente terá parte dos indicadores diferentes de um país extremamente pobre. Essa restrição pode ser superada tendo em vista que o modelo de classes latentes ordinais possibilita fazer os ajustes que forem necessários, tal como efetuamos no Brasil em termos de composição familiar e de localização do domicílio. O modelo permite trabalhar com dados faltantes para alguns indicadores de um país, como discutimos acima. Portanto, o modelo proposto é suficientemente flexível para fazer ajustes dessas condicionantes, país por país. Os estratos seriam definidos, tal como feito no Brasil, em termos de percentis, o que permitiria a comparação de inúmeros indicadores por estrato socioeconômico entre países, por exemplo, comparando a taxa de penetração de mercado de determinado produto nos 5% de domicílios situados no topo da pirâmide social entre vinte, trinta ou mais países.

Sem dúvida esse é um grande desafio, mas não impossível de ser superado. Seria um passo inicial para a convergência de metodologias visando a construção e validação de um modelo multinacional de estratificação socioeconômica. Da mesma forma que ocorre com o modelo proposto para o Brasil, seria possível elaborar os mesmos três tipos de classificadores para o enquadramento de um domicílio em estratos socioeconômicos, o que se tornaria de grande utilidade para governos e empresas globais tanto para comparações entre classes socioeconômicas de diferentes países em um determinado ano (análise transversal) quanto em termos de evolução temporal desses indicadores (análise de série temporal).

REFERÊNCIAS BIBLIOGRÁFICAS

Abramson, J. H., Gofin, R., Habib, J., Pridan, H., & Gofin, J. (1982). Indicators of Social Class: a Comparative Appraisal of Measures for Use in Epidemiological Studies. *Social Science & Medicine*, 16, 1739-1746.

Alves, M. T. G. & Soares, J. F. (2009). Medidas de nível socioeconômico em pesquisas sociais: uma aplicação aos dados de uma pesquisa educacional. *Opinião Pública*, 15(1), junho, 1-30.

Associação Brasileira de Empresas de Pesquisa – ABEP. (2011). *Critério de Classificação Econômica Brasil*. Recuperado em 22 março, 2011, de http://www.abep.org/novo/Content.aspx?ContentID=301.

Avendaño, M., Kunst, A. E., van Lenthe, F. J., Bos, V., Costa, G., Valkonen, T., Cardano, M., Harding, S., Borgan, J-K., Glickman, M., Reid, A. & Mackenbach, J. P. (2005). Trends in Socioeconomic Disparities in Stroke Mortality in Six european countries between 1981-1985 and 1991-1995. *American Journal Epidemiology*, 161, January, 52-61.

Bartels, R. (1959). Sociologists and Marketologists. *Journal of Marketing*, 24(2), October, 37-40.

Bass, F. M., Pessemier, E. A. & Tigert, D. J. (1969) A Taxonomy of Magazine Readership Applied to Problems in Marketing Strategy and Media selection. *Journal of Business*, 42(3), July, 337-363.

Bauer, R., Cunningham, S. M., & Wortzel, L. H. (1965). The Marketing Dilemma of Negroes. *Journal of Marketing*, 29(3), July, 1-6.

Beakman, M. D. (1967). Are Your Messages Getting Through. *Journal of Marketing*, 31(3), July, 34-38.

Beeghley, L. (2004). *The Structure of Social Stratification in the United States*. Boston: Pearson, Allyn & Bacon.

Blankenship, A. B., Crossley, A., Heidingsfield, M. S., Herzog, H., & Kornhauser, A. (1949). Questionnaire Preparation and Interviewer Technique. *Journal of Marketing*, 14(3), October, 399-433.

Bollen, K. A., Glanville, J. L., & Stecklov, G. (2001). Socioeconomic Status and Class in Studies of Fertility and Health in Developing Countries. *Annual Review of Sociology*, 27, 153-185.

_____. (2006). Socioeconomic Status, Permanent Income, and Fertility: a Latent Variable Approach. *Working Paper 06-90*. Chapel Hill, NC: Carolina Population Center.

Bourdieu, P. (1984). *Distinctions: a Social Critique of the Judgment of Taste*. Trad. Richard Nice. Cambridge, MA: Harvard University Press.

Bradley, R. H. & Corwyn, R. F. (2002). Socioeconomic Status and Child Development. *Annual Review of Psychology*, 53, 371-399.

Braveman, P. A., Cubbin, C., Egerter, S., Chideya, S., Marchi, K. S., Metzler, M., & Posner, S. (2005). Socioeconomic Status in Health Research. *The Journal of the American Medical Association*, 294(22), 2879-2888.

Breckenkamp, J., Mielck, A., & Razum, O. (2007). Health Inequalities in Germany: Do Regional-Level Variables Explain Differentials in Cardiovascular Risk? *BMC Public Health*, 7, 1-9.

Burgess, S. M. & Steenkamp, J.-B. E. M. (2006). Marketing Renaissance: How Research in Emerging Markets Advances Marketing Science and Practice. *International Journal of Research in Marketing*, 23(4), 337-356.

Chan, G., Gabel, M., Jenner, S., & Schindele, S. (2011). BRIC by BRIC: Governance and Energy Security in Developing Countries. *Working Paper*

Referências Bibliográficas

o. 47. Department of Policy Analysis and Political Economy, University of Tubingen.

Coleman, R. P. (1983). The Continuing Significance of Social Class to Marketing. *Journal of Consumer Research*, 10(3), December, 265-280.

Corrales, B., Barbarena, M., & Schmeichel, N. (2006). Latin American Profile, Demographics and Socio Economic Strata. *Research Paper*. Esomar – European Society for Opinion and Marketing Research.

Cortinovis, I., Vella, V. & Ndiku, J. (1993). Construction of a Socioeconomic Index to Facilitate Analysis of Health Data in Developing Countries. *Social Science & Medicine*, 36(8), 1087-1097.

Crompton, R. (2010). Class and Employment. *Work, Employment & Society*, 24(1), 9-26.

Croon, M. (1991). Investigating Mokken Scalability of Dichotomous Items by Means of Ordinal Latente Class Analysis. *British Journal of Mathematical and Statistical Psychology*, 44, 315-331.

Cui, A. & Song, K. (2009).Understanding China's Middle Class. *China Business Review*, 36(1), 38-42.

Cunningham, W. H. & Crissy, W. J. E. (1972). Segmentation by Motivation and Atitude. *Journal of Marketing Research*, 9(1), February, 100-102.

Dahl, D. W. & C. Moreau, P. (2007). Thinking Inside the Box: Why Consumers Enjoy Constrained Creative Experiences. *Journal of Marketing Research*, 44(3), August, 357-369.

Deaton, A. (1992). *Understanding Consumption*. Oxford: Clarendon.

_____ & Muellbauer, J. (2009). *Economics and Consumer Behavior*. New York: Cambridge University Press.

Deressa, W., Ali A. & Berhane, Y. (2007). Household and Socioeconomic Factors Associated with Childhood Febrile Illnesses and Treatment Seeking Behavior in an Area of Epidemic Malaria in Rural Ethiopia. *Transactions of the Royal Society of Tropical Medicine and Hygiene*, 101(9), 939-947.

Diemer, M. A., Rashmita, M. S., Wadsworth, M. E., López, I., & Reimers, F. (2012). Best Practices in Conceptualizing and Measuring Social Class in Psychological Research. *Analyses of Social Issues and Public Policy*, 00(0), 1-37.

Di Tella, R., New, J. H-D. & MacCulloch, R. (2010). Happiness Adaptation to Income and to Status in an Individual Panel. *Journal of Economics Behavior & Organization*, 76, 834-852.

Du, R. Y. & Kamakura, W. A. (2008). Where Did All That Money Go? Understanding How Consumers Allocate Their Consumption Budget. *Journal of Marketing*, 72, 109-131.

Duncan, G., Daly, M. C., McDonough, P., & Williams, D. R. (2002). Optimal Indicators of Socioeconomic Status for Health Research. *American Journal of Public Health*, 92(7), 1151-1157.

Duncan, O. D. (1961). A Socioeconomic Index for All Occupations. In J. Reiss Jr. (Ed.). *Occupations and Social Status*, New York: Free Press, 109-138.

Eichar, D. (1989). *Occupation and Class Consciousness in America*. Westport: Greenwood Press.

Falkingham, J. & Namazie, C. (2002). *Measuring Health and Poverty: a Review of Approaches to Identifying the Poor*. London: DFID Health Systems Resource Centre.

Filmer, D. (2000). The Structure of Social Disparities in Education: Gender and Wealth. *World Bank Policy Research Working Paper 2268*. Development Economics Research Group, Washington, DC: World Bank.

_____ & Pritchett, L. H. (2001). Estimating Wealth Effects Without Expenditure Data – or Tears: an Application to educational enrollments in state of India. *Demography*, 38(1), 115-132.

Fioratti, A. C. H. (2006). The Low Income Consumer: a Growth Opportunity. *Research Paper*. Esomar – European Society for Opinion and Market Research.

Frank, R. E. & Massy, W. F. (1965). Market Segmentation and the Effectiveness of a Brand's Price and Dealing Policies. *Journal of Business*, 38(2), April, 186-200.

Friedman, M. (1957). *A Theory of the Consumption Function*. Princeton: Princeton University Press.

Galobardes, B., Shaw, M., Lawlor, D. A., Lynch, J. W., & Smith, G. D. (2006a). Indicators of Socioeconomic Position (part 1). *Journal of Epidemiology Community Health*, January, 60(1), 7-12.

_____. (2006b). Indicators of Socioeconomic Position (part 2). *Journal of Epidemiology Community Health*, January, 60(2), 95-101.

Ganzeboom, H. B. G., Graaf, P. M. de, & Treiman, D. J. (1992). A Standard International Socio-economic Index of Occupational Status. *Social Science Research*, 21, 1-56.

Gilbert, D. (2002). *The American Class Structure: in an Age of Growing Inequality*. Belmont: Wadsworth.

Gillborn, D. & Mirza, H. S. (2000). *Mapping Race, Class and Gender: a Synthesis of Research Evidence*. London: Office for Standards in Education.

Goldthorpe, J. H. (1987). *Social Mobility and Class Structure in Modern Britain*. Oxford: Clarendon Press.

_____. (2010). Class Analysis and the Reorientation of Class Theory: the Case of Persisting Differentials in Educational Attainment. *The British Journal of Sociology*, 61(3), 311-335.

Gray-Little, B. & Hafdahl, A. R. (2000). Factors Influencing Racial Comparisons of Self-esteem: a Quantitative Review. *Psychological Bulletim*, 126(1), 26-54.

Griffin, J. M., Fuhrer, R., Stansfeld, S. A., & Marmot, M. (2002). The Importance of Low Control at Work and Home on Depression and Anxiety: Do These Effects Vary by Gender and Social Class? *Social Science & Medicine*, 54(5), 783-798.

Gwatkin, D. R., Rustein, S., Johnson, K., & Wagstaff, A. (2000). Socio-economic Differences in Brazil. Washington, DC: *HNP/Poverty Thematic Group of the World Bank*. Recuperado em 5 janeiro, 2004, de http://www.worldbank.org/poverty/health/ data/index.htm#lcr.

Hauser, R. M. & Warren, J. R. (1997). Socioeconomic Index of Occupational Status: a Review, Update, and Critique. In Raftery, A. (Ed.). *Sociological Methodology*, Cambridge: Blackwell, 177-298.

Henry, P. (2005). Social Class, Market Situation, and Consumers' Metaphors of (Dis)Empowerment. *Journal of Consumer Research*, 31(4), March, 766-778.

Hentschel, J. & Lanjouw, P. (1998). Household Welfare and the Pricing of Basic Service. *World Bank Working Paper Series n. 2006*.

Hirsch, F. (1976). *Social Limits to Growth*. Cambridge, MA: Harvard University Press.

Holt, D. B. (1998). Does Cultural Capital Structure American Consumption? *Journal of Consumer Research*, 25(1), 1-25.

Howe, L. D., Hargreaves, J. R., & Huttly, S. R. A. (2008). Issues in the Construction of Wealth Indices for the Measurement of Socioeconomic Position in Low-income Countries. *Emerging Themes in Epidemiology*, 5(3).

Instituto Brasileiro de Geografia e Estatística – IBGE (2010). *Pesquisa de Orçamentos Familiares 2009-2009*: Despesas, Rendimentos e Condições de Vida. Rio de Janeiro: Instituto Brasileiro de Geografia e Estatística.

Jayakody, R., Danziger, S. & Kessler, R. (1998). Early-onsetPpsychiatric Disorders and Male Socioeconomic Status. *Social Science Research*, 27, 371-387.

Johnson, J. G., Cohen, P., Dohrenwend, B. P., Link, B. G., & Brook, J. S. (1999). A Longitudinal Investigation of Social Causation and Social Selection Processes Involved in the Association Between Socioeconomic Status and Psychiatric Disorders. *Journal of Abnormal Psychology*, 108, 490-499.

Kamakura, W. A. & Du, R. Y. (2012). How Economic Contractions and Expansions Affect Expenditure Patterns. *Journal of Consumer Research*, 39, 229-247.

Kamakura, W. A., & Mazzon, J. A. (1991). Value Segmentation: A Model for the Measurement of Values and Value Systems, *Journal of Consumer Research*, 39, 229-247.

Kamakura, W. A. & Mazzon, J. A. (2013). Socioeconomic Status and Consumption in an Emerging Economy. *International Journal of Research in Marketing*, 30, 4-18.

Kamakura, W.A. & Wedel, M. (1997). Statistical Data-fusion for Cross-tabulation. *Journal of Marketing Research*, 34(4), 485-498.

Karim, M. B. (1990). Measuring Socioeconomic Status of Rural House holds in Third World Countries. *International Journal of Comparative Sociology*, 27, 183-207.

Klor, E. F. & Shayo, M. (2010). Social Identity and Preferences over Redistribution. *Journal of Public Economics*, 94, 269-278.

Referências Bibliográficas

Kolenikov, S. & Angeles, G. (2009). Socioeconomic Status Measurement with Discrete Proxy Variables: Is Principal Component Analysis a Reliable Answer? *Review of Income and Wealth*, 55(1), 128-165.

Kraus, M. W. & Keltner, D. (2009). Signs of Socioeconomic Status: a Thin-slicing Approach. *Psychological Science*, 20(1), 99-106.

Krishnan, S., Cozier, Y. C., Rosenberg, L. & Palmer, J. R. (2010). Socioeconomic Status and Incidence of Type 2 Diabetes: Results from the Black Women's Health Study. *American Journal of Epidemiology*, 171(5), 564-570.

Kunst, A. E., Groenhof, F. & Mackenbach, J. P. (1998). Occupational Class and Cause Specific Mortality in Middle Aged Men in 11 European Countries: Comparison of Population-based Studies. *British Medical Journal*, 316, 1636-1642.

Ladwig, K.-H., Marten-Mittag, B., Erazo, N. & Gündel, H. (2001). Identifying Somatization Disorder in a Population-based Health Examination Survey: Psychosocial Burden and Gender Differences. *Psychosomatics*, 42(6), November-December, 511-578.

Levine, R. A., Levine, S. E., Richman, A., Uribe, F. M. T., Correa. C. S. & Miller, P. M. (1991). Women's Schooling and Child-care in the Demographic-transition: a Mexican Case-study. *Population and Development Review*, 17(3), 459-496.

Liberatos, P., Link, B. G., & Kelsey, J. (1988). The Measurement of Social Class in Epidemiology. *Epidemiologic Reviews*, 10, 87-119.

Lindelow, M. (2006). Sometimes More Equal than Others: How Health Inequalities Depend on the Choice of Welfare Indicator. *Health Economics*, 15, 263-279.

Lorie, J. H. & Bartels, R. (1953). Research in Marketing. *Journal of Marketing*, 17(3), January, 301-320.

Mandelblatt, J., Andrews, H., Kao, R., Wallace, R., & Kerner, J. (1996). The Late-Stage Diagnosis of Colorectal Cancer: Demographic and Socio-economic Factors. *American Journal of Public Health*, 86(12), December, 1794-1797.

Marmot, M. G., Bosma, H., Hemingway, H., Brunner, E. & Stansfeld, E. (1997). Contribution of Job Control and Other Risk Factors to Social Variations in Coronary Heart Disease Incidence. *The Lancet*, 350, July, 235-239.

Martineau, P. (1958). Social Classes and Spending Behavior. *Journal of Marketing*, 23(2), October, 121-130.

Marx, K. & Engels, F. (1848). *The communist manifesto*. Reimpressão. New York: Tribeca Books, 2011.

Mathews, H. L., Islocum, Jr, J. W. (1969). Social Class and Commercial Bank Credit Card Usage. *Journal of Marketing*, 33(1), January, 71-78.

May, H. (2006). A Multilevel Bayesian Item Response Theory Method for Scaling Socioeconomic Status in International Studies of Education. *Journal of Educational and Behavioral Statistics*, 31(1), 63-79.

McKenzie, D. J. (2003). Measure Inequality with Asset Indicators. *BREAD Working Paper n. 042*. Cambridge: Bureau for Research and Economic Analysis of Development, Center for International Development, Harvard University.

Miech, R. A. & Hauser, R. M. (2001). Socieconomic Status and Health at Midlife: a Comparison of Educational Attainment with Occupation-based Indicators. *Annals of Epidemiology*, 11(2), 75-84.

Mittal, B., Holbrook, M., Sharon, B., Raghubir, P., & Woodside, A. (2008). *Consumer Behavior: How Human Think, Feel, and Act in the Marketplace*. Cincinatti, Ohio: Open Mentis.

Montgomery, M. R., Gragnolati, M., Burke, K., & Paredes, E. (2000). Measuring Living Standards with Proxy Variables. *Demography*, 37(2), 155-174.

Moriguchi, S. N. (2000). *Estratificação socioeconômica: uma contribuição em busca da maior estabilidade nos modelos utilizados em Marketing*. Tese de doutorado em Administração, Universidade de São Paulo, São Paulo, Brasil.

Murphy, K. M., Shleifer, A., & Vishny, R. (1989). Income Distribution, Market Size, and Industrialization. *The Quarterly Journal of Economics,* 104(3), 537-564.

Nakao, K. & Treas, J. (1994). Updating Occupational Prestige and Socioeconomic Scores: How the New Measures Measure Up. *Sociological Methodology*, 24, 1-72.

Neri, M. (2010). *The New Middle Class in Brazil: The Bright Side of the Poor*. Rio de Janeiro: FGV.

Referências Bibliográficas

_____. (2011). A *nova classe média: o lado brilhante da base da pirâmide*. Rio de Janeiro: Saraiva.

Oakes, J. M. & Rossi, P. H. (2003). The Measurement of SES in Health Research: Current Practice and Steps Toward a New Approach. *Social Science & Medicine* 56, 769-784.

O'Neill, J., Wilson, D., Urushothaman, R., & Stupnytska, A. (2005). How Solid Are the BRICs? *Global Economics, Paper n. 134*. New York: Goldman Sachs, December.

Onwujekwe, O., Hanson, K., & Fox-Rushby, J. (2006). Some Indicator of Socio-economic Status May Not Be Reliable and Use of Indices with These Data Could Worsen Equity. *Health Economics*, 15(6), 639-644.

Poel, E. V. de, Hosseinpoor, A. R., Speybroeck, N., Ourti, T. V. & Veja, J. (2008). Socioeconomic Inequality in Malnutrition in Developing Countries. *Bulletin of the World Health Organization*, 86(4), April, 241-320.

Pomeroy, S. B., Burstein, S. M., Donlan, W., & Roberts, J. T. (1999). *Ancient Greece: a Political, Social, and Cultural History*. New York: Oxford University Press.

Renard, T. (2009), A BRIC in the World: Emerging Powers, Europe, and the Coming Order. *Egmont Paper n. 31*, The Royal Institute for International Relations.

Revzan, D. A. (1953). Research in Marketing. *Journal of Marketing*, 18(1), July, 60-86.

Ribas Jr., R. C., Moura, M. L. S. de, Soares, I. D., Gomes, A. A. do N. & Bornstein, M. H. (2003). Socioeconomic Status in Brazilian Psychological Research: Validity, Measurement, and Application. *Estudos de Psicologia*, 8(3), 375-383.

Rich, S. U. & Jain, S. C. (1968). Social Class and Life Cycle as Predictors of Shopping Behavior. *Journal of Marketing Research*, 38(2), April, 186-200.

Rogler, L. H. (1996). Increasing Socioeconomic Inequalities and the Mental Health of the Poor. *The Journal of Nervous & Mental Disease*, 184(12), 719-722.

Rokeach, M. (1973). The Nature of Human Values. New York: The Free Press.

Rucker, D. D. & Galinsky, A. D. (2008). Desire to Acquire: Powerlessness and Compensatory Consumption. *Journal of Consumer Research*, 35, August, 257-267.

Saegert, S. C., Adler, N. E., Bullock, H. E., Cauce, A. M., Liu, W. M. & Wyche, K. F. (2006). Report of the APA Task Force on Socioeconomic Status. *American Psychological Association*, Washington, August.

Sahn, D. E. & Stifel, D. C. (2003). Urban-rural Inequality in Living Standards in Africa. *Journal of African Economies*, 12, 564-597.

Sasiwongsaroj, K. (2010). Socioeconomic Inequalities in Child Mortality: a Comparison between Thai Buddhists and Thai Muslims. *Journal of Health Research*, 24(2), 81-86.

Schmeichel, N., Corrales, B. & Barberena, M. (1999). Latin American Profile, Demographics and Socioeconomic Strata. *Research Paper*. Latin American Conference, Esomar – European Society for Opinion and Marketing Research.

Schor, J. (1999). *The Overspent American: Why We Want What We Don't Need*. New York: Harper Perennial.

Senauer, B. & Goetz, L. (2003). The Growing Middle Class in Developing Countries and the Market for High-value Food Products. *Working Paper 03-02*. The Food Industry Center, University of Minnesota.

Shelton, J.-A. (1997). *As the Romans Did: a Sourcebook in Roman Social History*. New York: Oxford University Press.

Sirin, S. R. (2005). Socioeconomic Status and Academic Achievement: a Meta-analytic Review of Research. *Review of Educational Research*, 75(3), 417-453.

Sivadas, E. (1997). A Preliminary Examination of the Continuing Significance of Social Class to Marketing: a Geodemographic Replication. *Journal of Consumer Marketing*, 14(6), 463-479.

Sorensen, A. (2000). Toward a Sounder Basis for Class Analysis. *American Journal of Sociology*, 45(6), 1523-1558.

Spilerman, S. (2000). Wealth and Stratification Processes. *Annual Review of Sociology*, 26, 497-524.

_____. (2004). The Impact of Parental Wealth on Early Living Standards in Israel. *The American Journal of Sociology*, 110(1), 92-122.

Referências Bibliográficas

Srivastava, A. & Mohanty, S. K. (2010). Economic Proxies, Household Consumption and Health Estimates. *Economic & Political Weekly*, XLV(16), 55-63.

Stansfeld, S. A., Head, J., & Marmot, M. G. (1998). Explaining Social Class Differences in Depression and Well-being. *Social Psychiatry and Psychiatric Epidemiology*, 33, 1-9.

Stecklov, G., Bommier, A., & Boerma, T. (1999). *Trends in Equity in Child Survival in Developing Countries: an Illustrative Analysis Using Ugandan Data*. Chapel Hill, NC: Carolina Population Center, University of North Carolina at Chapel Hill.

Steenkamp, J.-B.E.M. & De Jong, M. G. (2010). Socially Desirable Response Tendencies in Survey Research. *Journal of Marketing Research*, 47(2), 199-214.

Sumarto, S., Suryadarma, D., & Suryahadi, A. (2007). Predicting Consumption Poverty Using Non-consumption Indicators: Experiments Using Indonesian Data. *Social Indicators Research*, 81(3), 543-578.

Tenenhaus, M., Esposito Vinzi, V., Chatelin, Y., & Lauro, C. (2005). PLS Path Modeling. *Computational Statistics and Data Analysis*, 48(1), 159-205.

Thomas, K. J. A. (2007). Child Mortality and Socioeconomic Status: an Examination of Differentials by Migration Status in South Africa. *International Migration Review*, 41(1), 40-74.

Thompson, W. & Hickey, J. (2005). *Society in Focus*. Boston: Pearson, Allyn & Bacon.

Torio, C. M., Klassen, A. C., Curriero, F. C., Caballero, B., & Helzlsouer, K. (2010). The Modifying Effect of Social Class on the Relationship between Body Mass Index and Breast Cancer Incidence. *American Journal of Public Health*, January, 100(1), 146-151.

Urquijo, J. & Lobl, R. (2003). Socioeconomic Levels: Differences vs. Similarities. *Research Paper*. Esomar – European Society for Opinion and Market Research.

Vanneman, R. (1988). *The American Perception of Class*. New York: Temple University Press.

Vannoni, F., Spadea, T., Frasca, G., Tumino, R., Demaria, M., Sacerdote, C., Panico, S., Celentano, E., Palli, D., Saieva, C., Pala, V., Sieri, S. & Costa, G. (2003). Association between Social Class and Food Consumption in the Italian Epic Population. *Tumori*, 89(6), November-December, 669-678.

Vermunt, J. K. (2001). The Use Restricted Latent Class Models for Defining and Testing Nonparametric and Parametric IRT Models. *Applied Psychological Measurement*, 25, 283-294.

Vermunt, J. K. & Magidson, J. (2010). *Latent Gold User's Guide*. Belmont: Statistical Innovations, Inc.

Vu, L., Tran, B. & Le, A. (2011). The Use of Total Assets as a Proxy for Socioeconomic Status in Northern Vietnam. *Asia-Pacific Journal of Public Health*, 23(6), November, 996-1004.

Vyas, S. & Kumaranayke, L. (2006). *Constructing Socioeconomic Status Indices: How to Use Principal Components Analysis*. Oxford University Press. Recuperado em 24 janeiro, 2011, de http://www.healpol.oxfordjournals.org.

Wagstaff, A. & Watanabe, N. (2003). What Difference Does the Choice of SES Make in Health Inequality Measurement? *Health Economics*, 12, 885-890.

Ware, R. & Dinning, A. (2003). Development of a Global Social Economic Classification System. *Research Paper*. Esomar – European Society for Opinion and Market Research.

Wedel, M. & Kamakura, W. A. (2001). Factor Analysis with Observed and Latent Variables in the Exponential Family. *Psychometrika*, 66(4), 515-530.

Wheeler, F. C., Bader, L., & Frederick, J. G. (1937). *The Technique of Marketing Research*. New York: McGraw-Hill.

Williams, T. G. (2002). Social Class Influences on Purchase Evaluation Criteria. *Journal of Consumer Marketing*, 19(3), 249-276.

Wright, E. O. (1985). *Classes*. London: Verso.